1,013통의 편지

그리고 너에게 들려주고 싶은 이야기

《대한민국 20대, 재테크에 미쳐라》 그 후

1,013통의 편지

그리고 너에게
들려주고 싶은 이야기

• 정철진 지음 •

한스미디어

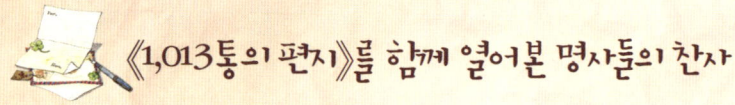
《1,013통의 편지》를 함께 열어본 명사들의 찬사

"난 가치투자의 힘을 믿고 이를 실천에 옮기고 있다. 하지만 분명 주식 투자에는 다양한 방법이 존재한다. 중요한 것은 자신만의 원칙이 있느냐 없느냐에 달렸다. 이 책에는 이 '원칙의 힘'에 대한 이야기가 담겨 있다. 머리로만 읽는 재테크 책에서 두세 걸음 진일보한 것 같다. 20대의 부와 인생, 그리고 사람에 관한 훌륭한 바이블이라 할 만하다."

— 이채원, 한국투자밸류자산운용 부사장

"재테크와 뮤지컬은 참 많이 닮아 있다. 무엇보다 주인공이 어떻게 역경과 위기를 헤쳐나가느냐에 따라 그 성패가 크게 좌우되는 것 같다. 하지만 꼭 대박만이 전부는 아니다. 그 과정 속에서 '내 것'을 찾는 게 더 중요하다. 이번 정철진의 신작은 우리 20대들에게 바로 이 사실을 말하고 있다."

— 송승환, PMC프로덕션 대표 / 〈난타〉 제작자

"이 책을 나의 20대에 만났으면 얼마나 좋았을까? 다행인 건 지금이라도 이 책을 만났다는 것이다. 앞으로 한국경제에 어떠한 고난과 역경이 올지 모르겠지만 미리 준비하고 대비한다면 결국 웃을 수 있지 않을까? 이 책을 읽고 난 지금부터의 30대가 너무 기대된다." — 박경림, 방송인

"베테랑 재테크 전문가가 초보자에게 들려주는 알토란 같은 이야기. 때로는 타이르듯, 때로는 꾸짖듯 재테크 방법을 역설하고 있지만 결코 뜬 구름 잡기식의 허황된 얘기가 아니라 매우 현실적이고 구체적이다. 과거에 대한 반성과 미래에 대한 확신을 가지고 고기를 낚는 방법을 자신감 있게 들려주고 있으며, 처음부터 말미에 이르기까지 재테크에 대한 충심 어린 충고와 조언이 서려 있음을 알게 될 것이다."

– 이영진, 닥터아파트 리서치연구소장

"성공투자를 위해 무엇보다 중요한 것은 제대로 된 멘토를 만나는 일이다. 성공과 실패의 처절한 경험이 녹아 있는 이 책은 젊은 투자자에게 훌륭한 멘토가 될 것으로 여겨진다."

– 강창희, 미래에셋 투자교육연구소장

"난 20대에 미치도록 노래만 불렀다. 그런데 서른을 훌쩍 넘긴 요즘, 재테크란 것이 궁금해지기 시작했다. 그렇게 《대한민국 20대, 재테크에 미쳐라》를 읽게 되었고, 이제 그 두 번째 이야기를 만나게 됐다. 재테크는 목표가 될 수는 있어도 목적은 아니라는 말이 참 좋았다. 내 인생의 목적이 무대인 것처럼 말이다."

– 류정한, 뮤지컬 배우

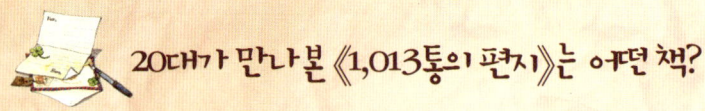

20대가 만나본 《1,013통의 편지》는 어떤 책?

"재테크라는 것을 잘 알지 못해서 품고 있던 막연한 두려움을 말끔히 해결해준다. 하루 빨리 재테크 계획을 실행하고, 부딪쳐 봐야겠다는 다짐을 했다. 실패를 두려워하지 말자. 우리는 아직 20대다."

— 이경은(23세, 대학생)

"저자의 전작 《대한민국 20대, 재테크에 미쳐라》를 읽었던 한 사람으로서 이 책이 비겁한 변명이라 생각하지 않는다. 어떤 사람들은 경기가 어려워지자마자 소극적인 자산관리를 해야 한다면서 자신의 주장을 손바닥 뒤집듯 쉽게 바꾸기도 했다. 하지만 여전히 저자는 공격적인 투자를 말한다. 물론 상황과 경기에 맞게 재조정하고 관리해야 한다는 사실을 강조하고 있다. 불황에 대처하는 재테크 비법이 실려 있는 이 책을 교과서 삼아 더욱 재테크에 매진해야겠다."

— 강경구(29세, 웹디자이너)

"《대한민국 20대, 재테크에 미쳐라》보다 더 쉽고 더 직접적이다. 여전히 정철진은 20대의 재테크 멘토다. 이제 막 사회생활을 시작한 친구들에게도 적극적으로 추천해주고 싶은 책이다."

— 차성(26세, 대학원생)

"흔들리던 나를 다시 잡아주는 책! 2006년 대학을 졸업한 내게 《대한민국 20대, 재테크에 미쳐라》는 재테크의 길을 만들어준 책이었다. 그 책을 따라 적금을 들고, 펀드를 가입해 올라가는 수익률에 기뻐했다. 그리고 떨어진 수익률에 낙담하며, 재테크를 후회하던 시기에 만난 이 책은 나를 다시 잡아주며 그래도 재테크를 꾸준히 하자며 격려해준다. 2006년엔 책을 보며 무작정 따라했다면, 2009년엔 재테크란 무엇인지, 왜 꾸준히 해야 하는지, 내가 지금 접하고 있는 상품이 무엇이며, 왜 이런 구조로 가는지에 대해 설명해주고, 공부를 할 수 있게 도와준다. 지금은 재테크에 기쁨을 못 느끼지만, 조금 더 참고 꾸준히 노력해 5년, 10년, 20년 뒤에 20대를 자랑스럽게 여기는 그런 날이 오길 기대한다."

– 김영숙(28세, 회사원)

"한 푼 두 푼 아끼고 모으고 직장에서 살아남고 그래서 실현 가능한 목표를 정하고 목표를 위해서 재테크를 시작해야 한다. 맹목은 경계한다. 그런 면에서 이 한 권의 책은 지금의 형편에서 포기했는지도 모를 수많은 20대의 꿈을 다시 꿈틀거리게 만들어준다."

– 조경준(28세, KEEPER 연구원)

 # 평생의 부를 완성하는 '기본'과 '원칙'의 힘

아직 심장은 뜨겁고 영혼은 자유롭기만 한데 어느덧 마흔이라는 '불혹(不惑)'의 나이가 코앞에 다가왔다. 언제든 가방을 꾸려 메고 꿈을 향해 길을 떠나고 싶지만 난 이미 아들 2명을 둔 아빠가 돼버렸다.

둘째 백일을 앞두고 난 후배를 통해 요즘 유행한다는 상해와 질병, 사망이 모두 커버되는 통합보험에 가입했다. 통합보험이긴 해도 '사망'을 가정한 보험을 든 건 이번이 처음이었다. 큰애 때는 몰랐는데 이제 해맑게 웃는 둘째를 보면서, 그리고 훌쩍 먹어버린 나이를 느끼면서 죽음을 생각해보게 된 것이다. 보험 가입 후 설계사 후배와 점심을 먹고 헤어지는 순간 난 2년 전쯤 모 생명보험사 설계사가 보냈던 메일을 떠올렸다. 메일에는 책 《대한민국 20대, 재테크에 미쳐라》(이하 《대재미》)가 보험은 전혀 쓸모없으니 절대로 들지 말라고 했다면서 어떻게 그럴 수가 있느냐는 비난이 가득 차 있었다. "보험회사도 다녔다는 분이 어떻게 그렇게 무식할 수 있느냐"는 원색적인 지적도 있었다. 오해였다. 난 20대에게, 그리고 재테크의 수단으로서 보험이 어떤 존재인가를 말하려는 것이었지 단 한 번도 보험이 쓸모없다고 말한 적이 없다. 20대의 보험과 40대의 보험의 의미는 확연하게 다른 것이란 사실을 말하려는 것이었다. 난 그 말을 전했지만 결국 답장은 없었다.

지난 2006년 가을 출간됐던 《대재미》는 정말 기대하지 않았던 대성공이었다. 재테크의 기본 중 기본부터 출발했다는 점에서부터 혹독한 마음가짐에 대한 강조, 20대라는 독자, 투자에 대한 집중, 여기에 '고작(?)' 1억 원을 목표로 하는 재테크 책에 대해 그 누구도 큰 기대를 하지 않았다. 하지만 너무나 고맙게도, 또 너무나 놀랍게도 《대재미》는 20대들로부터 엄청난 사랑을 받았다. 이들은 '재테크 판타지' 대신 '재테크 실전서'를 선택했다. 그리고 내 진심을 알아줬다. 여기에 30대, 40대 독자들의 관심까지 더해지면서 《대재미》는 베스트셀러라는 영광된 자리에 오를 수 있었다.

무엇보다도 이런 사랑과 관심은 내게 독자들 자신의 이야기를 생생하게 들을 수 있는 기회를 제공해줬다. "지금 무슨 주식 사야 돼요?" "땅 보는데 같이 가실래요?" 등과 같은 내용도, "너 때문에 돈 날렸다"는 야유도 있었다. 그런가 하면 "내가 집 없이 살려는 13가지 이유" "난 무조건 ELS(주가지수연계증권)는 원금보장형만 들어요" 등과 같은 위트 넘치면서도 예리한 이야기도 있었다. 이렇게 저렇게 해서 성공했다는 사람, 또 이렇게는 했는데 저렇게는 못 해서 실패했다는 사람, -5% 손실에 죽고 싶다는 사람, -40% 손실을 보고서야 "드디어 주식에 도를 텄다"는 친구도 있었다. 그리고 이런 이야기들 속에서 난 정말 중요한 한 가지 사실을 알게 됐다. 그건 재테크의 과정이라는 게, 재테크의 성공이라는 게 우리가 말하는 인생의 성공처럼 아주 다양한 의미를 갖고 있다는 것이었다.

하지만 나의 고민도 바로 이런 깨달음에서 시작됐다. 분명 재테크엔 기본이 있고 기본 원칙이 있다. 그리고 이걸 지켜야 한다. 그러나 재테크 실전은 너무나 다양한 모습으로 펼쳐지고 있어서 이런 원칙을 안 지키고도 성공하는 사람이 분명 존재한다. 마치 남 뒤통수를 치고, 거짓말을 밥 먹듯 해대면서도 많은 사람들이 우러러 보는 사회적 지위에 오르는 경우와 같다. 물론 남의 발목을 잡고, 온갖 권모술수를 부리고, 뒤편에서 흉계를 꾸며 성공하는 것, 아무나 할 수 있는 일이 아니다. 그렇게 오른 자리를 태연한 맘으로 즐길 수 있는 뻔뻔함도 쉽게 가질 수 없다. 그리고 그것을 '성공'이라 믿으며 행복해할 수 있는 착각도 진짜 하기 힘들다. 그러나 문제는 바로 이런 사례들 때문에 원칙을 지키면서 살려는 많은 사람들이 허탈해한다는 것이다.

재테크도 마찬가지였다. 자신의 게으름에, 탐욕과 공포에, 무지함 등으로 실패하는 경우는 적다. 이런 경우엔 괴로움도 작다. 오히려 현실에선 죽어라 열심히 했는데도 실패하는 경우가 더 많다. 노력할 것 다 해도 한 번의 잘못된 판단으로 모든 것을 송두리째 날리는 경우도 있고, 나와는 전혀 관계없는 사람들의 잘못으로 하루에 10시간 넘게 일해왔던 내 삶이 망가져버린다. 그래서 우릴 허탈하게 만들고,

좌절하게 한다. 이뿐만이 아니다. 이런 상황에서 주위의 누군가가 전해주는 판타스틱한 성공담이나 재벌가의 돈과 관련된 말도 안 되는 스캔들은 아예 재테크에 대한 노력 자체를 포기하게 만들어버린다. 이런 사람들에겐 그 어떤 조언이나 충고도 먹히지 않는다. 왜냐하면 바로 희망을 잃어버렸기 때문이다.

　그래서 난 이번에 '이야기'를 들고 나왔다. 내 자신의 이야기를, 그리고 내 선배의, 친구의, 후배의, 또 독자 여러분이 전해줬던 바로 그 이야기들을 들려주기로 했다. 과거에 펼쳐졌던 이야기를, 그리고 진행형의, 또 앞으로 완성될 수많은 일상의 이야기들을 통해 그래도 '원칙적인 재테크가 결국 승리한다'는 평범한 진리를 말해주고 싶었다. 이렇게 힘을 주고 싶고 그렇게 응원하고 싶고, 그리고 희망과 자신감을 불어넣고 싶었다.

　이번 책《1,013통의 편지-그리고 너에게 들려주고 싶은 이야기》에서 1,013통의 편지는 이러한 이야기들을 상징하는 표현이다. 2006년 하반기부터 2008년 말까지 그간 받았던 수많은 메일들, 또 출판사를 통해 들어왔던 감사와 비판의 편지들, 강연회에서 만난 사람들이 전했던 실전 재테크 사례, 신문사로 찾아와 몇 시간이고 자신들의 하소연을 토로했던 독자들의 가슴 아픈 사연 등《대재미》이후 3년 넘는 시간 동안 받았던 엄청난 피드백을 한데 집약시킨 단어라고 할 수 있다.

　굳이 재테크 서적임에도 불구하고 이런 각각의 이야기들을 함께 담아내려고 했던 것은 이들의 사연 속엔 몇몇의 확정된 이론만으로 표현할 수 없는 상황과 배경이 녹아 있기 때문이다. 스토리 속엔 주인공들의 캐릭터가 있고, 그들만의 한계와 또 장점도 함께 스며들어 있었다. 그리고 현재 자신만의 이야기를 써가는 과정도 현장감 넘치는 시선으로 함께 따라가 볼 수 있다. 난 이것이 바로 '서사(敍事)'만이 가질 수 있는 큰 파워라고 생각한다.

아마도 나의 보험 재테크 이야기를 차근차근 들려줬다면 앞서 말했던 그 보험설계사가 가졌던 오해도 쉽게 풀리지 않았을까 싶다. 하지만 전편 《대재미》가 그랬듯 이번 《1,013통의 편지—그리고 너에게 들려주고 싶은 이야기》 역시 판매에 대한 기대는 내 관심 밖의 영역이다. 난 그저 들려주고 싶었던 이야기를 했을 뿐이니까. 받아들이는 것은 역시 언제나 독자의 몫이라고 생각한다.

이번엔 고마운 분들이 너무 많다. 먼저 한스미디어 김기옥 사장님과 모민원 팀장, 김현미 씨께 고마움을 표한다. 이들로부터 내가 받은 '믿음'은 과분하다고 느껴질 정도다. 이젠 나의 과거 직장이 돼버린 매일경제신문사의 동료들도 내겐 언제나 큰 힘이 된다. 매경에서의 수많은 배움이 없었다면 지금의 나도 없다. 그래서 더욱 고맙다. 남성잡지 〈에스콰이어〉 김민정 차장도 빼놓을 수 없다. 이야기에 대한 나의 잠재력을 발굴해주고 인정해준 것에 대해 늘 빚을 지고 있다는 마음뿐이다. 그리고 책 속의 많은 데이터를 제공하고 확인해준 여의도의 옛 취재원들께도 감사드린다. 기자란 직업이 한 번 끈 떨어지면 끝이라고들 한다지만 아직 우리의 끈은 단단하게 묶여 있는 것만 같다.

부모님을 비롯한 가족들은 든든한 후원군이다. 무엇보다 마흔 살을 앞두고 '꿈'을 찾아보겠나고 잘 다니던 회사를 뛰쳐나온 내게 무한한 신뢰를 보내준 아내 김해경은 언제나 나의 훌륭한 페이스메이커다. 이젠 준서와 준혁이 아들 2명과 함께 뛰면서 나의 인생 마라톤에 지치지 않는 에너지를 공급해준다. 대상포진에, 디스크, 편두통 등 유독 심했던 괴로움을 겪은 이번 집필과정에서 이들 3총사는 버틸 수 있는 힘을 줬다. '내 편'들이다.

전작 《대재미》에 엄청난 관심과 사랑, 질책과 칭찬을 함께 보내주셨던 독자 분들에겐 어떤 말로도 내가 갖고 있는 고마움을 정확하게 표현할 수 없다. "더 이상 할 말도, 쓸 말도 없다"며 후속편 내기를 고사했던 내가 이 책을 쓸 수 있게 된 것도 모두가 독자 분들 때문이다. 이들이 없었다면 이 책도 없었다.

끝으로 주님께 감사드린다. 난 지금 결말이 정해져 있지 않은 나만의 이야기를 쓰고 있는 중이다. 언제나 도전할 수 있는 자신감을 주신 주님께 더 멋진 스토리를 들려주고 싶다.

2009년 5월 대학로에서
정철진

CONTENTS

20대, 다시금 시작되는 우리들의 재테크 이야기

2007년 11월 1일 종합주가지수(코스피)가 2085를 찍었다. 사람들은 미쳐 있었다. 나 역시도 마찬가지였다. 당시 신문사에서 펀드팀장과 재테크 섹션을 담당하고 있었던 나는 하루하루가 흥분 그 자체였다. 취재량과 기사량은 넘쳐났지만 솔직히 전혀 힘들다고 느끼지 못했다. 과거 그 어떤 경제부 기자도 경험해보지 못했던 그 순간을, 바로 그 현장 한복판에서 빡세게 살아가고 있었기 때문이다.

'코스피 2000'이라는 숫자. 대한민국 주식시장이 개설된 이후 처음으로 접해본 지수였다. 세상은 온통 장밋빛으로 물들었고, 시장에선 부정론과 부정론자들이 완전히 사라져버린 상황이었다. 증권 전문가들은 주가 3000을 말했고, 중국펀드의 1년 수익률은 120%를 넘어섰다.

부동산 열풍도 뜨거웠다. 하룻밤 자고 일어나면 집값은 수천만 원씩 올라 있었고 시중 부동산 전문가들은 강남 아파트 불패와 땅투자의 중요성을 역설했다. 그리고 지난 2006년 9월 말 출간된 나의 졸저 《대재미》의 판매가 절정으로 치닫고 있던 순간이기도 했다.

하지만 이것이 마지막이었다. 이게 전부였고, 끝이었다. 영원히 오를 줄만 알았던 증시는 곤두박질치기 시작했고 연 30% 수익률쯤은 당연한 줄 알았던 주식형펀드는 우리를 철저하게 배신했다. 한때 11억 원대까지 상승했던 강남의 30평형대 한 재건축 대상 아파트 가격은 7억 원대까지 추락하기도 했다. 급기야 2008년 10월 27일 코스피는 892.16으로 900선이 붕괴되는 상황을 맞이했다. 불과 1년 만의 일이었다. 1년 만에 세상은 완전히 뒤집혀 버렸다. '코스피 500'이란 이야기가 아주 자연스럽게 나왔고, 아파트를 다 완공했는데 입주자는 없는 미분양아파트가 속출했다. '대공황'이라는 말도 나왔다. 그리고 이제 시장에선 긍정론자와 긍정론이 완전히 자취를 감춰버렸다.

아마도 이때쯤인 것 같다. 나는 기자라는 타이틀을 버리고 나만의 꿈을 위해 신문사를 떠났다. 그 사이 주식과 관련된 장편소설도 출간했고 '이야기'와 관련된 새로운 개념의 비즈니스 모델도 구축하는 등 분주한 나날을 보내고 있었다.

그런데 이런 내게 전혀 뜻하지 않은 상황이 나타났다. 아니, 솔직히 말해 '전혀'라는 말은 옳지 않다. '혹시나'라는 단어가 더 어울릴 것 같다. 처음 《대재미》를 세상에 선보였을 때부터 내 잠재의식 속에 반드시 한 번쯤은 거쳐 가야 할 것으로 여겼던 그 통과의례가 현실로 다가왔기 때문이다.

"선배, 이렇게 떠나면 어떡해요? 애프터서비스는 해주고 가야죠."

상황의 시작은 신문사 국장의 초상집에서부터였다. 그곳에서 선후배들과 이런저런 이야기를 나누고 있었는데 불현듯 여자 후배 한 명이 사표를 낸 내게 이런 말을 건넸다.

"응? 애프터서비스?"

"아이, 선배가 대한민국 20대, 재테크에 미치라고 해서 미쳤는데 뭐예요? 지금 내 펀드 수익률이 −40%가 됐다구요. 책임져요."

순간 멈칫했다. 그리고 뭔가를 이야기하려고 했다. 하지만 내 머릿속에선 뭐라 해줄 말이 선뜻 떠오르지 않았다. 그러자 후배는 그런 내 모습이 재밌다는 듯 너털웃음을 터뜨리며 말했다.

"선배, 왜 당황하고 그래요? 투자의 책임은 원래 당사자 본인에게 있는 것 아닌가요? 신문사 나가서 꼭 성공하세요. 하하하."

떠나는 내 맘을 편하게 해주려고 했던 걸까. 후배는 오히려 매우 밝은 표정을 지었다.

하지만 내 맘은 결코 편치가 않았다. 그날 밤 집으로 돌아오는 길에 나에겐 2006년 《대재미》 출간 당시 뭔가 대단히 중요한 일인 것처럼 충고해줬던 이상건 미래에셋투자연구소 부소장의 이야기가 문득 떠올랐다.

"철진 씨. 왜 그랬어?"

"네? 뭐가요?"

"제목 말이야. 재테크에 미치라니, 그렇게 하면 어떻게 해?"

"그만큼 강조하는 거죠. 재테크는 20대부터, 아니 하루라도 더 빨리 시작해야 한다구요. 미칠 정도로 열심히 해야 하구요."

"아냐, 아냐. 그래도 제목을 그렇게 뽑으면 안 돼. 정 기자가 말하는 게 뭐야. 결국 투자를 해야 한다는 거 아니었어? 그럼 제목부터 투자스러워야지. 잘 알잖아? 투자가 호락호락하지 않다는 거. 근데 그렇게 리스크 높은 제목을 선택하면 어떻게 해."

"걱정 마세요. 정말 정석적이고, 기본 중 기본만 담았어요. 10년, 20년 재테크 해본 사람이 이것저것 다 해보다 '그래, 결국 이것밖에 없다' 이런 것만 있다구요."

"그래도 위험해. 분명 언젠가는 큰 부담으로 다가올 거야. 그 제목 때문에."

솔직히 난 그때 이 충고에 큰 의미를 두지 않았다. 자신도 있었다. 떳떳했다. 《대재미》 집필 당시 더 많은 테크닉도 말하고 싶었고, 편법과 지름길도 이야기해주고 싶었지만, 난 그런 욕구들을 꾹꾹 눌러 참아냈다. 20대 재테크는 절대적으로 유치하고 투박해야 한다고 생각했다. 그러나 나의 이런 자신감과 떳떳함은 오래가지 못했다. 2008년 말 어두운 경제전망과 형편없이 추락한 펀드, 부동산투자 수익률과 관련된 한 경제뉴스에 달렸던 인터넷 댓글 하나는 나의 맘에 날카로운 비수를 꽂았다.

"대한민국 20대에게 재테크에 미치라고 했던 그 책과 저자를 증오하고 저주합니다. 그걸 믿은 게 후회스럽습니다."

딱 한 줄이었다. 손끝에 힘이 풀렸다. 내 심장은 쿵쾅거리기 시작했다. "증오하고 저주한다"는 말, 그리 듣기 쉬운 말은 분명 아니다. 물론 그 댓글 작성자가 《대재미》의 독자인지 아닌지는 확실하지 않다. 정말 내가 책에서 말한 대로 실천했는지도 모르겠다. 하지만 그 순간 내게 그런 것들은 전혀 중요하지 않았다. 난 분명 후배들에게 재테크에 5년간만 제대로 미쳐보라고 외쳤던 장본인이었기 때문이다. 1930년대 세계경제 대공황 이후 거의 100년 만에 맞는 경제위기라는 것, 현존하는 최고의 투자 귀재 워렌 버핏조차 2008년 한 해 −32% 손실을 기록하고 110억 달러를 날렸다는 사실, 누구도 피해갈 수 없었던 최악의 경제상황을 살아가고 있다는 이야기 등은 아무런 소용이 없었다. 한낱 변명에 불과할 뿐이었다.

그날 밤 난 《대재미》를 꺼내놓고 첫 페이지부터 다시 한 번 읽어 내려가기 시작했다.

내가 혹시 20대 후배들에게 말도 안 되는 환상을 심어준 건 아닐까. 혹시 내가 주식이나 펀드 수익률은 무조건 오르는 것이라고 착각하게 만든 건 아닐까. 5층짜리 빌딩 하나만 사면 평생 먹고 마실 수 있다고 말한 건 아닐까. 정말로 내 책 《대재미》는 노골적인 제목으로 동생들과 후배들을 현혹시켜 불행의 길로 인도한 것일까.

그렇게 난 새벽 5시가 넘어서야 잠이 들었다.

《대한민국 20대, 재테크에 미쳐라》가 놓쳤던 것

아침에 눈을 떴을 때 난 깊은 안도의 숨을 내쉬었다. 증오와 저주란 말에 꽉 조여졌던 내 심장도 다시 부드럽게 이완되는 느낌이었다. 분명 《대재미》는 저주나 증오의 대상이 될 수 없는 책이었다. 시골의사 박경철 씨의 추천사처럼 《수학의 정석》이나 《성문종합영어》와 같은 재테크 교과서였다. 무엇보다 내가 가장 혐오하는 부자드림이나 부자환상이 없었다는 점은 짧은 순간 내가 느꼈던 공포감과 죄책감에서 벗어나는 계기를 줬다.

그러나 그렇게 쉬운 문제는 아니었다. 많은 사람들이 돈을 잃었다. 돈 때문에 불행해졌다. 그리고 또 한 가지. 분명 《대재미》가 놓친 게 있었다. 그건 교과서 같은 책이 가질 수밖에 없었던 한계 같은 것이었고, 기본기에 집착하면서 보였던 결벽주의 같은 것이었다. 내용상의 미비점도 나를 더 안타깝게 했다. 특히 재테크 과정에서 필연적으로 겸비해야 하는 자산관리에 대한 이야기에 너무 소홀했다. 누구보다 20대를, 그 시절을 잘 이해한다고 자신했지만 나 역시도 어쩔 수 없는 기성세대처럼 20대를 기계적으로 바라보는 오류를 범했다.

먼저 '유동성 확보'에 대한 문제를 들 수 있다. 투자를 이야기하면서 얼마큼 실탄(현금성 자산)을 갖고 살아가야 하는지에 대해 말하지 않았다. 투자상품은 기본적으로 매도를 하는 순간 수익과 손실이 확정되는 특징을 갖는다. 단적으로 일주일 후에 1000만 원을 받을 수 있지만 지금 팔면 -1000만 원으로 확정돼버린다. 결국 투자를 잘하려면 주기적으로 찾아오는 하락기에 버틸 수 있는 여유자금을 확보해야 한다. 그래야만 현재 손실이 나 있는 주식, 펀드, 부동산을 손해 보며 팔지 않고 추세적 반등을 노릴 수 있는 것이다. 특히 20대는 혈기왕성한 시기다. 3달 후엔 반드시 내야 하는 대학 등록금을 갖고 주식을 하는 유혹에 빠지는 나이다. 혹시 단기수익률이 30~40% 났을 때라면 최상이겠지만 반대 경우라면 울며 겨자 먹기로 손실을 확정지어야 한다. 이런 부분에 대해 또렷하게 말해주었어야 했다.

공식 암기를 급급하게 만들었다는 아쉬움도 감출 수 없다. 가령 '펀드=장기투자'라고 말해놓고 무조건 달달 외우라고 했다. 왜 장기투자여야만 하는지, 그럼 10년, 20년 계속해서 유지하면 된다는 건지, 6개월만 가입해놓고 환매하면 정말로 안 되는지 조곤조곤 설명해주지 못했다. 주식에 대한 설명 역시 마찬가지였다. 아직 왜 주식가격이 오르는지, 왜 떨어지는지 그 메커니즘도 정확히 이해하지 못하는 친구들도 많은데 거기다 대고 "우량주를 장기간 적립해서 매수하는 게 최고야"라는 공자님 말씀을 이야기했다. 물론 이것만큼 확실한 답은 없다. 주식판에서 20년 이상 놀아본 사람을 붙잡고 물어보라. 결국 이 이야기를 한다. 그러나 독자들은 20대들이다.

특히 이제 막 주식을 배우기 시작했다면 앞으로 기술적 분석인 차트에도 미쳐보게 될 것이고 작전주에도 한 번쯤 빠져들게 될 것이다. 하루에 매매를 20번도 넘게 반복할 것이고 수백, 수천만 원을 날리고 몇 년간 홈트레이딩시스템(HTS)은 거들떠보지도 않을 것이다. 그런데 이 모든 과정을 무시하고 다짜고짜 정답을 말해버렸다. 부동산도 마찬가지다. 실전투자와 함께 부동산투자의 기본에 대해 말해주었어야 했다. 어쩌면 "꼭 집을 사야만 하는가?"라는 원초적인 질문이 더 필요했는지 모르겠다.

'마인드'에 있어서도 보완할 게 있었다.

분명 '처절하게 느끼기'는 최고의 덕목이다. 부잣집 남자 좋다고 떠난 여자친구 생각을 하면서 이를 악물고, 지긋지긋한 부모님의 가난을 수시로 떠올리면서 맘속의 칼을 가는 것, 이런 노골적인 유치함은 20대이기에 더 예뻐 보인다. 그리고 20대이기에 인정받는 특권이다. 지금 사용하지 못하면 절대로 다시 쓸 수 없는 조커 카드 같은 것이다. 하지만 이와 함께 탐욕과 공포를 다스리는 법이나 매도 마인드, 차익실현 등에 대해서도 말해주었어야 했다. 경제와 투자의 사이클(주기)에 대한 설명도 미비했다. 올라가고, 떨어지고, 또 많이 올라가고, 또 더 많이 떨어지는 시장의 본질적 속성에 대한 이해도를 더 높였어야 했다.

형으로서, 오빠로서 좀 더 다독여주지 못했던 점도 너무나 안타깝다. 나이트클럽에서 수십만 원씩 퍽퍽 지르는 친구를 부러워할 필요가 없다고, 돈으로 여자애들 후리는 것 그건 아무것도 아니라고 말해주지 못했다. 짝가 명품백 들고 다니는 자신이 너무나 초라하다고 말하는 여자 후배에게 그럴 필요 없다고, 그럴 수도 있다고 이야기해주지도 못했다. 아빠 잘 만나서 잘난 척하는 것에 주눅 들거나 위축될 필요는 전혀 없다고 더 적극적으로 말하지 못했다.

반면 섣불리 잘난 척하고 깝죽대는 후배들에게 더 날카롭고 노골적으로 충고해주지 못했던 점도 아쉬웠다.

"술 안 마시고, 담배 안 피워서 돈 얼마나 모았냐."

"대한민국에서 월 100만 원을 재테크에 쓰는 사람이 얼마나 되냐? 완전 부르주아구만."

"결국 주식하고 펀드냐, 뭐 대단한 것도 없네. 요즘 투자상품이 얼마나 많은데."

"장난해? 20대가 무슨 재테크야. 낡았네. 자기계발 잘해서 좋은 직장 들어가는 게 최고야."

"은행저축이 최고야. 주식으로 한번 당해보니까 어때? 크크크."

이런 사람들에게 난 이렇게 되묻고 싶다. "넌 그렇게 술 많이 마시고 얼마나 모아봤는데?"라고.

왜 주식투자와 펀드투자뿐이냐고? 그건 아직 1억 원, 아니 5000만 원 정도의 실탄도 없는 20대이기 때문이다. 만약 자산이 10억 원, 50억 원이라면 당연히 재테크 방법과 상품은 기하급수적으로 늘어난다. 부동산 쪽에서도 다양한 조합이 가능하고 채권투자로도 다양한 기교를 부릴 수 있다. 연 6~8%대의 안정적인 수익상품부터 원금손실 위험이 크지만 50% 이상의 수익률을 함께 도전하면서 기대수익률을 조정해볼 수도 있다. 하지만 이런 것도 다 종자돈이 있어야 한다. 오피스텔에 투자를 하려고 해도 1억은 갖고 있어야 하고 서울에서 재개발아파트 하나 노리려고 해도 3억 원은 있어야 한다.

자기계발? 부르주아? 낡았다고? 한번 당해보니까 어떠냐고? 분명 난 인생 선배로서, 재테크 선배로서 더 따끔하게 말해줬어야 했다는 생각도 든다. 제발 해보지도 않고, 도전해보지도 않고 옆에서 깝죽대지만 말라고. 제대로 미쳐보지도 않고, 미쳐볼 생각도 안 했으면서 세상의 한복판에서 힘차게 자신의 운명과 싸우는 친구들을 폄하하지 말라고.

한 번 더, 아니 한 번만이라도 미쳐보지 않을래?

《대재미》의 "한 달에 100만 원은 재테크에 할당하라"는 말을 참 많이 거슬려들 했다. 내 연봉이 얼만데, 매달 100만 원이 어디 있냐는 이야기다. 누구는 너무 화가 나서 책을 찢어버렸다고도 했다. 그렇다. 사정상 안 되는 경우가 더 많다. 그럼 50만 원만 하면 된다. 이것도 힘들면 30만 원, 10만 원만 해도 된다. 괜찮다. 정말 괜찮다. 20대 여러분의 재테크는 시작이지 완성이 아니다.

하지만 한 가지 확실한 사실은 있다. 그렇게 되면 여러분의 1억 만들기 과정은 2배, 아니 그 이상으로 길어진다는 것이다. 당연히 3억, 5억, 10억 모으기로 넘어가는 과정은 10배 이상으로 늘어지게 될 것이다. 매달 100만 원은 큰돈이다. 하지만 역설적으로 들릴지 몰라도 어쩌면 한 달에 100만 원씩 투자에 투입할 수 있는 시기도 20대에서 30대로 넘어가는, 딱 이때뿐이다. 결혼을 하고, 아이를 낳고, 그리고 직장에서 선배가 되고, 한 사회의 어른이 돼버리면 그땐 수입과 상관없이 지출이 커져서 상황은 더 어렵게 바뀌어버린다.

그러나 난 여기서도 분명 중요한 무언가를 간과했음을 고백한다. 우리의 20대를 너무 단순화시켰다. 그들의 갖가지 속사정을 애써 무시하려고 했다. 그래서 누군가의 '희망'을 짓밟았고 그 싹을 짓밟았다. 환상은 아니지만 가능성은 말해줬어야 했다.

"너무 돈, 돈 하는 거 아닌가요? 20대는 아직 꿈도 많고, 경험할 것도 많고, 순수함도…."

《대재미》가 점점 인기를 얻고 있었을 때였다. 모 대학 학보사의 대학생 기자 친구가 이렇게 질문을 던졌다. 아주 조심스럽게 던진 질문이었지만 난 그 의미를 정확히 이해했다. 요약하면 20대라는 시기가 인생에서 얼마나 중요한데 재테크에 미치라고 하느냐, 돈이 대체 뭐기에 그렇게까지 해야 했냐, 꿈과 사랑을 배우고 이뤄갈 시기인데 너무 심하다, 제목부터 너무 저질스럽다 등의 비판이다.

사실이다. 재테크는 하나의 수치적인 '목표'일 뿐이다. 삶의 '목적'이 돼서는 안 된다. 20대는 정말 놓쳐서는 안 될 황금기다. 그 시기 자체가 한 편의 꿈인 것 같기도 하다. 돈, 돈, 돈 하며 하루하루를 보내기엔 정말 아까운 시간들이다. 만약 돈, 돈 하는 게 그렇게 역겹다면 안 해도 된다. 대신 여러분의 20대를 더 치열하게 살기 바란다. 여자친구 술 먹여 놓고 하룻밤 어떻게 해보려는 게 아니라 자신의 목숨을 버릴 만큼 순정과 진정을 다 바친 사랑을 하길 바란다. 카프카의 《굶는 광대》를 놓고 친구들과 치열한 토론을 해보고 레마르크의 《개선문》에 나오는 칼바도스 한 잔을 마시고 싶어 1년 넘게 배낭여행 경비를 마련하는 처절한 아르바이트도 했으면 좋겠다. 차는 뭐 타고 다닌대? 어디에 산대? 아버지가 뭐 하신대? 대학은 어디래? 이런 것들에 얽매이지 말고 싸구려 청바지를 입고 당당하게 나서는 자신감을 갖기를 바란다. 자신만의 삶의 목적을 정해놓고 그것에 따라 멋지게 살아보기를 간절히 기원한다.

그러나 혹시 여러분의 20대가 그냥저냥, 흐지부지, 이것도 저것도 아닌 한순간의 시간 낭비로만 소모되고 있다면 한 번쯤 재테크에도, 투자에도 관심을 갖길 바란다. '재테크에만' 미치라는 게 아니다.

'재테크에도' 미쳐달라는 애원이다.

　누구는 2006년 10월부터, 또 다른 친구는 그해 12월부터, 2007년 3월부터, 여름부터, 그리고 또 다른 누군가는 2008년 봄부터, 또 가을부터, 그리고 2009년 1월부터, 3월부터 그렇게 수많은 사람들이 나의 책 《대재미》를 읽고 주식과 펀드를 시작했다. 투자가 뭔지를 알고, 내집마련의 꿈도 불태웠고, 많은 대출을 안고 재건축아파트에 도전하기도 했다. 그리고 재테크에 미쳤다. 이들의 수익률은 다양하다.

　물론 2008년 10월 말 책을 읽고 펀드에 가입해 반년 만에 50%가 넘는 수익을 올렸다는 친구도 있었다. 수익률로만 보면 3~4년 기간의 노력을 4~5개월 만에 얻은 셈이다. 하지만 이건 재테크도 아니고, 그리고 내가 말하는 재테크에 미치는 것도 아니다. 운이 좋았던 것일 뿐이다. 반대로 2007년 10월 말 책을 읽고 펀드에 가입한 친구들 중에는 1년 만에 −50% 수익률을 경험하기도 했다. 그럼 이 20대들에게도 "넌 운이 나빴어"라고 말해야만 할까. 아니다. 절대로 그럴 수 없다. 그렇게 무책임하게 세상 탓을, 운명 탓을 할 수는 없다.

　'애프터서비스'란 말로 불러도 좋고 '비겁한 변명'이라고 욕해도 좋다. 하지만 난 반드시 지금 힘들어하는 친구들을 붙들고 다음 단계로, 다음 세대로 이끌어가야만 한다. 1~2년 정말 제대로 미쳐봤는데 남는 건 하나도 없다고 허탈해하는, 그리고 좌절하는 후배들에게 아직 포기할 시기는 아니라고, 지금 밀려서는 안 된다고 말해줘야 할 책임이 내겐 있다. 끌고 가야 한다. '정상의 경험'을 맛보게 해줘야 한다. 적어도 지금 내가 알고 이해하고 있는 것만큼 투자에 대해, 시장에 대해, 그리고 세상에 대해 자세하고 세세하게 이야기할 것이다.

　개인적으로 책 제목을 '대한민국 20대, 재테크를 즐겨라'라고 했으면 좋았을 것 같다는 생각도 해봤다. 실제로 미친 놈보다 즐기는 놈들이 성공하는 것을 많이 목격했다. 하지만 미쳐라, 제대로 한번 미쳐보라고 했던 《대재미》의 제목엔 추호의 후회도 없다. 난 처절하게 느끼며, 힘들어하며, 괴로워하며, 실패하며, 후회하는 후배들에게 더 많은 동료의식을 느낀다. 그런 녀석들이 더 잘, 제대로 미친다는 것도 안다. 그리고 그렇게 미쳐야지만 말도 안 되게 불공평하고 모순된 사회 속에서 굳건하게 버텨나갈 수 있을 것이라고 자신 있게 말하고 싶다.

2010년, 2011년, 2012년, 2013년… 세계경제는 계속해서 처참한 행보를 지속하고 있을까. 정말 세계경제는 일본경제가 과거 겪었던 15년 불황을 겪을까. 혹시 중국펀드가 또 한 번 '연 100%'라는 기괴한(?) 수익률을 보이진 않을까. 대한민국은 영영 국민소득 2만 달러의 굴레에 갇혀 있을까. 국제 석유와 금 가격이 다시 폭등하진 않을까. 미국이 망하고 달러가 휴지조각이 될까. '코스피 3000'은 정말 영원히 불가능한 지수대일까.

제정신으로 잘 살아가던 대한민국 20대들을 '미친' 재테크의 길로 꼬셔 괴로움과 인생의 공포를 맛보게 한 형으로서, 또 오빠로서 이런 부탁을 꼭 하고 싶다. 우리 한 번만 더, 아니 한 번만이라도 제대로 미쳐보지 않겠냐. 절대로 후회하지 않을 거라고. 최소한 미쳐보지도 못한 채 30살, 40살이 되는 것보다는 분명 아름답고 가치 있는 일이라고 확신한다.

자, 다시 시작해보자. 달려가보자, 우리. 함께 그곳으로!

neverending story
for young wealth

Part 1
회상

Back To The 마인드

돈을 모으기 위해 처절하게 느끼며 달려가본 경험이 있다면 이 돈이라는 놈이, 재테크라는 게 짝사랑과 많이 닮아 있다는 걸 느끼게 될 것이다. 알뜰살뜰 절약하며 소중하게 돈을 모아보지만 나에게 돌아오는 돈의 '애정'은 정말 말하기가 부끄러울 정도다. 힘들게 모은 1000만 원이 500만 원이 돼버리는가 하면, 때마침 어머니까지 아프셔서 울며 겨자 먹기로 내가 세웠던 목표가 단박에 무너져 내리기도 한다.

나의 20대는 1990년대였다. 참 공교롭게도 지금 그 시절을 돌이켜보면 그 모습이 지금 2000년대와 너무나 많이 닮아 있다.

1994년부터 1996년까지 대한민국 경제는 정말 풍요로웠다. 당시 누군가는 버블(거품)이라고 했고, 정말 거품이었던 것도 같다. 호황은 오래가지 않았다. 1997년을 기점으로 폭락했고 대한민국 경제는 이른바 'IMF 외환위기'를 경험했다. 대졸자의 취업이 거의 불가능에 가까웠고 수많은 사람들이 구조조정 태풍 앞에 직장을 잃었다. 1990년대 말에는 온 국민이 집안 장롱에 두었던 금을 들고 나와 대한민국 경제를 살리기 위해 힘을 모았고 세계 역사상 최단기간인 1년 반 만에 IMF 위기를 극복했다.

그렇게 1990년대는 지나갔고 이어 뉴 밀레니엄 시대인 2000년대가 시작됐다.

2000년대 초반엔 한 차례 짧고 굵은 버블 생성과 붕괴 시기가 있었다. 'IT(정보기술) 혁명'이란 미명 아래 관련 기업과 산업이 집중 조명을 받았고 IMF로 위축됐던 우리 증시는 다시 힘을 내 한때 1000포인트를 뚫고 치솟았다. 하지만 이것도 '한여름 밤의 꿈'에 불과했다. 채 1년도 안 돼 500포인트 밑으로 폭락하는 롤러코스터 장세를 경험했다. 이어 2001년엔 세계경제 수도라고 불리는 뉴욕 맨해튼의 세계무역센터 빌딩이 무너지는 9·11테러가 발생하면서 세계경제가 초긴장 모드로 전환하기도 했다.

그러나 2003년 말부터 상황은 눈에 띄게 호전되기 시작했다. 채권, 주식, 부동산이 순서대로 뛰어오르기 시작하면서 2007년 말까지 우린 역사상 그 유래를 찾아볼 수 없는 최대 호황을 누렸다. 하지만 2008년 말, 세계 경제는 언제 그런 일이 있었냐는 듯 불황으로 기수를 돌렸으며 사람들은 다시 공포에 사로잡혔다.

만약 역사가 똑같이 반복되는 것이라면, 그리고 10년 주기로 경제 호황과 불황의 사이클이 반복되는 것이라면 아마도 2013년부터 우린 또 한 번의 호황을 준비할 수 있을 것이다. 그리고 다시 2018년쯤엔 혹독한 시련을 겪게 될 것이다.

그렇다면 우리의 재테크 방법도 아주 간단하고 명확해진다. 2011년까지 죽어라 일해서 현금을 쌓아놓은 다음 서서히 채권, 주식, 부동산, 펀드에 관심을 기울이면 된다. 그러다 2017년경 갖고 있던 투자자산을 모두 팔아 차익실현을 하고 이번엔 금이나 정기예금 같은 안전자산에 돈을 넣고 기다리면 된다. 그리고 이제 다시 새롭게 떠오르는 2020년의 태양을 느긋한 맘으로 바라보면 될 것이다. 그러나 조금만 더 깊이 생각해본다면 문제가 그리 쉽지만은 않다는 걸 알 수 있다.

첫째, 세계 역사가, 그리고 경제 사이클이 똑같은 패턴으로 반복될지 신이 아닌 이상 그 누구도 예측할 수 없다. 실제로도 과거 사이클은 매우 비슷하면서도 또 조금씩 미묘한 차이를 보인다. 자칫 6개월을 못 맞히면 큰 타격을 입었다.

둘째, 혹시 그 패턴이 똑같이 반복된다고 해도 우리가 투자에 100% 성공할 수 있을지 장담할 수 없다. 개인에게 발생하는 수많은 변수로 인해 '알면서도 당하는' 상황이 발생하기 때문이다. 갑자기 여동생이 불치병에 걸릴 수도 있고, 아버지가 사기를 당할 수도 있다. 사랑에 너무 집중한 나머지 수익률 10%에 집착한다는 자체가 하찮게 보여 그냥 내버려두는 상황일 수도 있다.

셋째, 누군가는 아예 이 자체에 대해 무관심할 수도 있다. '몰라서 당하는' 경우다. 아무것도 모르고, 관심도 없이 살아가는 경우라고 할 수 있다.

나의 20대는 셋째 경우였다. 몰라도 참 몰랐다. 꼭 내 탓만도 아니었다. 잘 믿기지 않을 수도 있겠지만, 그 시절엔 그 어떤 형이나 누나도, 선배도, 선생님도 돈에 대해, 재테크에 대해 차근차근 설명해주는 경우가 드물었다.

눈앞에 연 이자율 25%를 주는 정기예금상품이 있어도 가입하지 않았다. 당시 5년간 100% 이자를 줬던 외국계 은행 예금상품도 있었지만 대단하다고 생각하지 않았다. 언제든 은행에 적금을 하면 연 20% 이자는 손쉽게 받아낼 수 있을 줄 알았다. 무지했다. 한 국가의 경제가 발전하고 금융시장이 성숙할수록 수익은 정확히 위험과 비례한다는, 그 쉬운 '고위험-고수익, 저위험-저수익' 조차 몰랐으니 말이다. 불과 10년도 안 돼 원금을 까먹지 않은 저축상품에 대해 연 5% 이자도 주지 않는 세상이 올지 전혀 알지 못했다.

그러나 누군가 내게 만약 그때 풍부한 금융지식을 갖고 있었더라면 정말 확실하게 성공할 수 있었겠냐고 묻는다면 자신 있게 "그렇다"고 말할 수 없을 것 같다. 이게 그렇게 무슨 수학공식처럼 딱딱 맞아떨어지는 게 아니란 걸 잘 알고 있기 때문이다.

사람들은 후회하고 한탄한다. "IMF 때 강남에 20평형대 아파트라도 사둘걸" "2005년에 집 팔아서 그 돈으로 딱 1년만 주식 할걸" "2006년에 중국펀드 가입할걸" "금이나 왕창 사둘걸" "역시 달러가 최고인데…."

재테크에 실패한 사람들은 예외 없이 딱 두 가지 탓을 한다. 몰라서 못했고, 그리고 없어서 못 했다고 한다. 아니다. 틀렸다. 물론 많이 알고, 종자돈도 많다면 성공확률은 높아질 수 있다. 그러나 확률적인 측면에서도 이것보다 더 큰 비중을 차지하는 게 있다. 진부하게 들릴지 모르지만, 그것은 바로 '마인드'다. 구체적이고 정교한 목표를 세우고, 처절하게 느끼고, 자신만의 대의명분과 성취동기를 세워 한 걸음씩 나가는 것만큼 확실한 성공요소는 없다. 무엇보다 20대라면 이것이 거의 전부라고 해도 과언이 아니다. 3000만 원, 5000만 원, 7000만 원, 1억 원을 만들어가는 과정에선 마인드가 관건이다. 하지만 나의 20대 때는 이게 없었다. 그때 내게 가장 부족했던 건 금융지식이었다기보다 바로 마인드였다.

혹시 주위에서 누군가 못 배운 탓, 부모님 탓, 세상 탓, 신세 한탄을 한다면 그냥 한 번 '씩' 웃어주길 바란다. 그리고 여러분은 더 강하고 더 세련된 마인드를 만들어가길 응원한다. 어서 빨리 '정상의 경험'을 느끼며 다음 단계로 나가야 한다. 제대로 된 '선수'가 되고 '프로'가 돼야 한다. 여기 선수가 갖춰야 할 필수 재테크 마인드가 있다.

01

짝사랑과 카사노바

만약 세상에서 가장 안타까운 사랑이 있다면 그건 바로 짝사랑일 것이다.

누군가를 미치도록 사랑하지만 내색 한 번 하지 못한 채 하루하루를 살아본 경험이 있다면 그 애절함을 충분히 이해할 수 있을 것이다. 종종 짝사랑이 '서로 사랑'으로 승화되기도 하지만 확률로 따지면 채 1%도 안 될 정도로 미미하다. 아마 짝사랑은 태생적으로 실패를 위해 시작되는 것 같기도 하다. 오히려 짝사랑의 진정성이 커져 가면 갈수록 실패 가능성은 기하급수적으로 커져만 간다.

돈을 모으기 위해 처절하게 느끼며 달려가본 경험이 있다면 이 돈이라는 놈이, 재테크라는 게 짝사랑과 많이 닮아 있다는 걸 느끼게 될 것이다. 알뜰살뜰 절약하며 소중하게 돈을 모아보지만 나에게 돌아오는 돈의 '애정'은 정말 말하기가 부끄러울 정도다. 힘들게 모은 1000만 원이 500만 원이 돼버리는가 하면, 때마침 어머니까지 아프셔 울며 겨자 먹기로 내가 세웠던 목표가 단박에 무너져 내리기도 한다. 하지만 나의 짝사랑 상대인 돈은 말도 안 되는 놈들에겐 왜 그렇게 관대한지 모르겠다. 부동산 투기꾼들은 몇 개월 만에 수억 원을 챙기고, 재벌 2세라는 명목으로 젊은 놈들이 고급차를 몰고 다니며 돈을 펑펑 써댄다. 도대체 왜? 돈은 왜 이렇게 나의 진정한 사랑을 몰라주는 것일까.

결론부터 말하면, 돈을 짝사랑하기 시작하면 재테크는 절대적으로 망하게 돼 있다. 좀 더 과징해서 말하면 돈을 미워하고 지주하는 사람이 짝사랑하는 사람보다 부자가 될 확률은 훨씬 더 높다.

대학교 1학년 신입생 시절, 난 연극반에서 거의 모든 시간을 보냈다. 연극에 대한 애정도 있었지만 연극 서클에 몰입했던 주된 이유는 바로 '짝사랑'이었다. 나보다 한 학년 위의 여자 선배에 대한 짝사랑. 하지만 그것은 괴로움일 뿐이었다. 그 선배를 사랑할수록 내 행동은 부자연스러움과 유치함으로 변질돼갔다. 오히려 내가 갖고 있던 나만의 매력들은 짝사랑이라는 굴레에서 진흙 속에 묻혀만 갔다. 당시 복학생이었던 서클 형은 나한테 이런 말을 해준 것 같다.

"사랑이라는 게 좀 웃겨. 100% 진실되면 오히려 실패하거든. 힘들겠지만 넌 안 돼. 지금의 너론 분명히 안 돼."

그 충고는 사실이었다. 그 어떤 순수한 사랑보다도 더 완벽했다고 믿었던 나의 짝사랑은 그렇게, 덧없는 시간과 함께 사라져갔다.

그 시절을 떠올리면서 지금 재테크에 한창 몰입하고 있는 후배들에게 난 이런 충고를 덧붙이고 싶다.

"돈을 사랑하는 건 좋은데 짝사랑하면 안 돼. 돈을 무시하거나 외면하라는 게 아니야. 돈한테 너도 사랑을 받게끔 만들어야 된다고. 돈을 안달 나게 해봐. 카사노바처럼. 때론 연락도 끊고 며칠을 지내보기도 하고. 또 아주 이기적인 행동도 필요해. 짝사랑이 들키는 순간 돈은 너에게 흥미가 없어질 거야."

그 어떤 투자의 대가도 돈을 짝사랑하진 않는다. 그들에게 돈은 연애의 대상일 뿐이다. 때로는 차갑게 무시하면서도 어느 순간엔 모든 것을 바치며 사랑을 완성해간다. 1%의 수익률에도 벌벌 떨지만 또 어떤 시기엔 자산가치가 몇십 배로 커질 때까지 눈 하나 깜짝하지 않고 차익실현의 유혹을 버텨낸다. 장난으로, 건성으로 접근한다는 뜻이 아니다. 연애의 순간만큼은 카사노바는 그 어떤 남자보다 자신의 연인에게 충실하고 집중한다. 그리고 진지하다.

수입이 월 100만 원이 안 되는 경우라면 돈, 돈, 돈 외치면서 발만 동동 구르는 것보다 느긋한 맘으로 장기주택마련 상품에 월 62만 5000원씩 납입하는 게 더 효과적이다. 또한 자신이 지금 삼성전자에 투자하고 있다고 해서 그 주식이 언제나 달콤한 수익을 가져다줄 것이라고 생각해선 안 된다. 내 것만 더 가격이 오르거나, 덜 빠져야 할 이유는 없다. 때론 호되게 맘먹고 매도를 할 줄 알아야 하고, 또 해당 기업이 처절한 폭락으로 신음하고 있을 때 선심 한 번 쓴다는 식으로 저가에 쓸어 담을 줄도 알아야 한다. 내가 너무나 정열적으로 접근하고 있다고 해서 지금 하고 있는 저축상품이, 주식이, 부동산이, 펀드가, 보험이, 그리고 내 직장이 영원히 '내 여자' '내 남자'가 될 것이란 생각을 버려야 한다.

사랑의 기회가 그렇듯 재테크 기회도 가고, 오고, 또 지나가고, 다시 찾아온다. 중요한 것은 그때마다 성공적인, 스릴 넘치는 연애를 하는 것이다. 매번 혼자만 끙끙대며 짝사랑의 열병을 앓으면서 떠나가는 연인을 멍하니 쳐다봐선 안 된다.

그렇다고 돈에 대한 짝사랑의 실패로 너무 괴로워만 할 필요는 없다. 여러분은 아직 '연애 초짜'인 20대니까. 이 20대 시기에 겪는 몇 번의 짝사랑 경험은 분명 지금부터 펼쳐질 재미난 재테크를 실천하는 데 큰 힘이 될 것이다. 우리의 성공적인 연애가 짝사랑의 눈물 없이는 절대 탄생될 수 없는 것처럼.

02

탐욕과 공포, 그리고 미련

탐욕(Greed)과 공포(Fear).

주식투자를 본격적으로 시작한 후 2~3년 내에 반드시 한 번쯤 듣게 되는 단어다. 단돈 50만 원을 더 먹기 위해 못 파는 탐욕, 몇 배 더 수익이 가능한 종목을 결국 팔아버리게 만드는 공포. 이 탐욕과 공포는 날줄과 씨줄로 얽혀 증시에 강력한 연료를 공급한다. 유동성, 금리, 유가, 환율, 실적, 국내총생산(GDP) 등 그 어떤 재료보다도 이 탐욕과 공포의 힘은 강하다. 난 여기에 '미련'이라는 또 한 가지 요소를 첨가하고 싶다. 양극단에 탐욕과 공포가 있고 그 사이를 미련이 이리저리 왔다 갔다를 반복하면서 투자를 최악의 길로 인도한다.

그런데 이 탐욕과 공포, 그리고 미련이라는 세 가지 요소는 꼭 주식투자에만 한정되지 않는 것 같다. 부동산, 펀드, 그리고 파생상품 투자 등 '투자'와 관련된 어떤 상황에서도 어두운 먹구름을 드리운다. 재테크 전반에 악영향을 미치는 요소라고 할 수 있다.

따라서 성공적인 재테크를 위한 마인드를 정립하기 위해선 이 탐욕과 공포, 그리고 미련에 대해 반드시 짚고 넘어갈 필요가 있다. 아예 혹자는 "이것만 제대로 조절할 수 있어도 투자는 99% 성공한 것이나 다름없다"고 강조하기도 한다.

이들 3요소를 자유자재로 컨트롤할 수 있다면 최상이겠지만, 일단 가장 먼저 할 일은 그 존재와 파급력을 스스로 인정하는 것이다. 과연 지금 나의 재테크는 탐욕의 과정에 있는지, 아니면 공포의 망설임인지, 혹은 헛된 미련 때문에 이도 저도 못 하고 멍하게 앉아만 있는 건 아닌지를 스스로 파악해보는 훈련이다.

초보자들은 대부분 무조건 탐욕이 앞선다. 반면 중급 투자자들은 공포와 싸우는 경향이 많다. 미련은 주로 본인의 성격과 깊은 상관관계가 있다. 그런데 실전에서 이들 세 가지 심리를 바라보면 문제가 그리 녹녹하지 않다는 것을 곧 알게 된다. 과연 어떤 상황이 탐욕인지 절제인지 또 공포인지, 아니면 현명한 손절매(로스컷)인지, 듬직한 끈기인지 미련인지가 구분이 안 되기 때문이다.

지금 -10% 난 주식을 매도하는 것은 공포에 빠진 것일까, 아니면 미련을 극복한 적절한 로스컷일까? 연 120%를 올린 중국펀드를 더 유지하는 건 정말 탐욕에 사로잡힌 것일까, 반대로 더 높은 수익을 올리는 기회를 포기하는 건 아닌가? 월 115만 원의 대출이자 부담을 감수하고서라도 내 집을 장만한 건 우유부단한 미련을 버린 탁월한 결단이었을까? 그런데 만약 집값이 더 떨어졌다면?

흔들릴 때는 상식을 믿어라

2003년 이후 주식형펀드로 가장 많은 자금이 유입된 기간은 2007년 10월과 11월이다. 이 두 달 새 국내 주식형펀드로 14조 9000억 원, 해외 주식형펀드에는 11조 7000억 원에 이르는 신규자금이 쏟아져 들어왔다. 잘 알다시피 이 2007년 10월과 11월은 글로벌 경제의, 국내 증시의 꼭지 중 꼭지, 상투 중 '대상투' 시기였다. 당시 코스피는 2003년 3월 저점 대비 4배나 올라 있었다. 반면 최악의 경제상황이었던 지난 2008년 10월과 11월 두 달 동안 펀드로 유입된 신규자금 규모는 채 3000억 원이 안 됐다. 코스피가 2000을 넘어섰을 때는 앞뒤 안 가리고 수십 조 원을 퍼붓던 사람들이 오히려 주가가 말도 안 되게 폭락한 900선 부근일 때는 완전히 졸아들어 버렸다.

그래서 많은 사람들은 그냥 운에 맡긴다. 어차피 내가 지금 공포에, 탐욕에, 미련에 사로잡혔는지를 알 수 있는 건 결과로만 입증되기 때문이라는 것이다. 우리가 지금 "2007년 10월은 탐욕, 2008년 10월은 공포"라고 말할 수 있는 것도 다 시험 끝난 후 정답 맞히기에 불과하다는 주장이다. 운 좋게 빠졌으면 되는 것이고, 물렸으면 운이 나빠 그랬던 것이란다.

그러나 결코 운에 맡겨서는 안 된다. 통제하고 제어할 수 있는 왕도가 있다고는 말할 수 없지만 훈련과 경험을 통해 자신만의 바로미터를 만들 수 있다. 아니 꼭, 반드시 만들어야 한다. 탐욕, 공포, 미련에 대한 적응력을 키우고 통제할 수 있는 훈련방법은 크게 세 가지다. 첫째는 상식에 대한 믿음, 둘째는 대응력, 셋째는 기계적인 자산관리 방법이다(이 중 대응력은 1부 5장 '예측하지 말고 대응하라'에서, 또한 기계적 자산관리 방법은 5부 2장 '네가 끊을래, 내가 끊어줄까?'에서 다루고 있다).

공포, 탐욕, 미련을 통제할 수 있는 방법은 아이러니하게도 '상식'이다. 그리고 그 상식에 대해 '확고한 믿음'을 갖는 일이다. 주식을 어느 정도 공부했다면 이미 PER(주가수익비율: Price Earnings Ratio의 약자로 주식 1주의 가격과 1주당 이익을 비교하는 데 사용하는 척도)이라는 걸 잘 알고 있을 것이다. PER이라는 것이 100% 딱딱 들어맞는다고는 할 수 없다. 하나의 투자지표에 불과하다. 하지만 주식투자 성공은 몰라도 적어도 상식을 점검하는 데는 유용한 기준이 된다. 가령 2007 년 10월경 중국 증시는 PER이 60배까지 올랐다. PER이 60배라는 뜻 은 현재 중국 증시에 상장돼 있는 기업들이 벌어들이는 현재 수익으 로 60년이 지나야 현재 주가를 설명할 수 있다는 뜻이다. 향후 60년 치의 프리미엄을 현재 주가에 반영했다는 의미이기도 하다. 과연 이 게 상식적으로 말이 되는 일인가.

17세기 초 네덜란드에서는 튤립 가격이 3년간 6000%가 폭등했었 다. 일명 '황제튤립' 한 뿌리를 갖고 있으면 암스테르담에서 꽤 괜찮 은 저택을 살 수 있을 정도였다. 탐욕이 극에 달하던 순간 네덜란드 는 국가 전체가 휘청거리기 시작했다.

현재 5층짜리 상가빌딩 가격이 10억이라고 해보자. 경제적 관점에 서 상식적으로 타당한 가격대인지 판단하기 위해선 먼저 전세가격(임 대료 수입)과 은행금리를 살펴봐야 한다. 월세수입이 300만 원이고 은 행금리는 5%라고 해보자. 자, 여러분은 어떻게 할 것인가? 혹시 각종 언론에서 나오는 '상가투자가 최고 재테크' 라는 뉴스에 어서 빨리 상 가를 구입해야 한다고 조급해하지 않는가. 아니면 더 오를 테니 20억 될 때까지 팔지 않겠다는 탐욕에 사로잡혀 있는가. 공포인지, 탐욕인 지, 아니면 미련인지를 판단하는 기준은 지극히 상식적이어야 한다.

굳이 결정을 내려야 한다면 이런 상황에선 상가를 파는 것이 좋다. 10억 원을 가장 안전하게 굴려도 월 400만 원은 확보되기 때문이다

(세금 등은 고려대상에서 제외). 물론 상가 가격이 순간 15억으로 급등할 수도 있고, 경기가 좋아져 상가임대가 활성화되면서 월세수입이 500만 원을 넘을 수도 있다. 은행금리가 급락해버릴 수도 있다. 하지만 매매의 결정을 내려야 하는 그 순간에는 상식을 믿어야 한다. 믿을 수밖에 없다. 상가빌딩 매도 이후 은행금리가 떨어져 수입이 줄었다고 할 수 있겠지만, 그렇다면 임대료 수입 역시 감소해 있을 가능성이 높다. 금리 인하시기는 경기가 부진한 시기와 맞물리기 때문에 당연히 상가임대도 악화될 수 있기 때문이다.

일각에선 역발상적 투자를 해야 성공한다는 의견도 있다. 모든 사람이 팔 때 사고, 또 모든 사람이 사라고 할 때 팔라는 식이다. 그럼 공포와 탐욕, 미련은 자연스럽게 극복된다는 주장이다. 하지만 이 역시도 한 가지 명확한 전제가 숨어 있다는 것을 명심해야 한다. 바로 역발상적 투자를 하는 시점이, 온 세상이 비상식적으로 돌아가고 있을 때라는 사실이다. 온 세상이 멀쩡하게, 상식적으로 잘 돌아가고 있는데 나 혼자 역발상적 행동을 한다면 그건 패망의 지름길이 될 것이다.

2008년 10월 말 892라는 지수대가 향후 5년간 진정한 저점인지 아닌지는 신이 아닌 이상 그 누구도 장담할 수 없다. 그렇지만 온 국민이 주식을 사는 데 용감했던 2007년 10월보다는 상식적으로 안전한 상황이다. "무릎에 사서 어깨에 팔아라"라는 투자격언이 있다. 이때 무릎은 바닥을 찍고 올라올 때의 무릎을 말하고, 어깨는 최고 정점을 찍고 내려올 때의 어깨를 말한다. 여러분이 상식에 대한 믿음을 갖고, 매 순간 상식에 대한 점검을 지속한다면 '대상투'와 '대바닥'은 몰라도 이 무릎과 어깨는 결코 놓치지 않을 것이다.

03 NEW 유동성 함정

<u>"그걸 누가 몰라서 이래?</u> 당장 쓸 돈이 없잖아. 그런데 무슨 투자 마인드니 장기투자, 가치투자 운운해."

주가 급락기나 폭락시기, 심지어 대세 상승장에서도 자주 들려오는 안타까운 목소리다. 펀드 담당 기자 시절 1999년 대한민국을 펀드 광풍으로 몰아넣었던 '바이코리아펀드'에 대한 기사를 쓴 적이 있다. 지난 1999년 3월 설정됐던 이 펀드는 1999년 말 수익률이 무려 77%까지 올랐지만 이후 2000년 국내 증시 붕괴와 함께 수익을 모두 까먹었을 뿐 아니라 −40% 이상 폭락세를 연출했다.

기사는 이 다음부터였다. 2000년 1월 상투를 잡고 펀드에 가입했던 투자자가 '그래, 한번 버틸 만큼 버텨보자'고 맘먹고 덤볐다면 어떤 일이 있어났을까 하는 것이었다. 만약 3년을 버텼으면 24% 수익률을 올릴 수 있었다. 연 8%대 수익률이다. 당시 은행금리와 비교했을 때 우월하다고 할 수는 없지만 −40%대 수익률보다는 월등한 수준이다. 만약 5년을 버텼다면 어떻게 됐을까? 놀랍게도 120% 수익을 올렸다. 연 24% 수익률. 상당한 수준이다.

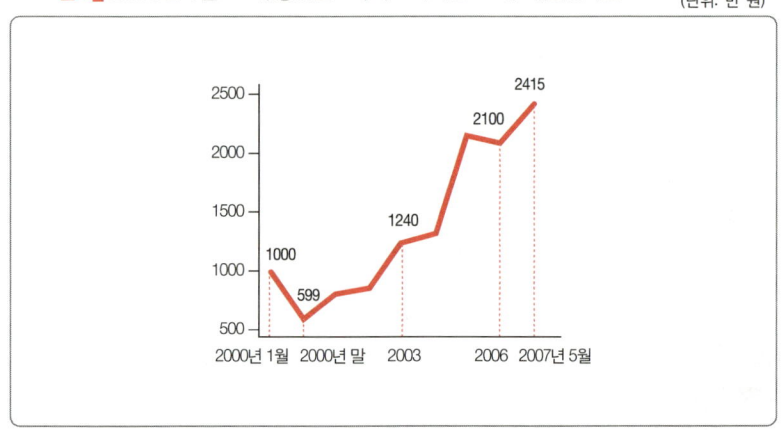

● 그림 1_ 2000년 1월 그 유명했던 '바이코리아펀드'에 가입했다면

(단위: 만 원)

하지만 일부 독자들은 이 기사에 대해 반감을 표시했다. "대한민국에서 5년간 돈을 박아둘 사람이 몇 명이나 되느냐"라는 의견이었다. 유동성에 대한 지적이다. 아마도 재테크를 해서 실패한 사람들이 가장 많이 던지는 불만이라고 본다.

장기투자와 유동성. 때로는 상부상조의 관계로, 때론 앙숙처럼 실전 재테크에서 첨예하게 부딪히는 문제인 것 같다. 장기투자를 하겠다고 결심해도 막상 수중에 돈이 없는 상황에서 예기치 않은 상황이 발생하면 이를 포기할 수밖에 없다. 그래서 자산관리 전문가들은 자산분배에 있어 유동성 비중에 대한 중요성을 강조한다.

최근엔 '유동성'이란 단어가 일반인들에게 아주 친숙해졌다. 유동성(liquidity)'이란 단적으로 말해 그냥 '현금'이라고 이해하면 된다. '현금으로 전환할 수 있는 정도'로 표현할 수도 있다. 엄청난 땅부자에게 우린 "유동성이 많다"고 말하지 않는다. 보유한 땅과 땅을 팔아 실제 손에 쥐는 화폐 규모(유동성)는 완전히 다른 개념이기 때문이다. 기업 입

연령대	유동자산 비중	비고
20대	월소득 5%	투자 비중 70% 이상
30대	월소득 5~10%, 금융자산 5%	보장성 보험상품 활용
40~50대	금융자산의 5~10%	정교한 은퇴설계 필수
60대(은퇴 이후)	총자산(금융+부동산)의 30~50%	고정자산 비중 최소화

장에서 유동성은 채무 변제를 위해 특별한 손실 없이 '현금을 동원할 수 있는 능력'을 의미하기도 한다.

일반적으로 40대 가장의 경우 월소득의 20%, 금융자산의 5~10%는 유동성으로 확보해야 한다고 전문가들은 말한다. 금융자산이 2억 원이라면 1000~2000만 원 정도는 적어도 일주일 내에 별다른 손실 없이 현금으로 확보할 수 있어야 한다는 뜻이다.

하지만 결혼을 하지 않은 20대의 경우라면 이렇게 많은 유동성을 들고 있을 필요가 없다. 실제로 나는 이미 여러분에게 5년이라는 시간을 갖고 벌어들인 소득을 모두 탈탈 털어 쏟아 붓는 공격적인 투자를 통해 알토란처럼 불려가라고 강조했다. 20대이기 때문에 가능한 일이라고도 했다. 평균적으로 부모님이 있고, 선배에게 뻔뻔하게 밥을 얻어먹어도 전혀 부끄럽지 않은 나이이기 때문이다. 자식을 둔 40대가 돼버리면 이렇게 하고 싶어도 할 수 없다. 여러분은 지출 계획에 따라 정해놓은 용돈 정도면 충분하다.

그런데 사건이 발생했다. 지난 2008년 하반기와 같이 전대미문의 대폭락기가 찾아와버린 것이다. 일개 개별 종목 주가가 아닌 시장이 10%대 급등락을 반복하는 변동성을 보이고 4억 원 하던 아파트 전세자금이 1억 5000만 원씩 급락했다. 국내 20~30대 취업자 수가

1990년 이후 처음으로 1000만 명 밑으로 떨어지는, 100년 만에 찾아오는다는 전 세계 경제불황이다. 그리고 이제 −50% 손실이 현실화되면서 20대에게 유동성에 대한 문제가 심각하게 찾아온 것이다.

분명 여러분 중 누군가는 운 좋게도 목표했던 5년이라는 구간 속에서 첫해에 이런 시기를 맞을 수 있다. 이런 경우라면 아직 투자한 돈이 많지 않기 때문에 '물린 돈'의 규모는 작을 것이다. 하지만 또 누군가는 정반대로 4~5년 차에 당할 수도 있다. 게다가 바로 이런 시기에 엎친 데 덮친 격으로 목돈이 필요한 상황이 발생하면 문제는 커져버린다. 가령 급하게 결혼을 하게 된다거나, 인상된 전세보증금을 줘야 한다거나, 아버지가 갑자기 쓰러지는 경우다. 그래서 지난 2006년부터 시작해 3년 가까이 치열한 재테크를 해왔던 많은 20대들 중 일부는 땅을 치며 후회를 했다. "그때 1000만 원을 환매하고 CMA에 1년간 넣어둘걸" "40% 먹었을 때 그냥 관둘걸" "어렵게 모았던 3000만 원은 따로 빼놓는 건데"라고. 이어 자연스럽게 "그러기에 대한민국에서 재테크를 한다는 자체가 헛고생이야"라는 말도 튀어나온다.

20대의 유동성에 대한 재점검

그러나 20대 여러분은 이 유동성에 대해 좀 더 냉철하게 생각해볼 필요가 있다. 과연 여러분의 유동성 부족 문제가 어떤 상황에서 발생했는지를 따져보자는 이야기다.

먼저 "프리미엄 청바지를 사려고 손실감수하고 펀드환매 했잖아. 역시 유동성을 갖고 있어야 해"라는 식의 자세는 적절하지 않다. 만약 여유로운 삶과 여유로운 재테크를 선택한 쪽이라면 애당초 용돈의 규모를 많이 책정했어야 한다.

둘째, 3달 후엔 반드시 내야 하는 대학 등록금을 갖고 주식을 했다가 크게 당하는 것과 같은 상황이다. 이렇게 된 후에 "투자는 무슨 투자, 지금 등록금을 낼 현금이 없는데"라고 말하는 것도 유동성 확보와는 전혀 관계가 없다. 결혼 날짜까지 받아놓은 상황에서 7개월 후 사용할 멀쩡한 결혼자금 5000만 원을 펀드에 투자했다가 이번 대폭락기를 맞았다면 이것 역시 유동성 탓을 할 문제가 아니다. 스스로가 기본적인 투자원칙을 안 지켰기 때문이다. 이런 경우는 CMA보다 좀 더 높은 이자를 주는 6개월짜리 단기은행예금상품에 가입했어야 한다. 사용처와 시기가 미리 확정된 사안이었기 때문이다.

'빚내서 주식투자' 역시 마찬가지다. 대출금 이자(유동성) 비용에 대한 고려를 하지 않았다. 만약 아파트를 장만해서 매달 90만 원 정도의 대출금 이자를 내야 한다면 이 돈만큼은 절대적으로 투자에 활용해선 안 된다. 무조건 유동성으로 갖고 있어야 한다. 이게 바로 여러분이 가장 유념해야 할 유동성의 원칙이기도 하다.

세 번째로, 정말 큰 사고가 터져 급전이 필요한데 투자수익률이 안 좋은 경우다. 가령 구체적인 결혼 계획 없이 결혼자금 5000만 원을 모아가는 과정에서 이런 '변'을 당했다고 가정해보자. 그런데 갑자기 결혼을 해야만 하는 상황이 터졌다(절대 미룰 수는 없다). 또한 아버지가 갑자기 쓰러진 경우도 마찬가지다. 하지만 이 역시도 아직 20대인 여러분에게는 유동성 문제로 파악할 사안은 아니다. 왜냐하면 이런 긴박한 일은 어차피 100~200만 원으로 해결될 문제가 아니기 때문이다. 대출, 보험 등과 같은 또 다른 차원에서 고려할 사안이다.

경제학자 케인즈가 말한 '유동성 함정(liquidity trap)'이란 개념이 있다. 정부가 맘먹고 정책금리를 극단적으로 낮추고 시장에 돈을 쏟아 붓지만 효과가 전혀 나타나지 않는 상황이다. 돈을 들고 있는 사람들이 향후 이자율이 오를 것을 기대해 투자와 소비를 하지 않고 현찰을 손에 움켜쥐고 있어 경기가 전혀 회복되지 않기 때문이다.

하지만 난 여러분에게 또 다른 차원의 유동성 함정을 말하고 싶다. 바로 유동성 부족에 쫓길 것을 두려워해 그간의 재테크가 깊은 함정에 빠지는 상황이다. 20대라는 시간의 무기를 소유하고서도 "대한민국에서 3~5년 돈 박아둘 사람이 얼마나 되냐"며 스스로를 비하하는 자세다.

어렵게 생각할 필요 없다. 1년 정도 내에 확실하게 발생할 사안에 대해서는 리스크를 최소화시키고 현금(유동성) 확보가 용이하도록 운용하면 되는 것이다. 물론 이 투자원칙을 제대로 지켜도 이 함정에 빠질 수 있다. 생활의 변수는 정말 많다. 그렇다고 함정에 빠지지 않기 위해 투자를 전혀 하지 않고 살아가면 될까. 난 이것이야말로 더 위험한 유동성 함정이라고 생각한다. "항상 통장에 1000만 원은 그냥 유동성으로 갖고 있으세요, 만약을 위해"라고 말하고 싶지는 않다. 이거야말로 무책임한 말이다. 차라리 뼈저리게 유동성 부족에 쫓기는 경험을 해보는 것이 낫다는 쪽이다. 그리고 하루라도 빨리 그 실수와 변수에서 빠져나오는 나만의 방법을 익혀야 한다. 지금 고민해봐야 한다. 그래야 앞으로 30년 넘게 훌륭한 재테크를 펼칠 훌륭한 선수가 될 수 있다. 최소한 40대가 돼서 주식 한답시고 전 재산을 몰빵하는 일이나 50대가 돼서 "좋은 땅 나왔는데 보실래요?"라는 말 한마디에 2억, 3억씩 턱턱 투자하는 함정에 빠지는 것보다 훨씬 더 값진 일이다.

04

조의식과 원조 사이

<u>성진 씨가 주식워런트증권 (ELW)의 존재를 안 것은</u> 2001년 여름이었다. 경영학 석사인 그는 블랙 앤드 숄즈 (Black & Scholes)의 옵션가격 결정이론 등과 같은 파생상품 이론에는 빠삭하지만 정작 코스피 200지수 선물이나 옵션 등과 같은 실전은 한 번도 해본 적이 없었다.

그런 성진 씨는 지난 2007년 여름 미국발 서브프라임 모기지 부실의 공포로 잘나가던 코스피지수가 한때 1600대로 폭락하고 글로벌 증시가 휘청대는 걸 경험한 후 ELW에 첫발을 내딛었다. 선물, 옵션과 달리 증거금 1500만 원도 필요 없는데다 소액으로도 가능하다는 점, 잃어도 선물, 옵션 투자에 비해 덜하다는 점 등이 일단 좋았다. 10만 원으로 2주일 정도를 놀아보기도 하고, 50만 원으로 코스피 200지수뿐 아니라 종목 ELW 등 포트폴리오도 짜봤다.

이런 과정에서 성진 씨가 가장 매력적으로 느낀 건 바로 '풋(put)'의 존재였다. 시장이, 지수가, 주가가 떨어지는데 나는 이익을 본다는 것. 모든 사람은 울고 있지만 나는 웃을 수 있다는 '풋'의 속성이 그를 강하게 끌어당겼다.

그리고 2007년 11월, 성진 씨는 학교 앞 원룸생활을 마치고 일산 집으로 복귀하면서 전세금 2500만 원이란 목돈을 손에 쥐게 됐다. 그러고는 두 달 가까이 방 안에 틀어박혀 HTS만을 죽어라 쳐다봤다. 경제신문 증권면을 독파하고, 블룸버그 영문뉴스를 통해 글로벌 증시와 경제 흐름도 익혔다. 마크 파버, 존 프라빈, 헤리 덴트 등 증시 전문가들의 코멘트도 분석했다. 그렇게 해서 내린 결론은 2008년 1월부터 2월 사이에 세계 증시가 적어도 한 차례 반드시 폭락한다는 것이었다.

"당시엔 희한하게 대부분 분석들이 모두 똑같았어요. 2008년 상반기가 최악이고 하반기부터 회복된다고. 결과적으로는 2008년 한 해 전체가 최악이 됐지만요."

2007년 12월 24일 크리스마스이브에 코스피가 1900선을 재차 돌파해 1919를 찍는 순간 성진 씨는 온몸에 전류가 흘렀다. 그는 "발정 난 '풋'이 풍기는 암내가 코를 찌르는 느낌이었다"고 말했다.

"크리스마스 밤을 뜬눈으로 새고 26일 아침 '한국 7414풋 ELW'를 잡았어요. 만기일이 3월 17일, 행사가격이 220이었는데 별로 쫄지 않았어요. 750원선에서 2500만 원어치를 하루에 모두 매수했죠."

2008년 새해가 밝았고 주가는 예상대로 곤두박질쳤다. 750원 하던 성진 씨의 '한국 7414풋'의 프리미엄은 가뿐히 900원대를 돌파했고 1월 16일 코스피지수가 2.4% 급락하며 1700선대 초반으로 떨어지면서 1395원으로 마감했다.

"HTS에 5000만 원 넘는 돈이 찍혀 있는데 딱 그만하고 싶더라고요. 더 나가면 '탐욕'인 것 같기도 하고. 그런데 한 가지 확신은 있었어요. 2007년 여름 외신보도를 통해 서브프라임 모기지 부실 이야기가 최초로 시장에 나왔을 때 말이에요. 그때 잠깐이지만 코스피가 순간 1600대로 빠졌잖아요. 누가 그러대요. 세상에서 시장이 가장 똑똑하다고. 시장은 이미 알고 있었던 거죠. 이 악재는 1600까지는 충분히 빠질 수 있는 충격이란 것을. 그래서 저도 시장에 베팅(betting)을 했어요. 1600을 또 한 번 경험할 수 있다는 쪽에요."

실제로 그랬다. 코스피는 1월 21일 1600대로 떨어지더니 22일 장중 1500선으로 붕괴되는 모습을 보였으니 말이다. 그리고 성진 씨의 ELW 풋의 프리미엄은 2280원으로 뛰어올랐다. 이틀간 치밀하게 차익실현에 나섰던 성진 씨의 투자금 2500만 원은 어느덧 8000만 원으로 불어나 있었다.

시장을 족칠 수 있는 용기

재테크는 절약, 저축, 그리고 투자가 맞물려 마치 뫼비우스의 띠처럼 평생토록 이어진다. 하지만 그 과정에서 우리는 반드시 차익실현의 순간을 거쳐야 한다. 주식을 매도해야 하고, 펀드를 환매하고, 부동산을 팔아야 한다. 펀드 역시 장기투자를 기본으로 하고 있지만 자산관리 측면에서든 또 다른 투자를 위한 자금 확보를 위해서든, 아니면 자동차를 구입하기 위해서든 환매를 해야 한다. 이른바 '매도의 순간' 이다.

그런데 투자를 심층적으로 접근하게 되면 매도에는 단순히 차익실현만 존재하는 게 아니란 걸 알 수 있다. 앞서 소개한 성진 씨의 사례처럼 ELW 파생상품을 이용해 하락에 베팅해서 수익을 올릴 수 있고 선물 매도, 콜옵션 매도, 풋옵션 매수 등도 있다. 아예 '공매도(short selling)'라는 것도 있다. 공매도란 투자자 본인이 주식을 갖고 있지 않은 상황에서 증권회사 등에서 주식을 빌려 팔고 결제일이 돌아오기 전에 다시 주식을 사서 되갚는 거래방식이다. 이 역시 시장이 하락할 것에 투자하는 행위다. (주식 전문가들은 '숏'이란 단어를 자주 사용한다. "숏을 쳐!" "숏 마인드가 부족해" 또는 '롱숏펀드' 등은 심심찮게 들을 수 있다. 이때 '롱(long)'은 매수를, '숏(short)'은 매도를 의미한다고 보면 된다.)

이처럼 차익실현이든, 아니면 시장 하락에 투자하는 행위든 솔직히 난 아직도 매도와 관련해 죄의식을 느낀다. 더 정확히 말하자면, 시장에 대한 경외감 같은 것이다. 시장에게 '너도 지금은 별수 없으니 내가 팔아치워 주마'라고 생각하는 자체를 불경스럽게 여기는 것 같기도 하다. 한번은 목돈이 필요해 주식형펀드 4개를 환매한 적이 있었는데 정말 망설이고 괴로워했던 기억이 난다. "내가 이래도 되나?"라는 뜻 모를 죄의식이었다.

"숏 마인드가 너무 부족해"라는 말은 실은 내가 숱하게 많이 들어왔던 지적이다. 내 기억으로 선물, 옵션, ELW 등 파생상품 직접투자를 통해 성공해본 적이 단 한 번도 없다. 난 무조건 '롱'이었고 백전백패를 했다. 내게 시장은 늘 오르는, 오르기만 하는 존재였다. 그나마 주식투자에 있어 10년 넘게 수익을 내며 버틸 수 있었던 것은 '10% 차익실현' 원칙의 힘이다. 10% 오르면 팔고, 또 10% 내리면 사는 기계적인 습관을 통해 내가 갖고 있던 매도에 대한 죄의식을 조금이나마 상쇄시킬 수 있었다.

도입부에 굳이 성진 씨 이야기를 여러분에게 했던 것은 결코 파생상품 투자를 통해 시장이 하락할 때 돈을 벌라는 뜻은 아니다. 오히려 이처럼 숏(매도) 포지션 혹은 롱(매수) 포지션 하나만으로 시장에 접근하는 투기적 거래는 확률적으로 실패할 가능성이 더 높다(이 부분에 대해서는 3부 8장에서 본격적으로 다룬다).

하지만 우리가 주목할 점은 바로 성진 씨에게 시장을 '족칠(?)' 용기가 있었다는 사실이다. 시장을 예측하려고 했던 경솔함은 있었지만 성진 씨는 6개월 넘게 철저한 준비를 했고, 소신 있는 분석을 갖고 있었다. 시장이 가장 예뻐 보였던 바로 그 순간에 파멸 가능성을 점쳤고, 시장 급락에 모든 사람이 울어야만 할 때 혼자만은 웃을 수 있다는 자신감도 있었다. 난 그게 정말 부러웠다.

난 참 오랜 시간 동안 내가 왜 이렇게 매도에 대한 고질적인 '죄의식'을 갖게 됐는지에 대해 많은 고민을 해봤다. 그러다 결국 알아냈다. 그것은 바로 내가 처음 투자라는 것을 배울 때, 또 재테크라는 것에 대해 하나씩 알아갈 때 그 누구도 내게 '숏'에 대한 존재를 말해주지 않았기 때문이었다. 마치 처음 술을 배울 때 몸에 밴 술버릇이 평생 따라다니는 것과 마찬가지다. 고기를 못 먹어본 놈은 아무리 맛있는 고기를 줘도 먹지 못하는 것처럼 매도에 대한 나의 부담감은 바로 여기서부터 시작된 것 같다.

시장은 전지전능하다고들 한다. 시장이 가장 똑똑하다고도 한다. 하지만 그렇다고 우리 투자자가 아담과 하와가 하나님께 그랬던 것처럼 시장에 대해 원죄를 지은 것은 아니다. 우린 떳떳한 시장 참가자일 뿐이다. 시원찮으면 다 던지고 나와버릴 수 있다. 7억 원 하던 집값이 1년 6개월 만에 10억 원이 넘었다면 가차 없이 팔아치우는 게 현명하다. 11억 원에 팔 기회를 놓칠 수도 있겠지만 9억 원에 다시 살 수 있을 확률이 몇 배 더 높다. 때로는 6개월 정도 단기 목표기간을 두고 시장 하락에 수익을 얻는 '리버스 인덱스펀드'에 가입할 수도 있다. 하지만 참 힘들다. "코스피 1000선이 또 깨질 것"이라고 자신 있게 말하는 주식 전문가도 막상 자신의 돈은 풋옵션에 투자하지 못하는 게 현실이니까.

대학시절 친구들과 어울려 포커를 치거나 내기당구를 치곤 했다. 그 시절 난 행여 돈을 따기라도 하면 쉽사리 자리를 뜨기가 어려웠다. 그 돈을 갖고 판을 떠나는 게 비겁하게 보였고, 죄의식 비슷한 것도 느꼈다. 그러다 결국엔 그 돈을 다시 잃곤 했다. 그런데 나중에 알게 됐다. 함께 했던 친구 중 그 누구도 내가 끝까지 남아줬다고 날 진정한 친구라고 생각하지 않았다는 것을 말이다. 오히려 대부분은 나의 그런 맘을 알지도 못했다.

재테크도, 투자도 마찬가지다. 오를 줄 알고 샀다면 떨어질 줄 알았을 때 파는 게 당연하다. 그리고 오르는 시장에 투자해 돈을 벌었다면 당연히 떨어지는 시장에 투자해 수익을 올릴 수 있다는 사실도 인식하고 있어야 한다. 여러분은 바로 이걸 할 줄 알아야 한다. '숏' 은 지극히 자연스러운 행위다. 어쩌면 그 전지전능한 시장도 여러분의 '숏'에 남몰래 좋아할지 모르겠다.

05

예측하지 말고 대응하라

혹시 누군가 "국내 증시가 2010년 1월 2500까지 오를 것"

이라고 한다면 그냥 그러려니 하면 된다. 또 누군가 "내년 강남 아파트가 3.3㎡당(평당) 4000만 원선까지 오를 것"이라고 해도 별 신경 쓰지 않아도 된다. 괜스레 들뜰 필요도 없다. 대단한 게 아니니까. 아마도 주식경력이 어느 정도 되는 사람들은 다 알고 있을 것이다. 가격을 예측해서 자신 있게 말하는 사람 중 거의 대부분은 사이비라는 것을.

진정한 고수는 결코 구체적인 지수나 주가를 언급하지 않는다. 오를지 내릴지에 대한 방향성과, 그 구간과 기간에 대해선 포괄적으로 말할 수 있지만 감히 시장을 앞서 예측하려고 하지 않는다. 10일 연속 오른 주가가 그 다음 날 오를지 내릴지 그 누구도 확률 50% 이상으로 맞힐 수 없다. 강남, 분당, 목동, 은평 뉴타운 집값이 1년 뒤 30% 오를지, 아니면 -30%로 내릴지 그 어떤 잘나가는 부동산 전문가도 정확하게 예측할 수 없다. 이건 그야말로 신의 영역이다.

앨빈 토플러, 존 나이스비트, 오마에 겐이치, 롤

프 옌센, 자크 아탈리, 폴 사포 등 세계 최고 미래학자들의 책을 읽어 보면 참 많은 영감을 얻을 수 있다. 구절구절 형광펜으로 그어가면서 읽다 보면 어떤 페이지는 한 장이 다 노란 형광의 물결이 될 정도다. 내겐 대학시절 만났던 앨빈 토플러의 《제3의 물결》이 그랬다. 1980년에 출간됐다고 하는데 이 책 내용 중 상당 부분은 아직도 정확히 들어맞는다. 20대 시절 그 책을 통해서 정말 많은 통찰력을 얻었고, 살아가는 데 묘한 자신감 같은 것도 얻을 수 있었다.

하지만 만약 내가 앨빈 토플러를 비롯한 이들 학자들의 미래예측을 기초로 재테크를 했다면 오히려 지금보다 더 못했을 가능성이 높다. 왜냐하면 이들의 예측은 하나의 큰 트렌드를 이야기하는 것이기 때문이다. 그 큰 물줄기는 결국 바다로 흘러들어 가겠지만 그 사이 실전에선 수많은 변수가 터진다.

국민소득 2만 달러가 넘으면 여행수요가 높아져 여행산업이 발전한다고 한다. 당연히 이때의 여행은 바로 해외여행이고 그렇다면 운송업종도 함께 발전할 것이다. 이것은 사실이다. 거의 100% 확실하게 실증된 예측이다. 하지만 그렇다고 남들보다 한발 앞서 여행 관련주와 항공주에 집중 투자했다고 해서 100% 성공한다고 말할 수는 없다. 실제로 그랬다. 여행업은 미래학자의 예측대로 꾸준히 성장했지만 특정 기간 동안에는 상당히 많은 어려움을 겪었다. 국제유가가 단기간 폭등하면서 여행주에 치명적인 타격을 입혔고 운송 관련주는 급락했다. 세계관광기구는 2020년이 되면 세계 15억 명 사람들이 비행기를 타고 다닐 것이라고 전망했지만 9·11테러가 터지면서 2년 넘게 미국 여행업은 죽을 쒔다. 당연히 투자자도 이 기간 동안 쓴맛을 봐야 했다.

10년 후 분명 주식투자 초대박은 건강 관련주에서 나올 것이다. 이건 예측이다. 하지만 과연 수많은 건강 관련 기업 중에서 어느 곳을 골라 10년간 투자해야 할지는 막막하다. 그래서 알면서도 수십 개, 수백 개 제약기업, 의료기기 관련주 등을 묶어놓은 건강 관련 인덱스에 투자하게 된다. 이렇게 대응할 수밖에 없다. 재테크에선 이게 최선이라고 봐야 한다.

성공적인 재테크를 위해선 절대적으로 시장을 예측하지 말아야 한다. 특히 20대인 여러분은 더욱 그렇다. 예측이나 통찰력은 풍요로운 인생을 사는 데 도움을 줄 수 있겠지만, 지금 1억 원 규모의 종자돈을 만드는 재테크 과정에서는 그리 대단한 덕목이 아니다. 최고의 투자자는 예측하는 사람이 아니라 순간순간 결단력과 순발력을 갖고 대응하는 사람이다. 주가 1000이 붕괴됐을 때 취해야 할 행동의 기준은 500으로 떨어질 것이라는 주장이나 곧 1300으로 회복할 것이란 예언이 아니라 그 시점에서 스스로 분석한 투자 적정성과 자신의 여유자금 사정이 돼야 한다.

중국펀드 투자로 100% 수익률을 얻었을 때 주의를 기울어야 할 포인트 역시 '중국의 성장성은 무한대'라는 예측이 아니라 지금 나의 포트폴리오와 자산관리 스케줄을 고려한 적절한 대응인 것이다.

예측하면 불행해지고 대응하면 행복해진다

우리는 앞서 탐욕과 공포, 그리고 미련에 대해서 살펴봤다. 왜 공포를 느끼고 탐욕에 빠지는가? 그리고 왜 막판까지 미련을 버리지 못할까? 그것은 바로 예측하기 때문이다. 시장을 멋대로 예언하려고 하기 때문이다. 쓸데없는 걱정을 하고 떡 먹을 생각에 김칫국부터 마시기 때문이다. 재테크에 절대적으로 필요한 능력은 예측력이 아니다. 바로 대응력이다.

부천에 살고 있는 내 친구는 지난 2006년 9월 30평형대 아파트를 장만했다. 2009년 4월 현재 그 구입 가격대를 보면 '꼭지'였다. 친구는 대출 부담이 크지 않고 자신과 와이프 모두 그곳에 직장이 있어 별로 신경 쓰지 않는다고 하지만, 난 아직도 당시 이 녀석의 말과 표정을 생생하게 기억한다.

"아무래도 딱 지금 잡아야겠다. 이러다가 평생 집 못 살 것 같아. 어떻게 일주일 만에 집값이 3000만 원이 오르냐. 벌써 7000만 원이나 올랐어. 어물쩍거리다 또 오를지 몰라. 무섭다, 무서워."

전형적인 공포에서 비롯된 선택이었다. 안달이었고 위축이었다. 신문, TV, 인터넷이 온통 부동산 급등 뉴스로 가득 차 있었던 2006년 3분기 그 한복판에서 느끼는 무서움이었다. 당시엔 회사에서 2~3명만 모여도 "지금 집 못 사면 평생 끝이래"라는 말을 해댔다.

그런데 주식이 아닌 집값이 일주일에 2%씩 오르고 반년 만에 35%씩 상승했다면 그때 올바른 대응은 동참이 아니라 관망이다. 하지만 대부분은 그 순간 뭔가 알 수 없는 것에 홀려 예측을 하고, 공상의 나래를 펼치기 시작하게 된다. 그러면 이제 기다렸다는 듯이 공포, 탐욕, 미련의 귀신이 달라붙는다. 특히 두려움이 극대화되는 순간, 혹은 흥분이 최고조에 달하는 변곡점의 순간에선 이 '어둠의 힘'은 더 강력해진다. 그래서 이렇게 양극단으로 치닫는 순간에 우린 맘을 더 다잡아야 한다. 대응을 하는 것이라고, 적절하게 맞서는 것이라고. 주문 걸듯 새기고 또 되새겨야 한다.

59세의 방숙희 여사는 명동에서 활동하는 일명 '달러 아줌마'다. 한때 보험설계사로도 유능한 실력을 보였지만 방 여사가 집안을 일으킨 건 IMF 시절 달러 장사를 통해서였다. 지난 1990년대 말 원/달러 환율이 800원에서 2000원으로 뛰어올랐을 때 본인도 직접 달러투자를 하면서 2년 가까이 정말 짭짤한 수익을 올렸다. 그래서인지 이후 하염없이 지속되는 달러가치 급락이 좀처럼 이해가 되지 않았다. "세계경제 대장인 미국의 달러가 왜 이토록 약해졌을까?"라는 물음이 항상 그녀를 따라다녔다.

그러던 2008년 1월 방 여사는 새로운 세계에 눈을 떴다. 바로 증권사 퀀트 애널리스트로 일하고 있는 며느리가 전해준 달러 약세와 금의 중요성에 대한 설명을 통해서였다. 이것저것 복잡했지만 딱 한 가지만 머리에 남았다.

"어머님, 그러니까 1990년대 말 달러가 금으로 바뀌었다고 생각하면 돼요."

세계에서 가장 안전한 자산이었던 달러의 위상이 심각하게 위협을 받고 있다느니, 미국 무역적자 심화로 과도하게 풀린 달러화 유동성 때문에 원자재가 들썩거리고 있고 그중 금이 최고라는 사실, 세계 최고 생산량을 자랑하는 남아프리카 금 생산량이 줄고 있다는 점, 1조 달러를 보유하고 있는 중국을 비롯한 각국 중앙은행이 공격적으로 금 보유량을 늘리고 있다는 사실 등 며느리가 늘어놓은 설명을 이해해서가 결코 아니었다.

"그니께 IMF 힘들 때는 달러가 최고였고, 지금 힘들 때는 금이 최고라는 말이제. 알겠어."

사건은 2008년 10월에 터졌다. 멀쩡하던 환율이 1500원을 향해 치솟아가면서 명동이 난리가 났다. 함께 일하는 달러 아줌마들은 완전히 들떠 있었다. 다시 한 번 IMF처럼 2000원까지 오를 것이란 말들도 했다. 대한민국 경제가 망할 것이라고도 했다. 하지만 그 순간 방 여사는 명동을 떠나 종로 금은방으로 단박에 달려갔다. 금을 사기 위해서였다. 금값은 참 많이도 올라 있었다. 엊그제까지만 해도 3.75g(1돈)에 6만 원 하던 돌 반지가 11만 원선까지 올라 있었기 때문이다. 하지만 상인들은 "몇 달 전까지 18만 원까지도 했었는데 많이 떨어진 것"이라고 울상을 짓고 있었다. 방 여사는 금을 사기로 결심했다.

하지만 과거 달러를 사들이던 때와는 달리 방 여사가 금을 사 모으기는 여간 힘든 일이 아니었다. 대형 귀금속 상가를 찾아가서 실물거래를 해야 하기 때문이다. 보관비용에 수수료, 세금 등도 문제였고 금의 순도 측정 역시 아마추어가 도전하기엔 너무나 버거웠다. 계산기를 두드려보니 1000만 원을 투자하면 거의 160만 원 정도가 이런저런 비용으로 나갔다. 억대로 투자 규모를 늘릴 경우 자칫 금값 상승분보다 이런 잡비 부담이 더 커지게 된다.

방 여사는 다시 며느리의 도움을 청했다. 금투자를 하고 싶은데 방법이 없다는 하소연이었다. 이에 며느리가 추천한 것은 바로 S은행의 금 적립상품이었다. 이 상품은 통장을 개설하고 돈을 넣으면 그 돈으로 금을 현물로 사는 형식을 갖고 있다. 수수료도 저렴했고 1g 이상이면 언제든 추가 적립이 돼 돈이 좀 모이면 입금하면 됐다.

방 여사는 근처 S은행으로 달려갔고 1억 원의 자금을 투자했다. 그리고 5개월 만에 투자수익률은 40% 수준을 기록했다. 그러고는 가차없이 차익실현에 나섰다. 실제로 2008년 10월을 기점으로 금값은 빠르게 반등했다. 국제 금값이 순간 급등했던 이유는 세계 각국 정부가 처참하게 망가진 경기부양을 위해 천문학적인 돈을 시장에 쏟아 부으면서 미래에 인플레이션이 우려됐기 때문이다. 인플레이션에 따른 돈(달러)가치 하락에 대비한 투자대안으로 금이 각광을 받은 것이다.

"경기부양? 인플레? 난 그런 거 전혀 몰러. 그란디 달러의 반대가 금이라믄서? 달러가 많이 오르고 금값이 많이 떨어졌으면 당연히 금 사고 달러 팔아야 되는 것 아니여? IMF 때도 그랬어. 2000원에서 1800원, 1500원으로 환율이 다시 뚝뚝 떨어지는데도 끝꺼정 달러 들고 있던 사람들 많았으니께. 대한민국 경제 좋아지는 게 눈에 보이는데 왜 안 파냐고."

이런 게 바로 대응이다. 방 여사가 이후 다시 금투자를 했는지는 알 수 없지만 분명 2008년 대폭락기에 정말 훌륭한 대응을 한 것은 사실이다. 갑자기 과연 그 시기 금값 상승을 예상했던 전문가 중에서 몇 %나 본인이 직접 금투자에 나섰는지 궁금해진다. 그래서 재테크의 귀재는 따로 있다는 말이 있는 것도 같다. 하긴 앨빈 토플러가 주식투자해서 대박을 터뜨렸다는 이야기는 들어본 적이 없다.

*neverending story
for young wealth*

Part 2

재회

너에게 들려주고 싶은 이야기

3년 만의 재회다. 누군가에겐 자신을 배신한 연인과의 조우일 수도 있고, 또 누군가에겐 피를 나눈 동지와의 반가운 만남일 수도 있을 것이다. 물론 얼굴도 이름도 모르는 낯선 사람과의 어색한 첫 만남일 수도 있다. 꽤 긴 시간이었던 만큼 여러분에게 해주고 싶은 이야기는 정말 많다. 그래도 한마디로 요약하자면 이것이다. 괜찮다, 괜찮다, 다 괜찮다.

3년 전 그들을 다시 만났다. 아니, 그간 계속 만나왔고 지금도 만나고 있다. 이메일을 통해서, 지하철 안에서, 취재 현장에서, 커피 전문점에서, 회사 내에서도 그들의 이야기를 듣고, 그들을 지켜보고, 그들과 대화하고 있다. 바로 2006년 출간된 책 《대한민국 20대, 재테크에 미쳐라》의 독자들이다. 그들 중엔 정말 미친 친구들도 있었고, 미친 척하는 사람들도 있다. 아예 코웃음을 치며 말도 안 되는 이야기라고 폄하하는가 하면 누구는 책에 있는 그대로 똑같이 실천에 옮기고 있다고도 했다. 그렇게 3년이라는 시간이 흘렀다.

"아무래도 전 안 될 것 같아요. 적은 월급도 문제지만 제가 우리 집 먹여 살려야 되거든요."

그 눈빛. 진심이었다. 어설프게 스스로를 비극의 주인공으로 미화시키고 이런저런 핑계로 현실을 합리화하려는 그런 비겁함이 아니었다.

"한 달에 100만 원도 재테크에 할애하지 못하고, 5년 안에 1억은 고사하고 1000만 원도 못 모을 것 같은데. 아무래도 전 안 되겠죠? 하긴 나 같은 놈이 무슨…."

그 친구의 답답한 눈빛만큼이나 내 가슴도 숨이 턱 막혔다. 큰 죄를 지은 것만 같았다. 재테크 어렵지 않은 거라고, 조금만 공부하면 된다고, 도전하라고 했던 《대재미》가 오히려 누군가의 기를 완전히 꺾어놓았으니 말이다. 그 순간만큼은 차라리 내가 가장 싫어하는 '부자 되기 환상'이 오히려 너무나 절실하게 느껴졌다.

"괜찮아요. 안 되면 할 수 없죠. 10만 원만 해도 돼요. 일단 해봐요."

내가 해줄 수 있는 말은 이게 전부였다.

하지만 며칠 후 난 스스로에게 진지하게 물어봤다. 정말로 괜찮은 선지, 진짜 그렇게 안 될 상황이면 할 수 없는 건지.

"난 진짜 원금 까이는 거 못 참아요. 제발 자꾸 투자해라, 투자해라 그러지 좀 마요. 스트레스만 받으니까."

인간은 다양하다. 개인적으로 20대는 정말 원금을 다 날릴 정도로 공격적인 투자를 해볼 수 있는 마지막 시기라고 생각하지만 개인차는 분명히 존재한다. 실제로 그랬다. 우리네 20대들 중에선 저축 마니아들이 상당히 많았다. 어쩔 땐 그녀들의 포트폴리오를 보면서 답답함을 참을 수가 없었다. 그래서 때로는 매월 단 5만 원이라도 적립식 주식형펀드에 3년 정도만 투자해보라는 조언도 해봤다. 연습 삼아서 말이다. 감을 익혀야 하니까, 보다 자유로운 20대에 적은 금액이라도 한번 실전경험을 해보라고 말이다. 하지만 종종 냉소적인 답변이 돌아왔다.

"그러니까, 내 말을 이해 못 하시네. 난 돈을 날리는 것이 싫은 게 아니라니까. 딱딱 떨어지지 않는 그 자체를 용납할 수 없는 거라구요."

난 비로소 깨달을 수 있었다. 그건 심리학적 기회비용 같은 것이었다. 하루는 오르고, 또 그 다음 날은 폭락하고, 그러나 다시 오르고, 또 내리기를 반복하는 그 자체를 누군가는 감당할 수 없는 것이다. 연 20% 수익률을 준다고 해도 그 1년간의 기다림이 참을 수 없는 고통을 준다면 그건 그 개인에게 엄청난 기회비용을 부담시키는 것이다. 돈과 수익률만으로 계산할 수 없는 기회비용. 그런 것에 대한 의미에 대해서도 인정해야 했다.

그런데 실은 이 역시도 의문이다. 정말 괜찮은 일인지 말이다. 과연 투자 없이 절약과 저축만으로 운영하는 재테크가 가능하기는 한 걸까.

"주식차트 공부하기 싫어요. 재테크 공부하기 싫어요. 고3도 아니고. 아니, 경제원론 공부하면 재테크 잘합니까? 그러면 경제학과 교수들 다 부자겠네."

"책 백날 읽어봐, 헛일이야. 직관하고 판단력, 이것만 키우면 돼."

솔직히 이건 한때 나의 생각이기도 했다. 처음 주식을 배우고, 기술적 분석이란 것에 감탄하고, 투자를 하고, 돈을 잃고, 또 벌고, 그리고 부동산 투자의 엄청난 수익률과 파급력에 놀라는 과정을 거치면서 난 이런 생각을 더 많이 하게 됐다. 주식이라는 거, 투자라는 거, 뭘 알아서 더 잘하는 것도, 또 몰라서 더 못하는 건 절대 아닌 것 같다는 생각이다. 특히 헝가리 출신의 전설적인 개인투자자 앙드레 코스톨라니를 좋아하게 되면서부터 투자라는 건 결국 타고나는 게 아닐까 하는 생각을 정말 많이 했었다. 코스톨라니가 그랬다. 훌륭한 투자자가 갖춰야 할 세 가지 덕목은 바로 첫째가 예리함, 둘째가 직관력, 그리고 마지막 세 번째가 상상력이라고. 그 어디에도 '지식'은 없다. 기술적 분석의 아버지라고 불리는 찰스 다우도 결국 죽으면서는 "시장은 나도 모르겠다"고 했다. 애써 자 대고 차트 그려봤자 대단한 결론이 도출되지 않는다는 뜻이다. 그래서 난 "형, 나 그냥 내가 꼴리는 대로 할래"라고 말하는 후배에게 별다른 말을 하지 않는다. 그냥

"괜찮다"고 할 뿐이다. 하지만 입으론 "괜찮다"고 말을 하지만 정말 괜찮을까 하는 걱정이 많이 앞선다.

그러는 와중에 떠올린 것이 바로 '앙드레 코스톨라니의 달걀'이었다. 직관에 큰 비중을 두는 후배에게 조용히 코스톨라니의 달걀을 그려 보여주는 것이다. 그러고는 말한다. "이거 보고 한번 곰곰이 생각해봐. 팔지, 살지, 기다릴지를 정하는 직관력도 그냥 찍는 게 아니야. 큰 규칙은 있어"라고.

그러고는 "그렇게 귀찮으면 금리만이라도 공부해. 공부하기 싫으면 최소한 경제뉴스라도 꼼꼼히 읽든지"라는 말도 덧붙인다. 난 잘 알고 있다. 이 코스톨라니의 달걀을 이해하려고 조금이나마 금리 공부를 시작하는 순간 꽤 깊은 공부의 '수렁(?)'으로 빠지게 된다는 것을. 분명 직관도 경기순환을 잡아야 가능하고, 상상력도 뭘 알아야 발휘를 할 수 있다.

3년 만의 재회다. 누군가에겐 자신을 배신한 연인과의 조우일 수도 있고, 또 누군가에겐 피를 나눈 동지와의 반가운 만남일 수도 있을 것이다. 물론 얼굴도 이름도 모르는 낯선 사람과의 어색한 첫 만남일 수도 있다. 꽤 긴 시간이었던 만큼 여러분에게 해주고 싶은 이야기는 정말 많다. 그래도 한마디로 요약하자면 이것이다. 괜찮다, 괜찮다, 다 괜찮다. 사실이다. 여러분의 청춘만큼이나 열정적이라면 정말 모든 게 다 괜찮다.

01

괜찮은 것과 안 괜찮은 것

<u>정말 안 되는 상황이라면 재테크 전략 역시 수정되는 게 맞다.</u>

분명 5년에 1억 원을 모으면 정말 많은 이점을 갖게 된다. 그래서 할 수만 있다면 꼭 해야 한다. 이건 "너무 돈, 돈 하네"와 같은 빈정거림으로 평가할 사안이 아니다. 현실이다. 그러나 그럴 수 없다면, 그럴 상황이 아니라면 계획을 바꾸어야 한다. 10년에 2억 또는 15년에 3억 등으로 말이다. 그런데 5년에 1억은 불가능한데 10년에 2억 모으는 것은 과연 가능할까.

결국 지출을 최소화시키면서 목돈 확보 및 복리의 힘을 누리는 방식에 의존해야 한다. 가령 A군의 경우 정말 처절하게 맘먹고 2년 만에 2000만 원을 모았다. 그러고는 이 돈을 갖고 자동차를 구입해 오너족이 됐다. 이랬을 때 A군은 3년째부터 다시 시작해야 한다. 우린 이미 자동차는 물론, 심지어 부채도 자산이라고 배웠다. 따라서 A군은 분명 자산증식과 관련된 선택을 한 것이라고 볼 수 있다. 하지만 이렇게 됐을 경우 기존에 모아둔 목돈 2000만 원의 재테크 효과는 제로로 떨어지게 된다.

반면 B군은 힘겨운 개인사정으로 인해 2년 동안 1000만 원을 모았다. 그리고 B군은 안 입고 안 쓰는 생활을 지속하면서 바로 3년째에도 다시 처절한 재테크 생활을 유지하고 있다. B군의 경우 3년째부터는 기존 1000만 원을 갖고 다시 돈을 굴릴 수 있으며 여기에 다시 매월 작은 돈이라도 투입할 수 있기 때문에 앞서 A군과 비교해 돈 규모는 작을 수 있지만 수익률은 크게 증가하게 된다.

〈표 2〉에서 보는 것처럼 30세에 1억~1억 2000만 원 정도를 모을 수만 있다면 이후 재테크 인생은 '확률적'으로 쉬워진다(사고, 질병 등 변수 제외). 하지만 40세에 2억 원을 모았다고 해서 크게 뒤처지는 게 아니다. 물론 최초 2억 원을 모으기까지 10년 넘는 기간 동안 처절한 삶이 계속되겠지만 희망의 불빛은 확실히 뚜렷하다. 40세에 2억 3000만 원 정도를 모으고 이 돈을 굴리고, 한편으론 향후 25년간 매월 수십만 원씩 지속적으로 재테크로 활용하게 되면 65세 은퇴시기에 마찬가지로 10억 원을 손에 쥘 수 있다.

인생은 어차피 마라톤 게임이다. 일단 달리는 게 중요하다. 스타트라인에서 누군 100만 원짜리 운동화를 신었는데 나만 3000원짜리 실내화를 신었다고 경주 자체를 포기하면 안 된다. 시작했다면 괜찮다. 5년에 1억은 안 됐지만 10년에 2억을 노리면 된다. 분명 더 많이 괴롭

● 표 2_ 30세 1억 원도, 40세 2억 원도 괜찮다

구분(나이 / 종자돈)	월 저축액	65세 이후
30세 / 1억 1000만 원	26만 원(35년간)	
35세 / 1억 6000만 원	44만 원(30년간)	10억 원 확보
40세 / 2억 3000만 원	75만 원(25년간)	

(기대금리 10%, 월 복리 · 비과세 가정))

고, 더 많이 아플 것이다. 막차 버스를 놓칠까봐 전전긍긍하고 친구들 다 들고 다니는 명품백 하나 없는 자신이 초라하기도 할 것이다. 하지만 더 초라한 것은 40세, 50세, 60세 이젠 자신의 얼굴이 자신의 인생을 말하고, 자식들이 쑥쑥 커가는데 아직도 출발선상에서 신발 타령하고 있는 상황이다. 괜찮다. 안 믿을지 몰라도 진지하게 달리기 시작하면 세상은 뜻하지 않는 기회를 준다.

지겹지도 않냐, 만날 그 동네

민재는 한강중학교를 졸업했다. 민재는 지금도 반포대교를 건너 강북으로 내려올 때면 '한강중학교' 팻말을 의식적으로 쳐다보곤 하지만 자신이 다녔던 한강중학교는 지금의 그곳이 아니다. 민재가 중학생이던 1980년대 초, 당시 한강중학교는 원래 지금의 동부이촌동에 있었는데 학생 구성이 좀 독특했다. 학생의 3분의 1은 부촌인 동부이촌동 출신, 또 3분의 1은 상대적으로 가난했던 서부이촌동과 용산, 한강로 출신, 나머지는 이도 저도 아닌 원효로 및 기타 지역 출신으로 구성됐다(참고로 민재는 원효로 4가 출신이다).

지금이야 편하게 말하지만 당시엔 학교가 참 웃겼다. 공교육이란 게 아무리 우위와 열위를 섞어놓는 것을 기본으로 하고 있다지만 속된 말로 수준 차가 너무 컸다. 현재 용산과 서부이촌동은 서울에서 강남을 이길 유일한 지역으로 평가받지만 그 시절엔 동부이촌동과의 격차가 상당했다. 당연히 아이들도 따로 놀았다. 동부이촌동 출신은 자기네끼리, 서부이촌동과 용산 출신은 또 자기들끼리, 원효로 및 기타 지역 아이들의 경우는 자연스럽게 두 부류로 나뉘어서 동부이촌동과 서부이촌동 친구들 쪽으로 갈라졌다. 지금의 특목고와 일반고처럼 동부이촌동 애들이 전교 등수 상위권을 휩쓸었고 나머지가 뒤를 받치는 형국이었다. 싸움의 경우는 용산과 한강로 출신의 독무대였다. 일진부터 십진까지가 모두 이쪽 아이들이었으니까.

그나마 당시 학생들이 한데 뭉친 코드는 '섹스'였다. 동부이촌동 애들은 이미 그 동네엔 널리 보급돼 있었던 비디오란 참 멋진 기계 넉분에 포르노를 상당히 빠르게 접해본 듯했다. 또 용산 쪽 애들은 상대적으로 터프한 섹스에 능숙했다. 그래서였을까. 교실에서 섹스책을 돌린다든지, 포르노를 부모님 없는 빈집에서 단체 관람할 때는 누가 뭐라 할 것도 없이 그들은 자연스럽게 하나가 될 수 있었다. 그렇게 민재의 중학교 시절은 지나갔고 이후 민재는 목동으로 이사를 갔다.

민재가 중학교 동창인 K를 다시 만난 건 2006년 12월 동부이촌동의 한 대형교회에서 열린 후배 결혼식에서다. 어느덧 마흔이 가까워진 나이, 거의 20년이란 세월이 지났지만 민재는 쉽게 녀석을 알아볼 수 있었다. 민재는 남자 쪽 하객, K는 여자 쪽 하객이었다. K는 민재를 보자마자 환하게 웃어줬다.

멋진 놈. 민재에게 K는 언제나 그런 이미지였다. 중학생 시절 서부이촌동 출신으로 유일하게 반장을 했던 녀석. 정말 가끔이긴 했지만 전교 10등 안에 이름을 올려놓는 유일한 서부이촌동 출신. 수려한 외모에 농구도 잘해서 동부이촌동 친구들에게 시기의 대상이 되기도 했던 친구. 대학시절 처음 체 게바라라는 인물을 알게 됐을 때 민재는 아마도 K를 머릿속에 떠올렸던 것 같다.

"어디 살아?"

조금 웃기지만 민재가 K에게 던진 첫마디였다. 돈 얼마나 모았느냐는 암묵적 질문이기도 했다.

"응, 나 아직도 그냥 거기 살지. 서부이촌동."

민재와 K는 이런저런 이야기를 나누었다. 와이프 이야기, 자식 자랑, 회사 이야기도 나눴다. 예상대로 K는 버젓한 유통회사 과장 자리를 꿰차고 있었다. 마흔을 앞둔 남자들이 늘 그렇듯 그들은 결국 집이야기를 하게 됐다.

"15년 전쯤 우리 집 재개발되면서 부모님이 30평형대 아파트 받아서 들어갔거든. 그리고 결혼하면서 나도 그냥 부모님 밑층으로 들어갔어. 무리하면서 30평형대 잡았어. 여기서 애 키우면서 살려고. 내 재테크는 이게 전부야. 보험 좀 있는데, 나머진 이거 갚아나가는 거야. 뭐 평생 갚아야지. 지금은 3억 정도 하나보더라."

그날 K와 헤어지면서 민재는 이렇게 물었다.

"야, 근데 너 이젠 지겹지도 않냐, 만날 그 동네."

"뭐가 지겹냐. 난 지금도 밤에 퇴근할 때는 맘이 설레는데. 중학교 때 생각도 나구, 민재 네 생각도 하구. 하하하!"

그로부터 10개월이란 시간이 흘렀을까. 2007년 8월 말쯤 민재는 다시 한 번 K를 떠올릴 수 있었다. 바로 서울시와 코레일이 용산 철도 정비창 용지와 서부이촌동 통합 개발에 전격 합의했다는 발표 때문이었다. 이 뉴스는 모든 언론의 헤드라인을 장식했고 아예 '한강르네상스'란 제목의 기획기사도 여러 신문에 실렸다. K의 아파트는 호가로만 10억 원이 나간다고 했다. 같은 평형대의 경우 서부이촌동 아파트 가격이 동부이촌동을 이긴다는 뉴스까지 나왔을 땐 민재는 알 수 없는 쾌감을 느꼈다.

'이 녀석 그러고 보니 부모님 집까지 합쳐 20억대 자산가가 됐네.

대박이네, 짜식.'

그해 가을 K는 아버지 병환 때문에 아파트를 팔고 신도시 전원주택으로 이사를 갔다고 했다. 6년 가까이 그를 힘들게 했던 대출 부담도 말끔히 해결됐단다. 그런데 이상하게도 K와 '대박'이라는 단어를 아무리 매치시키려고 해도 전혀 겹치지 않았다. 대박이라는 그런 천박한 단어에 K를 끼워놓고 싶지 않다는 민재의 바람인시도 모르겠다. 아니, 분명 K가 터뜨린 건 부동산 대박이 아니었다. K가 얻은 행운은 분명 한강중학교 시절 서부이촌동 대표로 나서 전교 9등을 꿰찬 뚝심으로부터 얻은 정당한 대가였다. 그건 바로 10년 넘게 한결같은 맘으로 씩씩하게 달려온 그에게 '재테크의 여신'이 준 선물이기도 했다.

반면 절대적으로 안 괜찮은 것들도 있다. 빚내서 주식투자, 주식형펀드 투자하는 것, 이건 어떤 이유로도 안 괜찮다. 기본적으로 빚에 대한 이자는 규모와 기간이 확정돼 있는 반면, 주식과 관련된 수익은 불확정적이며, 상당히 추상적인 속성을 갖고 있기 때문이다. 특히 이자는 최초 계약 당시 약속을 어길 경우 패널티가 붙는다. 이자 부담에 다시 이자 부담이 더해지는 '부담복리' 현상도 나타난다. 실제로 빚내서 주식투자해 성공한 사람을 본 적이 없다. 공포, 탐욕, 미련에도 완전히 노출돼 있으며 시간의 무기를 전혀 활용할 수 없다.

혹자는 "부동산은 대출받아서 투자하라면서 왜 딴소리냐"고 반문할 수도 있다. 주식이나 부동산이나 다 같이 원금손실이 가능한 투자상품인데 왜 뭐는 되고 뭐는 안 되느냐는 질문이다. 다르다. 확실히다르다. 가령 상가투자는 처음부터 대출이자와 상가임대료를 맞춰놓는 작업을 하고 구입한다. 아파트 역시 대출이자가 거주비용과 기회비용을 상쇄해주는 효과를 노릴 수 있다. 쉽게 말해 아파트 가격이 어느 정도 떨어져도 그곳에서 살면 된다는 이야기다. 물론 월수입(소득)의 30% 이상의 과도한 대출이자는 절대적으로 안 되지만 대출받아서 하는 주식투자와는 비교대상이 아니다.

카드 돌려 막기도 안 괜찮다. 신용카드와 관련해서는 이젠 더 이상 뭐라고 말하고 싶지 않다. 아무리 노력해도 안 되면 그냥 잘라버리는 게 차라리 낫다. 확인되지 않은 소문에 휘둘리는 것도 이젠 그만해야 할 때다. 2008년 11월 "○○○○운용사 망한다"는 루머에 들고 있던 펀드를 모조리 환매한 선배도 봤다. 루머에 그렇게 빠르게 반응했던 결단력도 놀랍지만 그렇게 자산운용사 부도와 펀드자금 훼손은 상관없다고 말해줬는데 안 믿는 것도 놀라웠다.

말도 안 되는 패배주의도 더 이상 들어주기 힘들다. 누군 몸짱인 자신의 친구에 대해 "돈이 많으니까 뭐든 잘한다"고 뒷담화를 한다. 요즘 월 5~6만 원대 헬스클럽이 널려 있다. 이 돈도 아까우면 하루에 팔굽혀펴기 500번씩 해도 되고 밤에 동네 초등학교 운동장 10바퀴씩 뛰어도 된다. 부모님 타령, 학벌 타령도 어느 선까지다. 하버드 MBA(경영학석사) 과정 나온 사람은 그만의 재테크가 있는 것이고, 고졸 출신은 또 자신만의 영역과 방법이 존재한다. 재테크에선 이게 아주 자연스러운 것이고 또 당연한 일이다. 이걸 문제 삼기 시작하면 결국 '인생이란 무엇인가' '사회계층은 왜 존재하는가' 등과 같은 철학적 영역으로 빠져들게 된다. 이렇게 되면 사고는 풍부해지고 비판력은 커질 수 있겠지만 재테크는 끝이다.

뭣도 안 해보고 좋알거리는 것도 안 괜찮다. 대한민국에서 죽었다 깨어나도 집 못 산다고 불평하는 것보다 잽싸게 시프트(shift) 같은 장기전세주택이나 임대주택 알아보고 10년 뒤를 계획하는 게 훨씬 더 멋진 일이다. 마흔 이상 먹은 사람들은 대부분 한목소리로 20대는 모든 게 다 괜찮다고 한다. "네 나이면 뭘 못 하냐"고 한다. 아마도 20대야말로 앞으로 괜찮아질 가능성이 확률적으로, 그리고 경험적으로 봐도 가장 높기 때문인 것 같다. 그렇다. 진부하게 들리지만 정말 사실이다. 어렵지 않다. 괜찮다. 안 괜찮았다고 해도 바로 지금부터 괜찮아지면 된다.

02

사이클을 타거나
부자 뒤에 줄을 서거나

미국 증시의 고점은 1929년, 1968년, 2007년에 만들어졌다. 이른바 증시의 '40년 주기설'이다. 원자재 상품가격은 1920년, 1951년, 1980년, 2008년에 절정에 달했다. 거의 30년마다 국제 원유가격은 요동을 쳤다. 지금 2047년에 증시가 고점을 찍거나, 2035년쯤 유가가 폭등할 것이라는 예측을 하려는 게 아니다. 희로애락이 주기적으로 찾아오는 우리네 인생처럼 각종 재테크 수단에도 뚜렷한 주기(사이클)가 존재한다는 걸 말하려는 것이다.

절약을 하고, 저축을 하고 또 투자를 한다. 펀드도 해보고 주식 직접투자도 하고, 부동산에도 손을 댄다. ELS에도 가입을 하고 회사채에 투자를 한다. 때로는 모든 자산을 현금화시켜 유동성으로 들고 있으면서 몇 개월 숨죽이며 기회를 엿보기도 한다.

일반적으로 보통 사람들의 재테크는 이렇게 진행된다. 얼핏 별거 없다고 생각할 수 있다. 그런데 막상 해보면 이 정도의 재테크도 쉽지 않다.

재테크 성공은 분명 예측이 아니라 대응을 잘하는 사람의 것이지만 거대한 경기순환 물결 속에 들어가 있으면 자신이 헤엄치는 방향이 과연 맞는 것인가 하

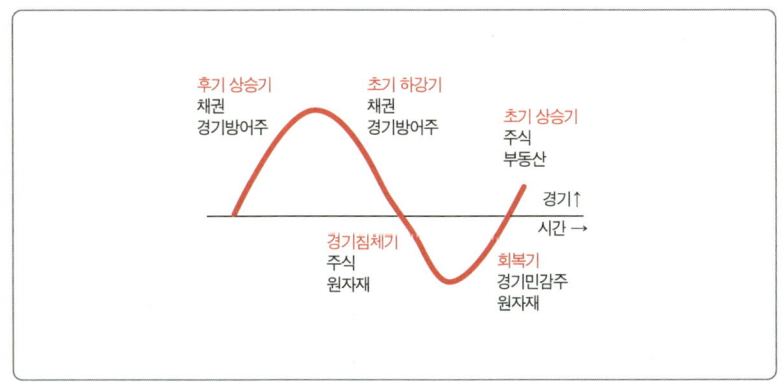

(자료: 증권업협회)

는 의문이 생긴다. 경제라는 것이 발전과 퇴보를 거듭하면서 우상향 곡선을 그린다고 배웠지만 막상 현실에선 내 펀드 수익률이 마이너스가 되는 것을 결코 인정할 수 없다.

이뿐만이 아니다. 현실 속에서 일반인이 주식, 부동산, 채권, 펀드 등 다양한 투자자산을 자유롭게 갈아타는 일은 웬만해선 하기 힘들다. 가령 집 한 채인 사람이 부동산과 주식을 갈아탄다고 해서 매번 집을 사고팔 수는 없는 일이다.

이 때문인지 주위를 보면 부동산을 하는 사람은 거의 부동산투자만 한다. 또 '주식쟁이'들은 전세, 월세에 살지언정 주식에만 모든 정력을 쏟는다. 은행 신봉론자들은 결코 투자의 유혹에 흔들리지 않는다. 이를 악물고 적금만 든다. 재테크 교과서에서 아무리 포트폴리오, 달걀 한 바구니 어쩌고저쩌고 이야기를 해도 그건 이론상으로만 존재하는 것 같다. 특히 20대에게 있어 다양한 포트폴리오란 것은 비현실적이라고 해도 과언이 아니다. 종자돈이 없는 상태에서 기껏해야 할 수 있는 것이 예금, 주식, 펀드밖에 없는 게 사실이니까. 그래서 현실 속 '평민'들은 스스로에게 맞도록 조금씩 변형된 재테크 방식을 만들어낸다. 그리고 어떤 사람들은 이렇게 해서 상당한 성공을 거두기도 한다.

그러나 이처럼 한 우물만 파면서 목돈을 불려나가더라도 반드시 알아야 할 두 가지 명확한 사실이 있다. 첫째는 모든 투자와 경제는 주기(사이클)를 갖고 움직인다는 것, 둘째는 부자들만 잘 따라다니면 꽤 높은 성공률을 기록한다는 사실이다. 그런데 이 두 가지 사실은 결국 하나라고 볼 수 있다.

난, 내 집 평수만 늘려갔을 뿐이고

13년 정도 기자생활을 하다 모 기업 홍보부장으로 자리를 옮긴 한 선배는 '집은 무조건 사는 것'이란 생각을 갖고 있다. 이 선배 사전엔 '전세'라는 게 없다. 실천으로도 옮겼다. 결혼할 때는 수도권에서 8000만 원 하는 연립을 구입해 살았고, 이어 다음엔 1억 5000만 원 하는 아파트를 구입했다. 또 대출을 받아 3억 원대 아파트로, 이어 또 다시 6억 원대 아파트로 옮겼다. 본인 입으로 항상 그런다. "난 주식을 모른다, 그냥 월급 받은 것으로 내 집에서 살 수 있다면 그것이 재테크의 전부다."

그런데 재미있는 건 이 선배의 재테크 수익률이 상당하다는 것이다. 또한 다들 주식 하다 망했네, 혹은 떼돈을 벌었네 하는 시기에도 그냥 맘 편안히 살아간다.

혹자는 이걸 보고 "그러니까 대한민국은 부동산이 최고여"라고 말할지 모르겠다. 하지만 난 절대로 그렇게 생각하지 않는다. 이 선배는 주기를 아주 잘 탔을 뿐이다. 본능적으로 주기를 잡았는지, 혹은 연구를 했는지, 아니면 행운이 따랐는지는 알 수 없지만 이 선배는 주기를 정말 기가 막히게 따라잡은 것이라고 봐야 한다.

앞서 이야기한 코스톨라니의 달걀을 한 번 살펴보자.

코스톨라니는 달걀을 그려놓고 주식시장의 주기 변농을 강세장과 약세장으로 구분했다. 그리고 이 강세장과 약세장을 다시 각각 조정국면, 동행(적응)국면, 과장국면 등 하나의 주기적 흐름으로 구분했다. 결론적으로 이 주기에 크게 어긋나지 않게 투자하면 일정의 수익을 얻을 수 있으며 특히 A2와 B2의 '기다림' 시기에 따라 수익률의 크

● 그림 3_ 앙드레 코스톨라니의 달걀

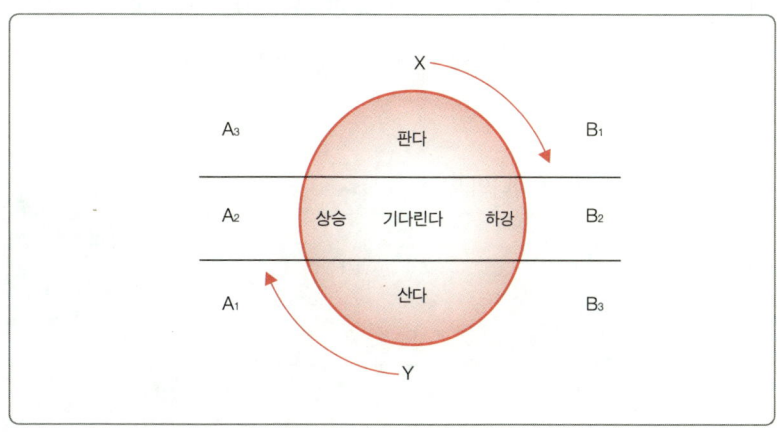

X~B1: 조정국면(거래량이 감소하고 주식 소유자의 수가 서서히 줄어든다)
B1~B2: 동행국면(거래량은 증가하나 주식 소유자의 수는 줄어드는 현상이 나타난다)
B3~Y: 과장국면(거래량은 완전히 폭증하나 주식 소유자의 수는 급속하게 떨어져 아예 Y에서 최저점을 이룬다)
Y~A1: 조정국면(거래량도 적고 주식 소유자의 수도 적다)
A1~A3: 동행국면(거래량과 주식 소유자의 수가 증가한다)
A3~X: 과장국면(거래량은 폭증하고 주식 소유자의 수도 많아져 X에서 최대점을 이룬다)

기가 결정된다고도 했다. 물론 이 기다림의 시기가 장난이 아니다. 전체 100이라는 기간 중 70~80 정도를 차지할 정도로 길다. 수익이 발생하는 기간이 10~15, 급락하는 구간이 10~15인데 대부분 투자자들은 50 이상을 참아내고도 달콤한 수익이 발생하는 10~15 기간을 누리지 못한다.

그런데 코스톨라니의 달걀 모형은 결국 '금리'에 따른 투자의 방향을 제시하는 것이라고 할 수 있다. 이 달걀 그림을 금리, 예금, 채권, 부동산, 주식투자 시기로 연결해서 설명해보면 〈그림 4〉와 같이 나타낼 수 있다.

이해의 편의를 위해 금리가 가장 높은 A지점에서부터 시작해보자. 금리가 정점으로 치닫고 있으면 당연히 돈을 은행 정기예금에 갖다 넣어야 한다. 현 상황에서 누군가 원금을 안 까먹고 연 10% 이자를 보장한다면 미련 없이 자금을 집중시키는 게 당연하다. 하지만 금리가 떨어지기 시작하면 이제 채권의 매력이 돋보이기 시작한다. 채권투자의

● 그림 4_ 금리와 코스톨라니의 달걀

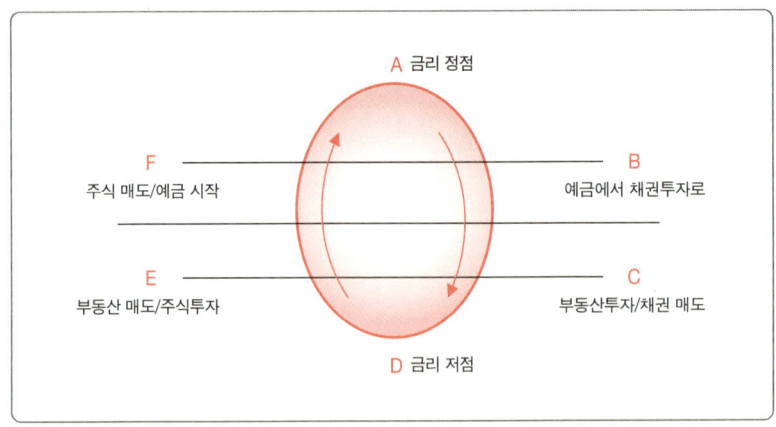

경우 채권금리가 떨어질수록 채권가격은 상승하기 때문이다(3부 6장 '본드킹의 조건' 참조). 그런데 B지점에서 C지점까지의 구간처럼 금리가 더 떨어지게 되면 이젠 채권을 팔아야 할 타이밍이다. 그리고 금리가 완전 바닥을 향해 움직이게 될 시기엔 조금씩 부동산에 관심을 가져보는 게 좋다. 시중금리가 떨어지면 대출금리도 낮아지기 때문에 자금 규모가 큰 부동산투자가 용이해지는 상황이 연출되는 시기다.

그러나 D지점에서 새롭게 재테크를 준비하는 상황이라면 현금 확보 외에는 아무것도 하지 말아야 한다. 그게 남는 장사다. 유동성 비중을 늘리고, 부채 비중을 최소화시키고, 회사생활 열심히 하고, 운동으로 몸 만들면서 숨죽이며 버텨내는 구간이다.

반면 금리가 저점을 찍고 다시 오르기 시작해 E구간으로 향하게 되면 이제 주식을 살 타이밍을 엿봐야 한다. 300년 넘는 주식 역사 속에서 언제나 그랬다. 금리가 오르는 시기에 언제나 주식도 함께 올랐다는 것을 알 수 있다. 그리고 금리가 정점(A지점)을 향해 가게 되면 부동산을 팔고, 주식은 차익실현을 하고, 다시 은행 정기예금으로 눈을 돌려야 한다.

자, 이제 앞서 말한 선배 이야기로 돌아가 보자. 참고로 말하면, 이 선배는 '코스톨라니의 달걀' 은커녕 코스톨라니가 뭐 하는 사람인지조차 모르는 사람이다. 그냥 자기 집 평수만 늘려갔을 뿐이다. 그런데 어떻게 금리 주기를 잘 맞춰가면서 성공적인 부동산투자를 할 수 있었을까.

너무나 공교롭게도 이 선배는 C~F의 구간에서만 부동산 매매를 반복했다. 그랬기 때문에 대박은 아니어도 큰 실패 없이 '내집마련' 하나로만 성공적인 재테크를 해올 수 있었던 것이다. 특히 맞벌이 부부의 특성상 '실탄'을 모으기 위해 5년 주기로 이사를 다녔는데 그 기간이 자연스럽게 기다림 구간이 된 효과도 있었다. 어떤 측면에선

● 그림 5_ 금리가 오르면 주식도 따라서 올랐다

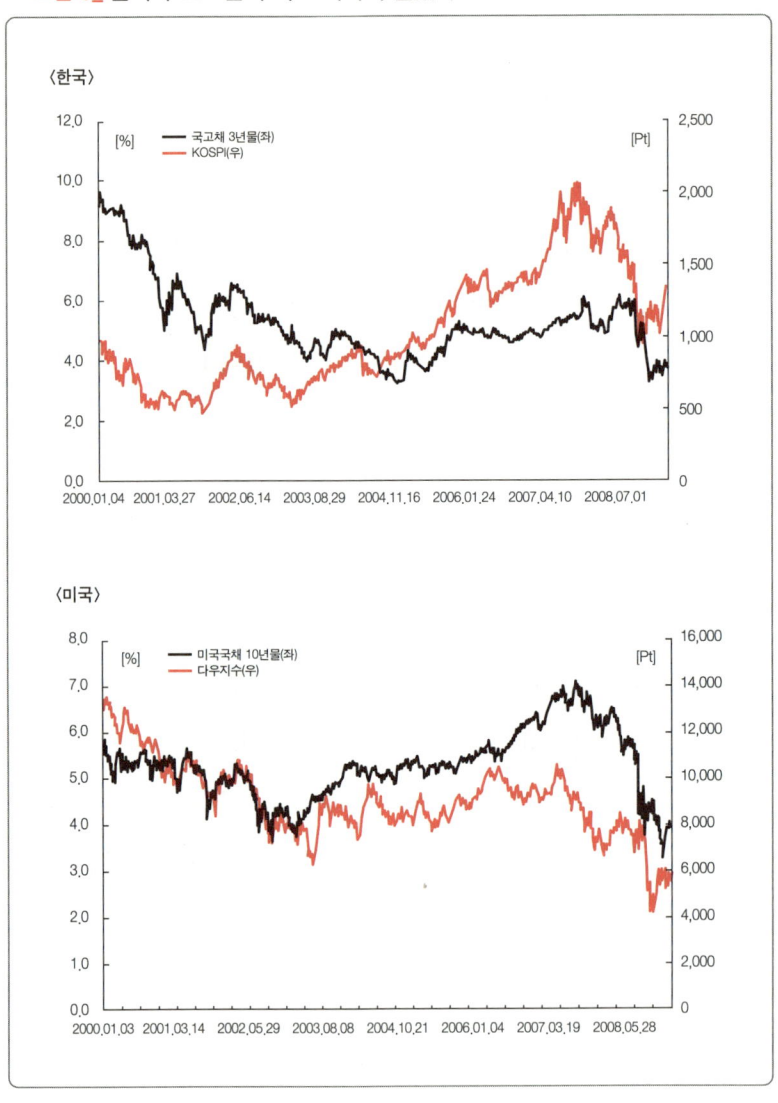

〈한국〉

국고채 3년물(좌)
KOSPI(우)

〈미국〉

미국국채 10년물(좌)
다우지수(우)

운이라고도 볼 수 있지만 4~5년 주기로 열심히 일해 돈을 모았다는 점을 감안하면 꼭 행운이라고만 폄하할 수는 없을 것 같다. 이처럼 여러분도 자신만의 독특한 스타일로 재테크 사이클을 탈 수 있다.

금리흐름은 결국 부자가 만든다

재테크 담당 기자 시절 나를 정말 '괴롭히던(?)' 국장이 있었다. 이 국장은 만날 심심하면 "빨랑 압구정동 프라이빗 뱅킹(PB) 센터에 가봐. 빨리 부자들 뭐 하는지 알아 와"라는 주문을 쏟아냈다. 나를 비롯한 우리 팀은 국장의 요구에 늘 심드렁했다. 일단 부자가 뭐 하는지 알아보라는 '부자 타령'이 워낙 잦았고 또 막상 부자들의 재테크를 취재해봐도 별다른 게 없었기 때문이다. 100억 이상 자산가들 대부분은 빌딩부자들이었으며 만날 하는 생각이 어떻게 하면 세금 덜 낼 수 있을까 하는 것뿐이었다. 그러던 2008년 2월경, 국장은 "돈 있는 사람들 지금 펀드 다 빼고 있단다, 빨리 부자들 뭐 하는지 알아봐"라고 소리쳤다.

나는 당시 친한 PB 담당자들한테 전화를 돌렸는데 대부분 "큰 변화는 없는데요"라는 답변뿐이었다. 결국 이것도 저것도 아닌 흐리멍덩한 기사를 쓸 수밖에 없었다.

나중에 안 일이지만 내가 생각했던 부자와 국장이 생각한 부자는 그 개념이 달랐다. 국장의 부자는 자산 1000억 원대 이상의 그야말로 대부호들이었다. 그리고 당시 그들은 분명 빠져나가고 있었다. 아니, 국내 부자의 움직임만이 아니었다. 2008년 2분기를 기점으로 헤지펀드들이 속속 해지되고 있었다. 물론 이미 상당한 손실이 났지만 그래도 현금을 들고 있어야 한다는 생각 때문이었다. 그리고 2008년 하반기 대폭락은 찾아왔다.

우리는 '코스톨라니의 달걀'을 통해 모든 투자와 경제는 주기(사이클)를 갖고 움직인다는 것을 알았다. 그런데 여기에 원초적인 질문을 한번 던져보자. 바로 왜 사람들이 금리 주기를 갖고 움직이는지에 대한 물음이다. 그건 바로 부자들이 그렇게 행동하기 때문이다. 부자들의 돈이 그렇게 움직이기 때문이다. 그들은 금리 1%에 따라 민감한 반응을 보이면서 주기적으로 돈을 여기저기로 몰고 다닌다. 그런데 이제 그들의 자본이 여기저기로 움직이면서 이번엔 역으로 금리를 위아래로 움직이게 영향을 미친다. 부자와 자본들이 움직이면서 금리가 변하고, 금리에 따라 다시 자본이 움직이고, 또다시 자본이 움직이면서 금리가 이를 통제하기 위해 변하는 일정한 순환주기가 형성되는 것이다.

무슨 음모론처럼 들릴지 몰라도 사실이다. 그래서 종종 "가난해도 부자의 뒤에 줄 서라"는 말이 나오는 것이다. 그런데 문제는 평범한 우리가 수천억 원, 수조 원대 부자가 뭐 하는지 알 수 없다는 데 있다. 아무리 부자를 찾아보려고 노력해도 만날 수도 없고, 그들의 포트폴리오가 어떻게 되는지 확인할 길이 막막하다. 그러나 방법이 있다. 다름 아닌 바로 금리 변화를 확인하는 것이다. 금리가 움직인다면 그건 자본이 움직인다는 이야기이고, 이에 따라 다시 금리가 변하게 될 것을 예측할 수 있기 때문이다.

2009년, 이미 선진국들은 실질 제로금리 시대에 직면하고 있다. 그만큼 경기가 최악이라는 뜻일 것이다. 그러나 우리가 100년에 한 번 있을 만한 '금융위기 발 경기침체'라는 글로벌 불황 시대를 맞았다면

(단위: %)

국가	구분	2007년 말	2009년 3월 말 현재
미국	기준금리	4.25	0~0.5
	국채 10년물	4.02	2.67
영국	기준금리	5.5	0.5
	국채 10년물	4.50	3.15
일본	기준금리	0.5	0.1
	국채 10년물	1.51	1.34
호주	기준금리	6.75	3.25
	국채 10년물	6.32	4.42
한국	기준금리	5.0	2.0
	국채 10년물	5.70	5.17

(자료: 본드웹 및 블룸버그)

그건 곧 100년 만에 한 번 있을 기회를 잡은 것이기도 하다. 어차피 경기는 순환하게 돼 있고 호황이 그렇듯 불황도 영원히 지속될 수는 없다. 호들갑 떨 필요 없다. 일단 섣부른 예측 대신 어떻게 대응할지를 고민해야 하고, 그 다음은 금리 변화를 눈을 부릅뜨고 지켜보아야 할 것이다.

언제가 될지 예측할 수는 없지만 우리나라는 물론이고, 세계 여기저기서 "이제 비로소 금리를 인상할 수 있다"는 소식이 들린다면 그건 바로 주식투자 적기가 시작되고 있음을 알리는 신호다.

03

재테크 불변의 공식

<u>이별 장면에선 항상 비가 온다. 긴 밤 외로움과</u> 가을 추억은 늘 붙어 다니고 눈물을 줄줄 흘리면서도 그녀의, 그 남자의 행복을 빌어준다. 이른바 이별공식이다.

할리우드 블록버스터에서 주인공이 죽는 경우는 매우 드물다. 또한 악인은 반드시 망한다. 그게 블록버스터의 공식이고 관객들과의 암묵적 약속이다. '잘못될 소지가 있는 것은 어김없이 잘못된다' 는 머피의 법칙과 '잘될 가능성이 있는 일은 항상 잘된다' 는 샐리의 법칙 같은 징크스도 있다.

제법 널리 알려진 사실이지만 주식고수들은 일명 '대바닥' 과 '대상투' 를 판단할 때 절대로 증권이나 경제 관련 뉴스를 보지 않는다고 한다. 그들은 오히려 사회면을 유심히 살핀다.

"처음엔 가정주부나 샐러리맨이 주식투자 실패를 비관해 자살했다는 이야기가 나와. 난 그럼 이제 시작이구나 생각해. 그리고 다음엔 증권사 지점 영업부장이 자살하고, 그리고 좀 더 고위급 인사로 확산되지. 사회면에서 한 10번 넘게 '자살 기사' 를 확인하면 난 그제야 투자에 확신을 가져. 이제 바닥이구나!"

한때 친하게 지냈던 주식투자 재야고수의 전언이다. 자신이 120일 선 차트나 PER보다 더 신봉하는 주식투자 공식이라고 한다. 선뜻 인정하고 싶지 않지만 어느 정도 타당한 면도 있다. 실제로 정통보수 신문이나, 1등 경제신문이 1면 톱기사로 '주식투자가 대세다'라는 시리즈를 시작한다면 이건 '꼭지'가 가까워졌다는 신호로 받아들여도 좋다. 지금까지 항상 그래왔으니까.

2007년 초가을 경제신문 사회면엔 '스님도 펀드 가입 나서'라는 기사가 있었다. 스님이 주식이나 펀드 투자를 한다는 게 나쁘다는 이야기가 결코 아니다. 세상과 돈에 초연해야 할 사람들에게까지 보편화됐을 정도라면 그 '거품'을 통찰할 수 있어야 한다는 뜻이다. 실제로 그해 11월부터 증시는 본격 하락에 돌입했다. 이뿐만이 아니다. '주부들, 주식투자 열풍' '노인들, 은퇴자금으로 펀드가 1순위' 등의 기사가 사회면을 장식할 때쯤엔 증시는 희한하게도 하락으로 방향을 틀었다. 아예 "증권사 객장에 애 업은 아줌마와 노인들이 등장하면 주식을 팔아라"라는 증시격언도 있다.

그 반대의 경우도 마찬가지다. 메이저 신문과 공중파 방송 뉴스에서 아예 노골적으로 "절대로 주식투자해서는 안 된다"라든가, 스페셜 다큐멘터리로 〈주식으로 쪽박 찬 사람들〉 같은 방송을 할 때쯤엔 시장은 항상 바닥을 찍었다. 왜일까? 공공성과 보편타당성을 중시하는 유력 언론들은 당할 사람은 다 당해 추가로 더 당할 여력이 없는 상태일 때라야 비로소 이런 시리즈를 보도할 수 있기 때문이다. 그래서 어쩌면 하루에 만난 20명의 사람 중 20명 모두가 "주식, 죽어도 하지마!"라고 말할 때쯤이 아주 공격적인 투자를 해야만 하는 타이밍일지 모른다.

20대 재테크를 말하면서 난 절약의 필요성을 많이 강조했다. 혹자는 머릿속에 담배 끊고, 술은 얻어먹고, 자판기 커피만 마시고, 택시는 죽어도 타지 말라는 이야기만 남았다고도 했다. 하지만 현실 속에서 20~30대 초반의 재테크 초보들이 절약과 관련해 가장 많이 실패하는 사례는 바로 '자동차'였다. 재테크 실전에서 자동차는 꽤 큰 의미를 갖고 있었다. 보통 1500~2000만 원 정도를 모으게 되면 웬만한 젊은이들이 겪는 유혹이 바로 자동차였기 때문이다. 스스로 뿌듯함도 느낀다. 보통 2000~3000만 원을 모을 때가 재테크에 있어 가장 재미있는 시기다. 그런데 이 자동차가 종종 '재테크 징크스'로 작용한다는 것이다.

자동차를 산다는 것은 재테크에 있어 얼마의 돈을 주고 자동차를 산다는 단순한 행위가 아니다. 자동차를 구입하게 되면 각종 세금 부담에 보험료도 무시하지 못한다. 특히 나이가 어릴수록 보험료는 높아진다. 유지비용 또한 상당하다.

이뿐만이 아니다. 자동차 구입은 목돈이 가져다주는 복리효과도 그 자리에서 날리게 된다. 1억 원을 모은 후 2000만 원을 지출하는 것과 2000만 원 모아 2000만 원 모두 쓰는 것은 엄청난 차이다. 2000만, 3000만, 4000만 원의 목돈이 모이면 이제 규모의 경제를 실현해야 하는데 이것이 원초적으로 봉쇄되기 때문이다. 20대의 젊은 나이에 오너드라이버가 된다는 것, 어떻게 보면 폼 나는 것 같기도 하다. 하지만 이보다는 30대에 부모님으로부터 독립해 살면서 오너드라이버가 되는 게, 40대에 내 집에서 고급차를 모는 게 더 멋지다. 차라리 50대에 내 명의의 상가를 갖고 기사를 부리는 삶을 꿈꾸며 달려갈 때 재테크 성공의 확률은 더욱 높아진다.

대통령과 함께 가는 부동산 징크스

국내 부동산업계는 주식판과는 사뭇 다르다. 주식이 비교적 많은 수치와 정량적 분석을 기초로 한다면 부동산시장은 정성적 분석이 통하는 편이다. 특히 정부 정책과 아주 밀접한 관계를 갖고 있다. 가령 우리나라에서 부동산투자와 관련된 법칙 몇 가지를 꼽자면 이런 것이다.

첫째는 정부 정책과 관련된 징크스다. 부동산 경기를 활성화시키기 위해 정부가 나서서 각종 부동산 규제를 풀겠다고 할 때는 절대로 집을 사면 안 된다. 하나씩, 둘씩 규제를 풀 때도 절대 흔들리면 안 된다. 실제 이때쯤 되면 집값이 소폭 반등하기도 하는데 무조건 버텨야 한다. 매수타이밍은 총 10가지 규제나 부양책 중 적어도 8가지는 풀리는 시점이다. 반면 이 반대도 마찬가지다. 정부가 부동산투기를 잡겠다고 첫 번째 엄포를 놓을 때는 절대로 집을 팔아서는 안 된다. 이후 이런저런 각종 규제정책이 나올 때도 흔들리면 안 된다. 버틸 만큼 버텨야 한다.

둘째 역시 정부와 관련된 것이다. 국내 부동산시장이 정부 정책과 밀접하게 연관돼 있기 때문인 것 같기도 하다. 바로 대통령 임기 기간 중 4년차에 집값이 폭등한다는 징크스다. 일각에선 집권 말기에 찾아오는 레임덕 현상으로 인해 주택시장에 다양한 투기적 활동이 가능해진다는 이유를 들기도 한다. 실제로 과거 김영삼 정권의 집권 3년차인 1995년엔 서울 집값이 2.5% 오르는 데 그쳤지만 이듬해인 1996년에는 12.2%나 올랐다. 김대중 정권 때도 집권 3년차인 2000년에는 서울 집값이 2.1% 오르며 보합세를 유지했지만 집권 4년차인

2001년에는 무려 19%나 폭등했다. 그리고 대한민국 부동산시장은 2001년부터 2005년까지 최대 호황기를 맞았다. 노무현 정부 때도 예외는 없었다. 집권 4년차인 2006년 국내 집값 급등 열기는 정말 뜨거웠다. 대통령 집권 4년차 집값 폭등. 과연 이번 이명박 정부의 2011년엔 어떤 결과를 가져올지 주목된다.

셋째로 부동산은 '암탉이 울어야 돈을 번다'는 속설이다. 굳이 '복부인'이란 단어를 언급하지 않더라도 부동산투자로 큰돈을 번 사람들은 대부분 여자이거나 그런 여자를 부인으로 둔 남편이라는 징크스다. 부동산 중개업소에 따르면 집 보러 오는 사람의 90%는 여자들이며 강남 아줌마의 반상회 담합 사건도 화제가 됐다. 일정 가격 이하로는 아파트를 팔지 못하게 사전에 가격을 담합해 이른바 시세조정 행위를 평범한 주부들이 가능케 한 것이다. 빌딩, 상가 매매도 여심을 녹이지 못하면 거래 자체가 실패한다고 브로커들은 전한다. 여성은 리스크를 회피하려는 경향은 많지만 순간 결단력과 직관이 뛰어나 부동산 매매에 상당한 강점을 갖고 있다고 보는 분석(?)도 있다. 하여튼 부인들이 움직이는 시기에 부동산은 항상 활황이었다.

그러나 난 부동산과 관련된 재테크 공식으로 언제나 '기본'을 말하고 싶다. 이 기본은 바로 통화량과 통화속도다. 주택대출금리가 연 4%대 밑으로 떨어지고 은행들이 한목소리로 "최악의 국면은 지났다"라고 말할 때 집값은 여지없이 반등한다는 것이다. 일반인들이 돈 빌리기가 쉬워졌다고 피부로 체감할 때 부동산 경기는 이미 여지없이 풀려버린 상태가 된다. 시중에 돈이 넘쳐 은행들이 낮은 이자율로도 돈을 빌려주고 싶어 안달할 때 집값은 오른다. 5년 정도 단기 사이클로 봤을 때 부동산 가격은 부동산 공급량 증가나 인구 추이 변화보다는 신용 통화량과 통화 유통력(돈이 도는 것)에 더 크게 좌우되기 때문이다.

또한 상가투자의 기본은 밑창이 닳도록 돌아다니는 것뿐이다. 주 위에 '금융기관, 커피전문점, 유명 프랜차이즈' 등 3곳은 반드시 있 어야 한다는 원칙보다 그 상가 앞에 적어도 3개월간 죽치고 앉아 있 는 게 더 성공확률이 높다. 난 미친 사람저럼 길 가는 사람을 붙잡고 말을 걸어 그 지역 정보를 캔다는 사람도 봤다.

땅부자가 되려면 지도 읽는 법부터 확실히 하고, 은행권 대출금리 를 좔좔 외우고, 거주의 목적과 투자의 목적을 확실히 해야 한다. 그 리고 또 한 가지, 부동산투자 성공 방정식에서 절대적으로 필요한 요 소는 바로 대출 자체를 즐길 줄 알아야 한다는 것이다. 천성적으로 '부채도 내 자산이다' 라는 생각이 몸에 배어 있으면 그렇지 않은 사 람보다 성공할 확률은 더욱 높아진다.

주식과 금 투자 공식

만약 딱 한 가지 방식으로 30년간 돈을 굴리라는 요구를 받았다면 여러분은 거침없이 주식을 선택해야 한다. 이건 여러 명의 학자들에 의해 검증된 재테크 공식이다. 제러미 시겔 미국 펜실베이니아 와튼 스쿨 교수는 저서 《주식투자 바이블》에서 1802~2006년 200여 년간 미국 증시 및 경제 관련 장기 데이터를 수집한 결과 "30년 이상 투자 한다면 주식이 투자시점에 상관없이 채권, 예금, 부동산, 원자재 등 다른 투자처에 비해 최고의 수익률을 기록했다"고 말한다.

혹시 "이게 무슨 공식이냐"고 비웃을지 모르겠지만 이것만큼 확실한 재테크 공식도 없다. 바로 3년 동안 운용할 자금과 10년 동안 운용할 자금은 다르게 운용해야 한다는 것을 방증하고 있기 때문이다. 가령 여러분이 지금 시점에서 20~30년간 유지해야 하는 연금상품을 선택한다면 당연히 주식 관련 상품이어야 한다. 노후를 담보로 한 연금이기 때문에 안전하게 굴려야 하는 것이 아니라 30년간 부어야 할 연금이기 때문에 바로 주식을 선택해야 한다는 이야기다.

반면 '지금부터 딱 2년밖에 재테크를 할 기회가 없다'고 가정해보면 주식이나 주식형펀드는 절대적으로 피해야 한다. 2년으로만 기간을 한정하면 확률적으로 주식이 은행 정기예금에 비해 실패할 확률이 높기 때문이다.

앞서 우리는 사이클에 대해 살펴봤다. 경기침체 이후 회복단계에서 매우 짧은 시차를 두고 '부동산-주식-정기예금-채권' 순서로 부동자금이 이동하면서 한 번의 주기를 만든다는 것이었다. 이것도 대표적인 재테크 공식이라고 하겠다. 그런데 이 투자자산 주기와 관련해 '금'을 갖고 재테크를 펼치면 백발백중이라는 의견도 있다. 이른바 '금투자 공식'이다.

"주식과 금, 딱 두 가지만 합니다. 아는 것도 딱 이 두 가지밖에 없어요."

교포 2세이면서 현재 뉴욕에 있는 헤지펀드에서 펀드매니저로 활동하고 있는 이 친구는 금과 주식으로 롱숏 헤지거래를 한다. 쉽게 말해 주식을 사고 금을 팔며, 또 금을 사면서 주식을 파는 거래를 한다는 뜻이다.

"잘 아시겠지만 금은 디플레이션 헤지 기능과 인플레이션 헤지 기능을 동시에 갖고 있잖아요. 물가가 올라도 금을 찾고, 또 물가가 떨어져도 사람들은 금을 찾죠. 위기 때 금만 한 자산도 없어요."

호황일 때는 주식이 주목을 받지만 불황에는 금이 주목을 받기에 일정 기준과 주기에 따라 2개 자산을 함께 거래하면 위험을 최소화시킬 수 있다는 이야기다.

실제로 금은 꽤 쓸 만한 투자수단이다. 보통 경기가 호황으로 치닫고 버블(거품)이 커지기 시작하면 인플레이션(물가 상승) 우려가 커지는데 바로 이때 금을 투자하기 시작해 버블이 커지고 경기가 불황의 나락으로 빠지는 상황까지 들고 있으면 상당한 리스크 헤징(위험 회피) 효과가 있다. 이 점에 착안해 금가격 추이로 증시 변곡점을 찾아내는 전문가들도 많다. 쉽게 말하면 이런 식이다. 증시가 호황일 때는 금 관련 투자 비중을 5~10%선을 유지하고 있다가 인플레이션 우려가 커지거나, 주식이 꺾이는 모습을 보일 때 주식 비중을 줄이고 금 비중을 10~20% 가까이 올리는 것이다.

● 그림 6_ 금가격과 주식시장 흐름 추이

(단위: Pt)

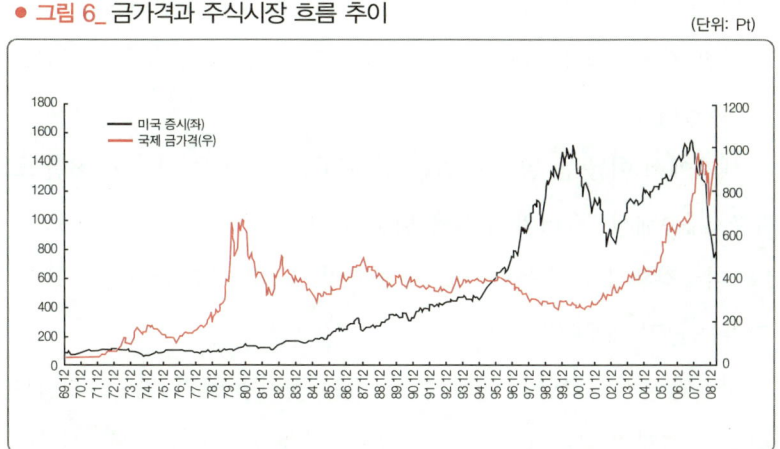

국제 금가격: 런던귀금속시장 오후 공시가격 지수
미국 증시: S&P500 기준

또한 최근에는 '세계에서 가장 안전한 투자자산'이라는 미국달러에 대한 대체재로서 주목을 받고 있기 때문에 금의 역할은 과거보다 더 커질 전망이다. 물론 일반인들이, 또 20대인 여러분들이 헤지펀드 매니저들이 하는 것처럼 금 선물거래를 할 순 없다. 특히 원자재 선물시장의 가격 변동성은 하루에 +15%, −15%를 움직일 정도로 엄청나기 때문에 단 일주일 만에 −30%~−50% 손실도 가능하다. 하지만 어느 정도 재테크에 맛을 붙이게 되면 자산의 10%선에서 금 관련 투자를 하는 것도 효과적일 것 같다. 앞서 소개한 방숙희 여사처럼 은행의 금 예금을 활용해도 좋고, 자산운용사의 금 펀드에 투자해도 좋다. 금 외에도 석유, 구리, 철 등이 섞여 있긴 하지만 원자재펀드에 투자해도 비슷한 효과는 거둘 수 있다. 자본시장통합법 시행으로 인해 앞으로 관련 상품 수는 급증할 전망이다.

특히 금투자는 수익률 이상의 보너스도 준다. 금값은 달러 대체재 효과로 인해 원/달러 환율에도 민감하게 반응한다. 따라서 금투자로 인해 금값 추이를 따라가다 보면 결국 환율에도 관심을 가지게 된다. 이처럼 자연스럽게 환율공부가 이뤄지면서 또 다른 재테크 기회를 줄 수 있다.

세계에서 이름 좀 날리고 있는 경제 비관론자들은 지난 2008년 초부터 계속해서 "달러와 주식을 팔고 금에 베팅하라"고 주장하고 있다. 미국경제가 결국 몰락하고 이에 따라 달러가치도 함께 폭락할 것이라는 근거 때문이다.

하지만 앞의 〈그림 6〉에서 알 수 있는 것처럼 금가격은 1982년부터 2003년까지 결론적으로 그대로였다. 한껏 뛰어올랐다가도 시간이 지나면 다시 내려왔고, 또 엄청 급등했다가도 다시 그 자리로 돌아왔다. 반면 국내 증시는 물론이고 세계 증시는 같은 기간 등락을 거듭했지만 결론적으로 꾸준히 상승해왔다(30년 투자는 주식이 최고였다).

일단 금가격은 2005년을 기점으로 다시 뛰어오른 상태인데 이번엔 과연 어떤 결과를 가져올지 지켜보아야 한다. 특히 부동산에 비해 상대적으로 주식과 펀드 비중이 높은 20대 여러분도 깊은 관심을 가져야 한다. 만약 어느 날 헤지펀드들이 집중적으로 금을 팔아치우기 시작한다는 뉴스가 나왔다면 그건 주식시장의 상승 변곡점이 멀지 않았다는 시그널일 수 있다.

04

경제뉴스는 두 얼굴의 여친과 같다

혹시 아직도 뉴스나 정보가 부족해 재테크에 실패했다고 불평하고 있는가. 야박하게 들릴지 몰라도 그건 100% '비겁한 변명'이다. 인터넷과 인터넷뉴스의 파워가 급부상하고 있는 요즘 우리에겐 경제 관련 뉴스나 지식이 넘쳐나고 있다. 수많은 재야 전문가들이 쏟아내는 분석들도 넘쳐난다. 절대로 없어서, 몰라서 못 하는 게 아니다. 오히려 문제는 그 정보를 해석하고 통찰(insight)하는 힘이 부족하다는 데 있다.

경제뉴스와 정보를 재테크에 활용하려면 그 행간을 읽고 그 정보가 갖고 있는 함의를 파악해야 한다. 그리고 그 함의에 대한 분석을 갖고 본격적으로 자신의 경제생활에 십분 활용할 때 경제뉴스의 가치는 비로소 그 빛을 발한다. 물론 이런 과정은 하루아침에 이뤄지지 않는다. 연습과 반복의 과정이 필요하다. 적어도 수년간의 훈련과정은 반드시 있어야만 할 것 같다.

난 이미 여러분에게 경제뉴스와 친해지라고 강조한 바 있다. 굳이 돈 주고 신문을 안 사도 된다. 몇 번 클릭만 하면 별다른 어려움 없이 경제뉴스의 바다에 빠져들 수 있다. 20대인 여러분에게 조금 어려운 부탁인지 몰라도 최소 1시간은 꼭 경제뉴스 서핑하기를 추천한다. 일단 편안한 맘으로 눈에 들어오는 뉴스부터 클릭하면서 몸을 풀자. 그리고 이 단계를 거치고 나면 다음은 정독의 과정이다. '이 말이 대체 뭔 말인가' 하는 정도의 관심을 갖고 읽어나가는 과정이다.

경제뉴스에 대한 막연한 두려움이나 거부감을 떨쳐버리는 데는 약 6개월간의 시간이 필요하다. 고3 수험생처럼 이를 악물고 달달 외우라는 이야기가 아니다. 30~40분 정도 시간을 할애해 차분한 맘으로 뉴스를 읽고 모르는 개념이나 생소한 경제용어를 하나씩 찾아보는 정도면 충분하다.

초보자들에게 가장 좋은 입문방법은 경제신문 하나를 고르거나, 아니면 종합일간지 경제섹션을 하나 골라서 집중적으로 스터디하는 것이다. 또한 주식이면 주식, 부동산이면 부동산, 창업 및 유통, 금융상품 등 좀 더 세부적으로 분야를 나눠 접근하면 효율성은 더 높아질 것이다. 이것은 비단 초보자들에게만 해당되는 것이 아니다. 주식투자 좀 해봤다는 사람이라도 프로그램 매매나 콘탱고(contango)나 백워데이션(backwardation) 같은 선물투자 용어, 펀드 기준가, 스트래터지스트 등에 대한 개념을 설명해보라고 하면 말문이 막힌다. 심지어 증권사와 자산운용사의 차이를 헷갈려 하는 사람도 많다. 하지만 장기간 일관성 있게 경제 분야의 뉴스를 읽어가며 이런 용어들을 접하게 되면 하나씩 하나씩 구체적인 개념을 잡아갈 수 있다.

경제신문 부동산면에 게재되는 경매물건 소개만 2년 넘게 골라서 읽다 결국 알토란 같은 집을 장만했다는 독자를 만나본 적이 있다. 이 사람은 처음엔 "이게 대체 뭐 하는 시추에이션이야"라는 반응으로 경매 기사를 접했다가 점점 흥미를 느껴 부동산경매 관련 서적도 3~4권 읽고, 설명회도 다니면서 나름대로 실력을 쌓았다고 한다.

매일 삼성전자 관련 기사만 읽는 사람도 있다. 아직 삼성전자를 20주 정도밖에 갖고 있지 않지만 "한판 승부를 볼 타이밍을 기다리고 있다"는 게 이 사람의 전언이다. 단언컨대 지금부터 1년간 매일 네이버에 '삼성전자'를 치고 관련 뉴스를 읽어간다면 1년 후엔 웬만한 IT 분야 증권사 애널리스트보다 삼성전자에 대해 더 깊은 혜안을 가질 수 있을 것이다.

이와 같이 반년 이상 경제신문이나 경제 관련 뉴스에 의미 있는 시간을 할애한다면 자신도 모르게 기사가 쑥쑥 읽히고 지금 판이 어떻게 돌아가고 있는지가 자연스럽게 이해될 것이다. 이처럼 경제뉴스에 자신감이 붙게 되면 다음 과정으로 넘어갈 차례다. 일명 '어드밴스드(advanced)' 코스다.

통찰은 결코 정답 맞히기가 아니다

이 단계에선 본인 스스로가 이미 노출된 경제뉴스를 갖고 그 다음 과정을 한번 예측해보고 추론해보는 연습을 해야 한다. 한 가지 명심할 점은 결코 정답 맞히기를 하려는 게 아니라는 사실이다. 틀려도 된다. 오히려 스스로 추론을 해본다는 데 의미를 둬야 한다.

한 기업이 분기 사상 최대의 실적을 기록했다는 뉴스를 접하고 다음 날 그 회사 주식을 매수하는 오류를 범해서는 결코 안 된다(만약 이후 실적흐름에 대한 분석 기사가 흐지부지, 맹탕맹탕하게 다뤄져 있다면 오히려 그 뉴스는 해당 기업 주식의 매도 사인이다). 주식시장이라는 것은 언제나 확정된 뉴스보다 한발 앞서 움직이는 본질적 특성을 갖고 있다. 따라서 이 뉴스를 읽고 파악해야 할 것은 '그렇다면 다음 분기 실적은 어떻게 될 것인가'에 대한 문제다. 그걸 놓고 고민해야 한다. 가령 현대중공업이라면 향후 조선업 업황, 그리고 중국의 경제성장률, 세계 경기, 물동량 추이 및 해운업 업황 등을 하나씩 점검하면서 다음 분기 실적흐름에 대해 한번 조용히 음미해봐야 한다.

'대형 평형 아파트 외면… 최근 3년간 신축 없어'라는 기사를 읽고 "큰 아파트 사는 놈들 고생 좀 해봐라"라든가 "대형 평수 아파트 집값 좀 떨어지겠네"라는 식의 반응을 보이면 곤란하다. 중요한 건 과거나 지금이 아니라 바로 '다음' 어떤 일이 이뤄질 것인가이다. 과거 3년간 신규공급이 없었고, 지금도 인기가 없어 당분간 신축 계획은 없을 것이다. 그렇다면 앞으로 3년 후 경기가 좋아지면 방 4개짜리 대형 평형 아파트는 품귀현상을 보일 것이고 오히려 가격은 더 오를 수 있겠다는 식의 분석이 더 설득력 있다.

어렵게 느낄 필요 없다. 굳이 정답을 맞힐 필요도 없다. 아니, 틀리는 게 당연하다. 하버드 대학 박사들도 번번이 틀리는 경제예측을 무슨 수로 아마추어인 우리가 딱딱 맞힐 수 있겠는가. 중요한 건 그 추론의 과정이다. 공상을 해도 좋다. 하지만 뭔가 이 다음 과정에 대해 궁금해하는 습관을 길러야 한다. 그리고 어떤 식으로든 자신만의 그림을 그려야 한다. 그래야 실력이 붙는다.

이처럼 경제뉴스를 읽는 최고급 과정에 돌입하면 행간을 읽어내는 연습을 해야 하고, 한 걸음 더 나아가 비(非)경제뉴스를 경제뉴스 및 경제생활과 연계시키는 수준에까지 도달해야 한다. 금융위원장의 말 한마디에서, 중고차시장의 최근 6개월 판매현황 통계에서, 42인치

LCD TV 판매동향에서, 미국 국채수익률 추이 등을 통해 그 속에 담긴 의미를 찾아내는 과정이다. 앞서 소개했던 '자살과 증시 바닥'처럼 사회·정치 관련 뉴스를 갖고 향후 경제이슈를 파악하는 단계이기도 하다. 이 정도까지 자신의 실력을 끌어올릴 수 있다면 웬만한 경제연구소 선임연구원은 '아래'로 봐도 큰 무리가 없을 듯싶다. 그리고 이 단계에 올라서야만 본격적으로 뉴스를 재테크에 적절하게 활용할 수 있는 경지에 오르게 된다고 할 수 있다.

만약 '삼성전자, 대규모 구조조정 단행'이라는 뉴스를 봤다면 주식투자자 입장에서 이건 절망이 아닌 희망의 뉴스다. 구조조정을 당한 사람과 그 가족은 가슴이 몹시 아프겠지만 엄밀히 말해 투자자들과는 아무 상관이 없다. 몸집이 가벼워진 터라 더 큰 성장성을 나타낼 수 있을 것이라는 데 초점을 맞춰야 한다. 쫄 타이밍이 아니라 자신 있게 베팅할 타이밍이다.

2009년 초 버락 오바마가 미국 대통령에 당선된 직후 텍사스의 한 총기 소매판매점 주인은 한 달 반 동안 약 20만 달러의 순익을 올렸다. 그는 대통령 선거 5개월 전부터 총기 제조업체 및 도매상들과 아주 돈독한 관계를 쌓아왔다고 한다. 이유는 간단했다. 〈뉴욕타임스〉에 소개됐던 오바마의 과거 개인 총기 소유에 대한 반대 표명 전력 뉴스 때문이다. 그러고는 나름의 준비를 시작했고 오바마 당선 즉시 그간 좋은 관계를 유지했던 100여 곳의 총기 제조업체와 도매상들에게 대량주문을 냈다. 이른바 '사재기'였다. 예상은 적중했다. 오바마 당선과 함께 미국인들은 그 다음 날로부터 총기 판매점으로 몰려들었다. 부시 정부 시절이 합법적으로 총을 살 수 있는 마지막 기회가 될지 모른다는 걱정 때문이었다. 그리고 다른 판매점들이 총이 없어서 안달을 내고 있을 무렵 그는 혼자만 엄청난 손님들을 모두 감당해냈다.

적어도 올 추석엔 '재래시장들, 죽을 맛' 이라는 TV뉴스에 "대한민국 경제가 정말 힘들구나, 큰일이구나"라는 식의 걱정은 더 이상 하지 말자. 2004년 이후 힘겨워하는 재래시장 풍경은 게으른 방송기자들의 명절 전 단골 아이템이 됐으니까 말이다. 이미 대한민국 경제는 세계 10위권을 넘보고 있다. 경기동향 흐름의 바로미터는 재래시장이 아닌 대형 할인마트나 백화점, 인터넷쇼핑몰에서 찾아야 한다.

지난 2004년 추석 무렵이었다. 당시 증권업계에서 '천돌파(자나 깨나 코스피지수가 1000을 돌파할 것이라고 주장해 붙여진 별명이었다)'로 불리는 인사와 증권 담당 기자들이 모여서 술자리를 가졌었는데, 때마침 고기 집 TV에서는 재래시장이 힘들다는 뉴스가 나왔다. 그리고 중소 음식점들이 문을 닫는다는 뉴스도 이어졌다. 그때 그는 아주 자신 있게 말했다.

"저건 주식투자와 전혀 무관한 뉴스야. 재래시장은 말할 것도 없고, 다들 먹는장사 한다고 뛰어들어 쓸데없이 많아진 식당들 정리되는 건 당연한 거야. 지금 우리가 신경 써야 할 건 시가총액 30위 기업들 내년 실적전망 추이야. 다들 함 봐봐. 엄청나, 장난 아니야. 곧 국내 증시 1000 돌파할 거야."

실제로 2005년 코스피는 1000선을 가볍게 넘어섰다.

자, 이쯤 되면 경제뉴스나 경제신문을 읽으면서 최대한 할 만큼 했고, 뽑을 만큼 뽑았다고 할 수 있다. 출퇴근길에 30분 정도만 경제신문을 훑어봐도 머릿속에 번뜩번뜩 아이디어가 떠오르고, 자신만의 통찰력으로 경제흐름도 잡아낼 수 있다. 개인에 따라 차이는 있겠지만

2~3년 정도 집중한다면 누구든 이런 단계에 이를 수 있을 것이다.

하지만 몇 가지 주의해야 할 점도 있다. 가령 경제 관련 인터뷰 기사에 주로 나오는 모호한 코멘트들이다. 예를 들어 '과도한 컴퓨터 사용에 따른 체형 변형으로 디스크 관련 의학산업 유망' '중국인들이 양복을 한 벌만 사 입는다고 생각하면 중국에서 옷 장사가 최고' '강남 집값 책임지고 잡을 것' '미국인 절반이 실직위기 느껴' 등 그럴듯하지만 그 어떤 실증적 분석이 불가능한 형태의 기사다.

특히 사전에 재단되고 가공된 통계자료를 바탕으로 정교한 결론을 내는 시리즈 기사도 위험하다. 가장 위험한 경제 기사의 형태는 이처럼 연역적 방식으로 주제를 입증하는 것이다. IMF 충격이 서서히 잦아들어 가고 있던 2000년 초반 대부분의 경제신문과 경제연구소에서는 '이제 부동산 시대는 갔다. 집 살 필요 없다' 는 결론을 내리고 이를 입증하기에 바빴다. 논리적으로 성공했을지 모르지만 이후 펼쳐진 현실은 정반대였다.

마지막으로 해주고 싶은 조언은 이런저런 경제뉴스를 엮어낼 수 있는 자신만의 무기를 하나쯤 만들어두라는 것이다. 난 금리지표를 적극 추천하지만, 이 밖에 환율도 좋고, 강남 아파트 평당 가격이어도 된다. 또 금, 석유, 원자재 가격도 되고 실업률을 선택해도 된다. 뭐가 됐든 대량으로 쏟아지는 대규모 뉴스를 일이관지(一以貫之)하는 자신만의 한 가지 잣대를 만들자. 그렇다면 여러분은 한 차원 더 높은 수준의 경제신문 독자가 될 수 있을 것이다. 아니, 이 정도라면 이미 경제부 데스크급 레벨이라고 해도 과언이 아니다. 또 한 가지, 경제뉴스는 '두 얼굴을 가진 여자친구' 와 같다는 사실이다. 웃어줄 때 더 긴장하고 의심해야 하고, 슬픈 표정으로 눈물을 보일 때 그때가 바로 타이밍이다.

05

기회비용에 넣어야 할 것들

"지금 뭔가 잘못되고 있습니다. 20대 같은 젊은 나이엔 꼬박 꼬박 은행에 저축하면서 목돈을 만들어야 합니다. 투자는 최소 1~2억 정도 갖고 있어야 할 수 있습니다. 따라서 저축을 하고 투자를 하는 것이지, 투자를 하면서 돈을 모은다는 건 말도 안 됩니다."

20대를 위한 재테크 세미나였는데 나보다 앞서 강의를 했던 한 인사의 열변이었다. 친하지는 않지만 그래도 꽤 잘 알고 있던 사람이었는데, 분명 내가 투자를 강조한다는 걸 알면서도 바로 앞에서 "투자를 버리고 저축에 힘쓰라"고 주장한 것이었다.

"여러분, 어차피 한 달에 100만 원씩만 꾸준히 저축하면 8년엔 1억 만들 수 있습니다. 5년에 1억이라구요? 이거 한 번 삐걱하면 완전히 망할 수도 있어요. 아니, 안 망한다고 쳐도 어차피 3년 차이인데, 그냥 저축하세요. 절약하고, 저축하고 그렇게 종자돈 모으세요."

직격탄이었다. 이건 완전히 나의 책 《대재미》의 근간을 무너뜨리는 발언이었다. 바로 다음 강사로 나서는 나를 겨냥이라도 한 듯한 노골적인 공격이었다. 잠시 동안 머릿속이 멍해졌다. 이제 곧 강단에 올라서야 하는데 대체 뭐라고 이야기할지 몹시 답답했다. 이 인사의 말에 맞서자니 유치한 것도 같고, 또 모른 척하자니 그것도 웃긴 상황이었다. 또한 바로 앞에선 저축을 강조하고, 바로 다음엔 투자를 강조한다는 건 이날 온 청중을 혼동케 하는 것뿐 아니라 무시하는 처사였다.

"저축과 투자. 이건 축구로 따지면 포 백이 좋으냐, 아니면 쓰리 백이 좋으냐 하는 논쟁 같은 건데요. 앞에서 저축에 대한 이야기가 나왔으니, 전 투자에 대해 이야기할까 합니다…."

이날 나의 강의는 이렇게 시작됐다. 나름대로 적절한 타협이었다고 생각했지만, 분명 그날 함께했던 상당수 20대들은 강의를 듣고 오히려 더 헷갈린 채 집으로 돌아갔을 것만 같다.

난 20대의 투자를 '연애'라고 생각했다. 좀 더 추상적으로 표현하면 사랑과 같은 것이다. 인생에 있어 가장 진실된 사랑을, 순수한 사랑을 할 수 있는 시기가 20대인 것처럼 투자의 진면목을 느끼면서 투자할 수 있는 시기도 20대뿐이라고 말이다. 물론 50대 아저씨도, 60대 할아버지도 진실된 사랑을 할 수 있다. 하지만 그건 20대의 그것과 질적으로 다르다. 20대에 사랑했던 연인에게서 배신 당하고 버림받는 상황과 40대에 남편이, 부인이 다른 사람과 바람피우는 것을 목격하는 충격과는 완전히 다른 것이다. 20대 이별의 아픔은 새로운 사랑을 위한 힘이 될 수 있지만 40대의 이혼은 일반적으로 사랑이란 것에 대한 회의를 가져다준다. 저축과 투자의 비교는 분명 단순히 3년이란 시간의 차이로만 설명할 수 없다. 물론 투자에 실패하면 '닥치고 적금' 든 사람보다 훨씬 뒤처질 수 있다.

그러나, 아니 그래서 우리가 공부를 하고 연습을 하는 것이다. 투자의 실패만을 말한다면 1억 원을 모은 뒤에도 주식이나 부동산을 할 게 아니라 더 공격적인 저축을 해야 한다. 그게 이론적으로 맞다. 500만 원에 대한 −10%는 50만 원이지만, 5000만 원의 −10%는 500만 원이니까. 그래서 여러분은 지금 투자를 해야 한다. 연애를 하듯, 자유로운 사랑을 하듯, 그러면서도 순수한 정열을 바치듯 그런 마음으로 투자를 해나가야 한다.

심리학적 기회비용

하지만 난 나의 이런 생각이 누군가에겐 매우 껄끄럽고 또 굉장히 기분 상하게 한다는 걸 곧 알 수 있었다. 언제든 원금손실이 가능한 투자가 체질적으로 맞지 않는 20대들이 정말 많이 존재하기 때문이다.

"투자, 투자, 자꾸 그러지 마세요. 나만 뒤처지고 있다는 불안감만 들어요."

"주위에서 주식 한다고 설쳐대는 놈들 중에서 돈 번 사람 없어요. 다 날렸어요, 다."

"적금 들고, 연금보험 들면 족해요. 그리고 집 장만하고. 그럼 됐죠. 뭘 더 바래요?"

매일 밤 내 돈 날리면 어떡할까 하는 걱정에 '불면의 밤'을 지새면서 받은 연 10% 수익률과 두 다리 쭉 뻗고 자면서 받는 연 4% 이자율 중 어떤 걸 고를 것이냐는 질문을 받았다. 과연 여러분은 어떻게 할 것인가.

매주 1만 원어치 로또 복권을 사는 사람이 있다. 돈 낭비라고 욕할 수 있지만 이 사람은 전혀 그렇게 생각하지 않는다. 로또를 사고, 그걸 지갑에 넣고 다니는 일주일의 행복감을 생각하면 1만 원이란 금액이 전혀 낭비라고 생각되지 않기 때문이다.

대한민국 사람이라면 누구든 내집마련에 대한 '로망'이 있다. '집 한 채는 있어야 하지 않겠나'라는 생각이다. 하지만 요즘 들어 '전세 마니아'들이 부쩍 늘었다. 왜 바보처럼 8억, 9억, 10억 줘가면서 집을 사냐는 주장이다.

"10억 하는 집에 전세 살면 4억 정도인데 그냥 전세 살면서 여유롭게 살지 왜 그 큰돈을 깔고 앉아요. 난 주위에서 대출 갚으려고 허덕대는 거 보면 답답해. 인생 한 번 사는 건데. 2년 후 전세금 정말 많이 올라도 20%예요. 그 돈만 마련하면 되죠. 잘 아시겠지만 이 전세라는 건 대한민국 사람들 특권이예요, 특권. 선진국 가봐요. 다 월세 내야 돼, 월세. 허공에 그냥 돈 뿌리는 거라고."

이처럼 어떤 사람들은 집 없는 설움, 집 주인들의 강짜, 매번 이사 다녀야 하는 번거로움 등을 크게 신경 쓰지 않는다. 자녀들이 '아빠, 우리는 왜 만날 전세 살아요?'라는 슬픈 눈빛을 보여도 맘이 찡하지 않다. 이런 것들은 다른 생활 속 여유로 충분히 커버할 수 있다고 믿기 때문이다.

난 이런 것들에 대해 '심리학적 기회비용'이란 말을 붙이고 싶다. 앞서 20대의 젊은 나이인데도 불구하고 원금손실에 대해 노이로제 반응을 보이는 경우로 돌아가 보자. 이들 중 일부는 분명 투자가 체질적으로 맞지 않는 경우다. 연 10%, 아니 20%를 준다고 해도 그런 괴로움을 겪느니 맘 편하게 은행저축을 선택할 것이다. 정말로 이런 상황이라면 나도 달리 할 말이 없다. 하지만 떠나는 여인 앞에 무릎 꿇고 엎드리는 심정으로 한 번쯤은 부탁의 말을 전하고 싶다. 저금리의 저축에 대해 만족할 정도의 그런 마음가짐이라면, 그 정도로 탐욕에 대해 초연할 수 있다면 꼭 한 번 투자에 대해 눈길 한 번쯤 가져달라고 말이다.

2009년 2월부터 대한민국에는 '자본시장통합법'이란 것이 시행됐다. 그야말로 통합이다. 모든 게 짬뽕이 된다. 저위험-저수익, 고위험-고수익으로만 한정되지 않고 '위험'과 '수익'의 딘계기 수없이 쪼개져 조합되는 수많은 상품들이 나온다. 그때엔 스스로가 자신의 위험 수준에 대해서도 정량적으로 파악해야 하고 상품에 대한 지식도 갖고 있어야 한다. 미국처럼, 영국처럼, 일본처럼 위험이 제로라면 이자도 거의 안 주는 그런 세상이 올 것이다. 주식이 싫다면 최소한 채권에 대해서라도 알고는 있어야 한다.

중고등학교 시절 배운 '기회비용'에는 돈 이상의 많은 것들을 넣어야 한다. 복리효과나 현가를 통해 계산된 수익-비용 분석도 해야 하고 기쁨, 두려움, 공포 같은 심리학적 비용도 반드시 넣어야 한다. 20대 여러분은 절약과 저축만으로도 재테크를 할 수 있다. 하지만 그렇게 선택했다면 여기에서도 당연히 심리학적 기회비용을 따져봐야 한다. 가령 이런 것이다. 주기적으로 찾아오는 주식/부동산 호황에 배 아픔을 참는 것, 물가상승률 밑으로 떨어지는 이자율로 인해 투잡, 쓰리 잡을 뛰어야만 하는 상황, 그러다 결국 35살 마음을 바꿔 난생 처음 주식 HTS를 열었을 때 느끼는 먹먹함 같은 것.

neverending story
for young wealth

Part 3

몰입

투자원칙을 지킨다는 것

지금 이 순간 수많은 사람들의 재테크가 수많은 방식으로 진행되고 있다. 그리고 그 재테크의 결과도 수없이 다른 모습으로 나오고 있고, 그에 대한 평가도 각양각색이다. 그런데 재테크라는 게 꼭 교과서대로만 진행되지 않을뿐더러 그 결과도 종종 무작위적인 것처럼 보인다.

굳이 차트를 죽어라 공부하지 않고, 증권사 애널리스트 리포트와 기업 재무제표를 확인하지 않는데도 주식을 잘하는 사람이 있다. 반면 주식투자에 관한 방대한 지식을 갖고 있어도 주식에 매번 실패하는 사람이 있다. 이사만 10번 다녀서 자산을 4~5배 불렸다는 사람이 있는가 하면 집을 샀는데 오히려 매수가격보다 떨어져 낙심한 채 대출금 갚기에 급급한 사람도 있다. 10번의 ELS 투자를 통해 10번 모두 조기상환을 시켰다고 좋아하는 사람이 있는 반면, 1000만 원을 ELS에 투자했다 2년 만에 540만 원으로 쪼그라든 경우도 있다. 회사 망하고 휴지조각 된다던 정크본드를 사들여 11개월 만에 40% 수익률을 올린 사람이 있는 반면, 우량 회사채라고 샀는데 원금이 통째로 날아갈 위기에 처한 투자자도 있다. 일반 개인들 중 선물, 옵션 투자를 경험했던 95%는 쪽박을 찬다. 그러나 나머지 5%의 사람들 중에서는 나 홀로 집에서 모니터 놓고 투자하다 4년여 만에 1000억 원대 수익을 올린 실제 사례도 있다.

한창 증시가 활황이었던 지난 2005년 "왜 이러시냐"는 자식들의 만류에도 불구하고 만기 10년에 연 6.5~7%대 수익률을 보장하는 비과세형 선박펀드에 1억 원을 투자한 64세의 L 할아버지는 요즘 마음이 느긋하다. 그 당시 주식, 펀드 하겠다고 돈을 빌려달라던 아들 녀석 부탁을 무시한 자신의 선택이 옳았다는 생각이다. 어차피 자신이 쓰지 않고 자식에게 물려줄 돈이라고 생각했지만 이렇게 튼실하게 지켜낸 자신이 자랑스럽기까지 하다.

하지만 아들의 생각은 다르다. 2005년 당시 눈 감고 아무 주식형펀드라도 투자했으면 연 50% 수익률이 가능했는데 그런 절호의 찬스를 놓쳤다는 안타까움이 든다. 그 돈이 앞으로 수년간 더 묶여 있을 생각을 하니 가슴이 꽉 막혀온다.

지금 이 순간 수많은 사람들의 재테크가 수많은 방식으로 진행되고 있다. 그리고 그 재테크의 결과도 수없이 다른 모습으로 나오고 있고, 그에 대한 평가도 각양각색이다. 그런데 재테크라는 게 꼭 교과서대로만 진행되지 않을뿐더러 그 결과도 종종 무작위적인 것처럼 보인다. 아예 재테크에 대해 나심 니콜라스 탈레브의 '블랙스완(Black Swan)' 이론을 적용하는 사람도 있다. 흰 백조를 가정해 만든 금융이론이 검은 백조가 나타날 때 아무짝에도 쓸모가 없어지는 것처럼 재테크 이론 역시 열심히 공부해봤자 결과는 아무도 모른다는 주장이다.

재테크에 원칙이란 없다?

나는 재테크엔 왕도가 없지만 기본 원칙은 분명히 존재한다고 믿는 쪽이다. 주식투자에도 원칙이 있고, 채권투자에도 법칙이 있다. 상가투자를 하려고 해도 필수 고려사항이 있고, 파생상품에 손을 대려면 적어도 3개월 정도는 하루 3시간 이상씩 공부를 해야 한다.

하지만 막상 우리네 일상에선 이런 기본과 원칙, 법칙들이 들어맞지 않는 일들이 비일비재하다. 그래서 많이 헷갈린다. 혼동된다. 우량주에 집중하라는 주식투자의 기본도 "우량주는 당할 땐 크게 당한다"는 조직적인 반론 앞에서는 침묵할 수밖에 없다. 테마에 절대로 휩쓸리지 말라고 귀에 못이 박히도록 들었지만 옆자리의 박 대리는 코스닥 테마만 쫓아서 8000만 원을 벌었다고 한다. 아예 개인투자자들에겐 《테마주 따라잡기》, 《급등주 따라잡는 대박투자》 같은 주식 책들이 더 큰 인기를 얻고 있다. 10% 정도 수익을 올리면 손절매하라고 하면 "누가 10% 먹으려고 주식 하냐"는 답변이 돌아오기 일쑤다.

발바닥이 닳도록 뛰어다니고 공부하고, 또 확인해서 실행에 옮긴 땅투자는 매수 직후부터 거래가 뚝 끊겨버리는데 사촌 중 누군가는 농사만 짓다 토지보상금으로 80억 원을 받는다. 난 종자돈을 모아 대출받아 집을 사고, 그 대출금을 갚느라 뼈 빠지도록 일하며 안 입고 안 쓰는데 친구 녀석은 "집을 왜 사냐"면서 금융자산으로만 재테크를 하며 인생을 즐긴다. 한 번쯤 주식 하다 호되게 당했으면 배라도 안 아프겠는데 도무지 실수가 없다. "이번 달에만 18% 수익 냈으니까 앞으로 2달 동안 HTS 열지도 말아야겠다"라면서 독사처럼 굴 때엔 알 수 없는 미움 같은 것도 솟아오른다.

이런 이유 때문에 어느 정도 재테크 경지에 오르게 되면 사람들은 초심을 잃어버린다. 나이가 들면 들수록 재테크의 기본과 재테크 일상의 엄청난 괴리를 경험하기 때문이다. 재테크 교과서에서 말하는 원칙이라는 게 별거 없다는 생각도 든다. 그러면서 냉소적이 되고, 또 건방도 떨게 된다. 상가투자 대출 시 최대 30% 이상의 대출은 절대 받지 말라고 해도, 그렇게 노트에 적고 암기했으면서도 막상 3억 원 규모의 상가에 남의 돈 2억 원을 끌어다 쓴다.

이런 상황이 20대인 여러분들에겐 잘 안 와 닿을 수도 있다. 아직까지 여러분들의 재테크는 그리 복잡한 상황이 아니기 때문이다. 매달 비과세 저축과 주식형 적립식펀드를 넣는 게 전부이기 때문에 그리 버라이어티하지 않을 수도 있다. 저축이야 이자율이 확정된 것이고 적립식펀드는 주가가 등락을 거듭하다 주가가 오른 시점에 환매해 연 10%대 수익률을 이뤄내겠다는 전략이 전부다.

그러나 여러분에게도 묘한 혼동과 헷갈림이 한순간에 찾아올 것이다. 정말 한순간의 일이다. 죽도록 재테크에 매진하면서 5000만 원을 모으는 데 성공했던 어느 날, 친구로부터 들었던 ELW 투자 대박 이야기가 그간의 재테크 과정을 송두리째 무너뜨릴 수 있다. 40살에 10억 원을 모을 때까지 절대로 결혼을 하지 않겠다는 다짐도 통장에 이제 겨우 800만 원 찍혀 있는 25살에 바뀔 수 있다. 20대는 국내 주식형펀드 투자에서부터 차근차근 경험해보라고 배웠지만 여기저기서 들려오는 중국 예찬에 중국펀드에 몰빵 투자를 해버리게 된다. 따라서 분명 이 '재테크 원칙'에 대한 고민은 여러분에게도 반드시 필요하다.

재테크 원칙과 원칙적인 재테크

만약 누가 "정말 재테크 기본 원칙만 지키면 성공하나요?"라고 물으면 자신 있게 "20대라면 그렇다"고 답할 수 있다. 그러나 누가 "평생 기본만 잘 지키면 성공하나요?"라고 묻는다면 솔직히 "그렇다"고 말할 자신은 없다. 그렇게 믿고는 있지만 일상에서 그렇지 않은 경우를 너무 많이 목격했기 때문이다. 변수가 정말 너무 많다.

그래서 실은 많이 고민스러웠다. 20대에만 통용되는 것이라면, 1억 원 정도까지 돈을 모을 때만 소용되는 재테크 원칙이라면 그것은 이미 '기본'이나 '원칙'이라는 이름을 붙이기엔 함량 미달이다. 누구 말처럼 "다 집어치우고 좋은 직장에 취직할 생각이나 해. 그게 20대 재테크야"라는 충고가 더 뛰어난 원칙인 것 같기도 하다.

그러나 나의 이런 고민은 주식투자만으로 보면 세계에서 가장 많은 돈을 벌었다는 워렌 버핏의 투자원칙에서 너무나 쉽게 풀렸다. 첫째 돈을 잃지 않는다, 둘째 첫째 원칙을 반드시 지킨다, 이젠 너무 많이 알려져 진부하기까지 한 버핏의 그 유명한 원칙이다. 이 원칙이 뛰어나다거나 완벽한 것이라는 게 아니다. 놀라운 건 이제 80살을 눈앞에 둔 노인이 아직도 이 원칙을 지키려고 애쓰면서 주식투자를 하고 있다는 사실이었다. 중요한 건 원칙 자체가 아니라 과연 자신만의 재테크 원칙을 갖고 있느냐, 그리고 그 원칙을 지키고 있느냐는 차이였다. '죽어도 주식은 하지 않겠다'는 원칙을 지켜 성공한 사람은 많지만 주식은 절대 안 한다고 다짐 또 다짐하다 결국 막판에 주식을 한 사람은 실패할 가능성이 높다는 이야기다.

그래서 이번엔 일상으로 한번 가보기로 했다. 주식, 채권, 부동산, 펀드, 파생상품 등 우리들이 구사할 수 있는 재테크 원칙과 실제 그것을 놓고 펼쳐지는 그들의 '원칙적인 재테크' 이야기들을 살펴보기로 한 것이다. 어쩌면 20대 여러분은 원칙을 지키기도 하고, 바꾸기도 하고, 알면서 안 지키기도 하고, 때로는 아예 원칙도 없이 흔들거리는 과정을 수도 없이 반복할 것이다. 하지만 그런 시행착오를 겪더라도 꼭 원칙을 갖고 움직이겠다는 자세로 임하길 바란다. 자신만의 원칙에 몰입하고 그것을 지켜내려고 했던 재테크는 결국 반드시 성공했으니까. 혹시 쓸 만한 원칙이 없다는 걱정이라면 지금 20대에 배웠던 기본 원칙 중 하나를 그대로 차용해도 좋을 것 같다. 그것이 지키기도 쉽다. 지키기 쉽다면 몰입하기도 쉽고, 성공하기도 쉽다.

01

한 놈만 패도 된다,
원칙만 있다면

<u>현존하는 주식투자 원칙(전략)</u>
<u>은 크게 세 가지다.</u> 첫째는 벤자민 그레
이엄과 그의 제자 워렌 버핏에 의해 확립된 가치투자
전략, 둘째는 시장은 기본적으로 분석과 예측이 불가
능하다는 것을 기본으로 한 랜덤워크 이론 매매전략,
셋째는 시장은 언제든 옳기 때문에 무조건 따라가면
된다는 추세추종 전략이다.

첫째, 가치투자 전략은 기업 내재적 가치에 비해 저
평가돼 있는 기업 주식을 사 모으기 시작하면 언젠가
는 큰 수익을 준다는 이론이다. 그럼 이때 기업의 가
치는 어떻게 평가할까. 주식공부 좀 시작하면 익히 듣
게 되는 PER(주가수익비율), PBR(주가순자산비율) 등의
개념을 적용해 풀어나간다. 일명 '투자의 과학' 이다.

둘째, 랜덤워크 전략은 원숭이와 아마추어, 펀드매
니저의 수익률 게임에서 원숭이가 1등, 펀드매니저
가 꼴등을 한 것을 보고 랜덤워크 이론을 만들어낸
버튼 맬키엘 교수를 생각하면 된다. 쓸데없는 고민
말고 그냥 동전 던지듯 매매하면 된다.

셋째, 추세추종 전략은 제시 리버모어로부터 확립
된 전략인데 기업의 가치 대신 현재 주가에 집중하는

전략이다. 주가가 오르면 좋은 주식으로 사야 하고, 주가가 떨어졌다면 나쁜 주식으로 팔아야 한다. '저점매수-고점매도' 가 아니라 '저점매도-고점매수' 에 해당한다.

"오빠, 주가가 왜 올라? 또 왜 내려?"

"응?"

범주는 서진이의 질문이 뜬금없다. 주식이 왜 오르고 내리냐는 질문의 수준이 정말 낮다.

"사람들이 사면 올라, 팔면 내리고."

"그럼 사람들은 주식을 왜 사? 왜 또 팔아?"

"그 기업이 좋으니까 사지. 경영이 안 좋아지면 파는 거고."

"그러니까 기업 좋아지면 주식 갖고 있는 사람들한테 돈 줘?"

"뭐?"

범주의 머릿속엔 순간 배당금이란 개념이 떠올랐다. 하지만 그건 아니다. 가령 대한민국 대표기업 삼성전자는 절대 배당을 많이 하는 기업이 아니다. 성장성이 뛰어나다는 NHN은 정말 오랜 기간 배당이 없다. 이뿐만이 아니다. 배당을 많이 해주는 기업도 기껏 6~8% 정도인데, 이것 때문에 사람들이 주식에 미친다는 건 말도 안 된다. 잠시 어색한 침묵이 흘렀다.

"오빠, 그럼 주식에도 적정가격 같은 게 있어? 가령 삼성전자는 100만 원이면 적당하다, 뭐 이런 거."

"당연히 있지. 그게 바로 워렌 버핏 스승님이 말한 내재가치라는 거 아니겠니? 너 PER이라고 들어봤어. 그걸 보면 돼. 이걸 기준으로 해서 저평가돼 있는 걸 사야지."

이어 범주는 공식처럼 서진이에게 자신의 지식을 쏟아냈다.

"PER이란 것은 현재 주가를 주당순이익(EPS)으로 나눈 것으로, 주식 1주가 그 기업이 1년 동안 벌어들인 수익에 비해 얼마나 높게 팔리는지를 나타내는 거야. 예를 들어 A사 EPS가 10원인데 주가가 100원이라면, 이 회사 PER은 10배가 돼. 주식 1주가 자신 회사 수익에 비해 10배 높게 거래되고 있다는 뜻이고, 현재 A기업 주식에 투자할 때 투자금을 회수하는 데 10년이 걸린다는 뜻이지. 그럼 어떻게 고평가, 저평가를 파악하느냐, 같은 시장 또는 같은 업종 내 기업들끼리 상대적인 평가를 하는 거야. 업종 PER이 12배인데 업종 내 A기업 PER이 10배, B기업 PER이 20배라면 A는 저평가, B는 고평가됐다고 하지. 따라서 당연히 A기업을 매수해야 하는 거고."

범주가 가쁜 숨을 몰아내며 열을 올렸다.

"그럼 오빠, 사람들은 다 그거 보고 투자해? 저평가되면 다 사?"

"응?"

잘나가던 범주의 말문이 또 막혔다. 주식투자의 현실은 어떤 면에서 정반대로 움직이는 경우가 많기 때문이다. 어떤 기업은 5년 넘게 저평가돼 있는데도 주가는 꿈쩍하지 않는다. 반대로 PER이 100배가 나와도 주가는 오히려 상한가를 친다.

"아니, 그것도 보고, 딴 것도 보고…."

범주는 말을 얼버무렸다.

"오빠 뭐야. 말을 왜 자꾸 바꿔? 그러니까 만날 주식으로 돈만 날리지. 오빠 주식 하지 마라. 중혁이 오빠 벌써 수백만 원 벌었다는데, 가서 좀 배우든지. 으이구!"

기술적 분석과 기본적 분석

수익과 위험을 전망하는 주식투자 분석은 크게 '기술적 분석'과 '기본적 분석(가치분석)' 두 가지로 나눈다. 앞서 설명한 주식투자 원칙과 연관시켜 보면 가치분석은 가치투자 전략과 관련이 있고 기술적 분석은 추세추종 전략과 그 맥락을 같이한다고 보면 된다.

기술적 분석이란 과거 및 현재의 가격 변동 추이를 분석해 특징을 뽑아내고, 이것을 가지고 미래 주가가 어떻게 움직일 것인가를 예측하는 것이다. 일명 '차트분석'이라고도 한다. 기술적 분석에 따라 투자한다고 하면 한 기업의 주가와 거래량 추이를 각종 차트로 구성하고 여기에 각종 통계적 기법과 과거 추세 등을 활용해 향후 흐름을 예측할 수 있는 능력을 길러야 한다. 영화 〈살인의 추억〉을 보면 배우 김상경이 "서류는 절대로 거짓말을 안 해요"라고 말한다. 기술적 분석도 마찬가지다. 차트는 거짓말을 절대로 하지 않는다. 가격과 거래량에는 해당 주식에 투자했던 사람들의 스토리가 고스란히 담겨 있기 때문이다. 그래서 차트분석은 어떤 면에서 심리적 분석과 매우 밀접한 관계를 갖고 있다.

반면 가치분석은 어떤 시장과 기업의 내재가치를 결정하고 측정하는 것인데, 이를 위해 이 주가 형성에 영향을 미치는 모든 관련된 요인을 살펴보는 기법이다. 여러분이 하이닉스 주식을 산다고 가정해보자. 가치분석을 기본으로 한다면 앞서 말한 PER 외에도 매출액증가율, 순이익증가율, 예상수익, 자기자본이익률(ROE) 등 재무상태를 파악해야 한다. 또한 회사 수익과 밀접한 관계가 있는 국제 반도체 가격의 변화에 대해서도 전문적인 식견이 있어야 한다.

범주는 속이 터져버릴 것만 같았다. 중혁이, 그 느끼한 녀석이 어쩜 그리 주식을 잘하는지 얄미워 죽겠다. 기술적 분석과 기본적 분석의 차이도 모르고 증권사 애널리스트 리포트는 고사하고 금융감독원 전자공시시스템(http://dart.fss.or.kr)도 이용할 줄 모르는 놈이 실전매매에선 날아다닌다.

"야, 허중혁. 너 캔들차트 볼 줄 알아?"

"캔들? 뭐 촛불로 차트 비추는 거냐? 난 그런 거 몰라."

퇴근길에 만난 중혁이는 범주의 질문에 단박에 "모른다"고 했다.

"너 그럼 주식 할 때 차트 안 봐?"

"차트? 주봉이나 월봉 같은 건 보긴 하는데 나한테 도움은 안 되는 것 같더라."

범주는 서서히 짜증이 나기 시작했다.

"너 재무제표도 볼 줄 모르잖아. 그럼 뭐야. 뭘 믿고 주식투자 하는 거야, 그냥 눈 감고 종목 하나 찍어서 단타 하는 거야? 아님 작전주 해?"

범주는 중혁이를 몰아세웠다. 주식이론에 대해서는 아무것도 모르는 놈. 공부도 안 하는 놈. 바보 같은 놈. 그런데 서진이는 이런 녀석에게 주식을 배우라고 한다.

"야, 정범주. 그럼 넌 뭐 보는데? 넌 뭘 보기에 가만있는 나한테 이러는 거야?"

이번에는 중혁이도 살짝 기분이 상했나 보다.

"나? 나야 이것저것 다 보지. 월봉 체크해서 적삼병 출현도 확인하고, 애널리스트 리포트 종합해서 저평가 주식들 리스트 업 하고, 외국인 매매동향 체크해서 표도 만들고, 우량주 50 종목은 분기별 실적

전망 쫙 뽑아 업데이트하고, 기관 매수종목 확인하고, 5일선, 20일선 이탈은 기본적으로 체크하는 거고…."

범주가 열변을 토하고 있는데 갑자기 중혁이가 씩 하고 웃는다.

"뭐야? 너 지금 나 비웃는 거야?"

"아냐, 아니야. 네가 진짜로 주식을 제대로 하고 있다는 생각이 들어서 그러는 거야. 고수들은 정말 너처럼 디직적인 분석을 히더라고. 나도 실은 너처럼 하고 싶은데 공부는 하기 싫고, 그런데 주식은 하고 싶고. 그래서 난 그냥 나대로 원칙을 세웠어."

"원칙?"

"난 그냥 실적전망 하나만 봐. 이것도 내가 하는 건 아니고, 신문보다 보면 나오잖아. 그리고 해당 기업 관련 뉴스들 좀 읽다가 땡길 때 매수를 시작해. 그러다 좀 먹으면 팔고. 결국 난 실적, 이 한 놈만 패는 거야."

"한 놈만 팬다고? 그게 무슨 원칙이야? 그 따위 원칙이 어디 있어?"

범주가 다시 흥분하기 시작했다. 실적 하나만 본다니, 그리고 땡기는 거 산다니, 정말 최악의 주식투자다.

"아니, 이건 내가 투자하는 방식이고. 내 주식투자 원칙은 달라. 그때 한 번 너한테 말했는데 기억 안 나? 주식투자금은 총 1000만 원으로 한다. 종목은 거래소 50개, 코스닥 10개로 한정한다. 1회 매수는 100만 원을 절대 넘지 않고, 매수종목은 3종목까지 할 수 있다. 6개월 목표수익률은 20%로 달성하면 HTS 완전 닫아버린다. 손절 기준은 매수가 대비 −5%로 한다. 이거야."

생각해보니 범주가 전에도 중혁이에게 들었던 이야기다.

"범주야. 넌 니 나름의 원칙 같은 거 있냐? 손절매는 마이너스 몇 %로 정했니?"

순간 범주는 입에서 "그런 거 없어"라는 말이 흘러나오는 걸 가까스로 참았다. 최악의 주식투자자는 바로 자신이었다.

가치분석을 하든, 기술적 분석을 하든, 재무제표를 분석하고 수급분석을 하든, 아니면 주위에 주식 좀 한다는 선배가 전해준 정보를 갖고 매매하든, 주식투자에 있어 중요한 건 자신이 정한 투자원칙이다. 원칙을 만들고 철저히 준수해야 한다. 나쁜 원칙이라도 원칙을 지키지 않는 것보다 지키는 게 더 효과적이다. 거래를 하기 전에 어느 수준에서 시장에서 나올 것인지 미리 정하고, 주식을 매수할 경우 언제 팔 것인지를 미리 정했으면 그걸 지켜야만 한다. 이것이 가치투자 관련 책 100권을 읽는 것보다 더 중요하다.

혹시 랜덤워크 이론을 신봉하고 있다면 그렇게 해도 된다. 가장 먼저 눈을 감고 HTS에서 한 종목을 찍어야 한다. 동전을 1개 준비하는 것도 필수다. 그리고 이 기업의 현 주가가 1000원이라고 한다면, 연습장에 1000원을 기점으로 바로 위에 1100원, 1200원을 써놓고, 밑으로는 900원, 800원이라고 써놓는다. 800원, 1200원이 바로 하한과 상한이 된다. 다음엔 자신의 투자금 중 50%를 넣어 1000원에 주식을 매수한다. 그리고 동전을 던진다. 앞면은 매도, 뒷면은 매수다. 처음 던졌을 때 앞면이 나왔다고 하면 1100원이 됐을 때까지 기다려 30%를 매도한다. 그리고 또 앞면이 나오면 이제 1200원까지 기다려 남은 20%를 다 털어낸다. 반대로 처음 뒷면이 나왔다고 하면 주가가 900원까지 떨어지길 기다렸다가 남은 투자금 중 30%를 매수한다. 그리고 또 뒷면이 나오면 800원까지 기다려 남은 20%를 모두 매수하기로 결정하는 것이다.

이런 방식으로 동전을 던지면서 앞면과 뒷면 조합에만 의존해 거래를 이어가면 된다. 물론 만약 주가가 자신이 정한 상한선 1200원을 넘어가 버리면 더 이상 이 종목에 대한 거래를 할 수 없다. 반대로 자신이 정한 하한선 800원 밑으로 떨어져버리면 손절매도 못 한 채 속설없이 기나려야 하는 단짐이 있다.

웃기는 방식이라고 생각할지 모르지만 랜덤워크 매매전략은 엄연하게 주식투자 이론의 한 축을 담당하고 있는 매매기법이다. 우량주나 업종 대표주에 이런 기법을 적용해 꽤 수익을 냈다는 사람도 있다. 중요한 건 이렇게 정해놓고 끝까지 원칙을 지켰느냐 여부다. 한참 동전을 던지다 느닷없이 PER 분석을 적용하거나 갑자기 엘리어트 파동이론을 접목시켜선 안 된다. '이건 대한민국 최고 기업이니까 손절매 원칙을 −20%까지 늘려도 괜찮을 거야'라고 마음을 바꾸는 순간부터 비극은 시작된다.

02

세 친구 이야기

<u>20대 여러분이 주식을 처음 시작한다고 맘먹었을 때</u> 참 많은 공부를 한다는 것을 잘 알고 있다. 40대 아줌마가 처음 주식을 배우는 것과는 확실히 차원이 다르다. 정말 열심히들 한다.

주식공부에 왕도는 없지만 보통 기술적인 차트분석 공부를 먼저 시작하면 좋다. 차트를 배워두면 '호가'라는 개념과 투자심리에 대해 많은 것을 깨닫게된다. 가령 이런 것이다. 어떤 가격대에서 엄청나게 큰 거래량이 나타났다고 하면 그 가격은 의미를 갖고 있다. 만약 그 가격 밑으로 급락한 상태라면 향후 그 가격을 상향돌파하기는 힘들 것이다. 손실을 본 투자자가 많아 그 가격대 주변에서 많은 손절매가 나올 것이기 때문이다. 반면 그 가격 위로 급등한 상태라면 향후 그 가격대는 큰 지지선이 된다. 인간이란 올랐던 주식이 자신의 매수가격 밑으로 떨어지지 않는한 쉽게 매도하지 못하는 특성을 갖고 있다. 결국 그가격대까지는 버텨낼 것이란 추론이 가능하다. 이처럼 기술적 분석을 하게 되면 투자심리에 대해 통찰하는 기회를 가질 수 있다.

하지만 이 과정을 거친 후에는 더 구체적인 투자의 과학을 위해 기본적 분석 단계로 가야 한다. 최소한 기업 재무제표는 볼 줄 알아야 한다.

이 정도 공부를 했으면 이제 모의투자나 소액투자를 통해 투자감각을 익히는 게 좋다. 100만 원 정도의 금액으로 실전을 시작한다. 투자원칙은 바로 이때부터 확립해나가야 한다. 실전에 돌입하게 되면 주위 사람들과 정보를 공유하거나 조언도 듣는 게 좋다. 차트분석만으로 거래하겠다고 원칙을 세웠어도 그 차트를 해석하는 법은 다양하기 때문에 지속적인 관심과 공부가 필요한 것이다.

일반적으로 주식에 한 번쯤 미쳤던 사람들은 보통 2년차부터 자신만의 길을 걷기 시작한다. '스타일'을 확립하는 과정이다. 가치분석 전략을 구사하는가 하면, 기술적 분석에 따라 움직이기도 한다. 초단타매매도 하고, 또 '평생을 들고 있겠다'는 각오로 장기투자를 결심하기도 한다. 성수, 재규, 춘근, 이 3명의 친구들도 그랬다. 대학시절부터 함께 주식투자에 입문했던 이들은 사회생활을 시작한 이후 확연하게 다른 스타일을 갖게 됐다.

단타족, 춘근이

춘근이는 2008년 11월부터 2009년 3월까지 주식투자로 원금 500만 원을 2300만 원으로 불렸다. 그리고 HTS를 닫았다. 성수만큼은 아니지만 자신이 할 만큼은 충분히 했다는 만족감에서다.

"처음부터 그랬어요. 주식 실전 해보고 한 6개월쯤 지난 후였나… 그때부터 정해진 것 같아요. 주식 사면 사흘을 못 기다려요."

춘근이는 일명 '단타족'이다. 주식이 오르면 사고, 떨어지면 판다.

"성수가 그렇게 대박 터뜨리고 난 뒤 허탈감이 컸어요. 배도 아프고, 부럽기도 하고. 그래도 성수처럼은 도저히 못 하겠는데 어떡해요. 내 스타일대로 해야죠."

춘근이는 지금까지 주식 세계에 입문해 크게 잃지도, 크게 벌지도 못했다. 학창시절 항상 전교 1등을 놓치지 않았고 반장과 과대표를 도맡아 하는 등 리더십도 있었지만, 주식에 있어서만큼은 늘 어정쩡했다. 결혼을 일찍 해 재테크 자금 대부분을 와이프가 관리하고 있기도 했지만 본인의 매매스타일이 단기 트레이딩으로 굳어져 있는 이유가 컸다. 스스로도 그냥 주식투자로 점심값이나 벌자는 생각뿐이었다.

그런데 이런 춘근이에게 뜻하지 않은 기회가 찾아왔다. 코스피가 800선까지 폭락하고 회복하면서 수개월간 1000~1200 사이의 박스권을 유지하면서 자신의 투자패턴이 빛을 발했던 것이다. 원래 그런 법이다. 시장이 어떤 펀더멘털 분석에 따라 움직이지 않는 시기엔 단기매매가 좋은 대응수단이 된다. 하루, 이틀, 일주일 정도만 주식을 들고 있으면서 잦은 매매를 하는 방식이다. 그런데 마침 춘근이에게 이런 시기가 찾아왔다. 당시엔 그 누구도 내일을 전혀 몰랐고 방향성이란 게 존재하지 않았다.

"은행주들을 갖고 시작했어요. KB금융, 신한, 하나지주 등 3개만 갖고 샀다 팔았다 반복했죠. 그러다 하한가나 −10% 급락할 때 세게 베팅하고. 7~8% 먹으면 바로 차익실현을 했죠."

다음엔 삼성전자와 하이닉스를 갖고 단기매매를 했다. 하루는 '반도체가 대세' 또 그 다음 날엔 '반도체 업황 부진' 등 뉴스도 변덕스러웠고 그만큼 주가도 변덕스러웠다.

"가격이 얼마까지 밀리면 사고, 또 얼마 오르면 판다고 정하고 들어가는 겁니다. 최초 투자종목 결정은 9시에서 9시 15분. 그때 시장과 같은 방향성으로 움직이는 종목을 골랐어요. 손절매 기준은 −5%, 차익실현은 10%. 당하기도 많이 당하죠. 이건 예측이잖아요. 당연히 틀릴 때가 많죠. 싸게 샀는데 그 자리에서 −5%가 더 빠져버려요. 그렇지만 손해를 보더라도 손절매를 했습니다."

하지만 이건 탁월한 선택이었다. 벌썽하넌 내형주가 이틀 만에 20%가 급락하는 시기였으니까 말이다.

"손절매 2번이면 차익실현 기회도 2번 왔어요. 그렇게 4번 하니까 10%가 남더라구요. 손절매 3번에 차익실현 2번. 그래도 3~5%는 남구요. 변동성이 엄청났잖아요. 난 −5% 손실만 입고 바로 빠지는데 그런 날엔 그 종목은 거의 폭락이었어요. 폭락에 보호가 됐죠."

반면 폭등도 많았다. 그렇지만 춘근이는 더 원칙적인 단기매매를 유지했다.

"기술적 분석 이동평균선도 보고, 저항선과 지지선도 봤는데요, 그때는 아예 추세라는 게 없었어요. 오히려 매수는 3번 참고, 매도는 한번에 하자는 원칙이 더 먹힌 것 같아요. 뭐 제가 잘한 건 아니구요. 시장이 먹여 살려준 것 같아요. 그래서 요즘엔 HTS 열지도 않고 아예 주식에 관심 끊었죠. 하하하."

성수의 가치투자

성수의 '초대박'은 이미 대학 동창생들 사이에 전설로 남았다. 가치투자라는 것. 성수의 지향점이었다. 대학시절 처음으로 벤자민 그레이엄의 저서 《현명한 투자자》를 읽었을 때 그는 무릎을 쳤다.

2007년 1월, 현대중공업 주가가 12만 원대로 올라섰을 때 성수는 마지막 실탄을 장전했다. 지난 2001년부터 시작한 6년간 주식투자의 마지막 베팅이었다. 그리고 그해 가을 50억 원을 손에 쥐었다.

"10월 중순 주가가 장중 50만 원을 터치하는 걸 보고 이젠 됐다 싶었어요. 1만 주를 4일 동안 나눠 팔기 시작했죠. 10월 18일이었는데 HTS에 딱 50억 2430만 원이 찍히더라구요."

대학시절 성수의 꿈은 영화감독이었다. 부자도, 가난하지도 않은 평범한 집안의 외아들인 그는 우유부단한 성격, 통통한 외모, 느린 말투 등 누가 봐도 유순한 평범남이었다. 영화감독이 꿈이라지만 그냥 영화를 좋아하는 정도? 그러나 지금 성수의 모습에선 '곰돌이' 이미지는 절대로 찾아볼 수 없다. 오히려 회사 동료들은 그를 '독사'라고 부른다. 날렵한 턱 선과 푹 꺼진 볼, 때때로 치켜뜨는 날카로운 눈빛이 영락없는 독사의 모습이다.

"처음엔 그녀를 죽이고 싶었어요. 아니 집 앞에서 얼굴이라도 보고 '나쁜 년'이라고 저주라도 하고 싶었죠. 그런데 못 했어요. 나란 놈이 원래 그렇지 하고 돌아서는데 눈물이 주룩주룩 흐르더라구요."

성수는 그렇고 그런 연애담이라 시시콜콜 말하고 싶지 않다고 했다. 오죽 남자가 병신 같으면 여자한테 배신 당했겠냐고도 했다.

"너무 힘들었어요. 그래서 당시 그녀 남자친구란 놈한테 한번 만나자고 했더니 그놈이 나한테 이러는 거예요. '1분도 못 버티고 끝내는 놈이 할 이야기는 많냐?' 구요. 그 말을 듣는데 오바이트가 쏟아지더라구요."

2000년, 뉴 밀레니엄으로 세상이 온통 들떠 있을 때 성수는 자살을 생각했었다고 했다. 그렇게 충격에서 헤어날 무렵인 2001년 그는 증권사 애널리스트 리포트를 정리하는 한 데이터베이스 업체에 취직하게 됐다. 이것이 바로 성수와 주식의 첫 만남이었다.

현대중공업은 성수의 첫 번째 투자종목이자 마지막 종목이었다. 이유는 아주 간단했다. 재벌 아들인 정몽준을 좋아해서란다. 자신의 현실을 잊어버리고 싶어서였을까. 하여튼 그는 생전 처음 주식투자로 현대중공업 10주를 샀다. 첫 투자금은 19만 원이있다. 이때끼지만 해도 성수의 투자엔 내재가치에 대한 고려는 없었다. 2002년 월드컵이 개최될 때도 성수의 현대중공업 투자는 계속됐다. 심심하면 주식을 샀다. 당시만 해도 주가가 1만 원대에서 움직이고 있어 부담은 덜했다. 일주일에 10주, 한 달에 50주. 보너스를 탈 때면 한 달에 100주도 매수해버렸다. 그렇게 심심풀이 투자는 계속됐다.

"진짜 안 올랐어요. 2만 원대에서 한 2년간 놀았던 거 같아요. 그래서 속으로 그랬죠. 너도 나 같은 놈이구나. 2004년 11월쯤인가 3만 원

● 그림 7_ 현대중공업 주가 그래프

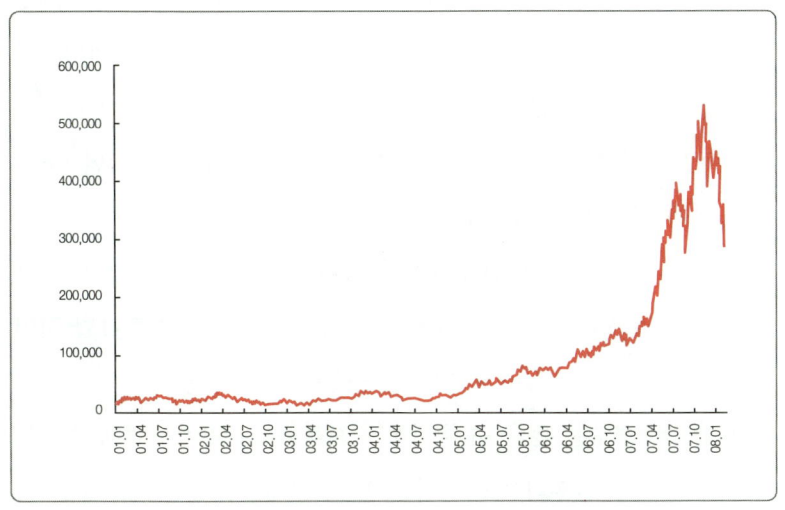

을 한 번 찍었고. 그러다 2005년 5만 원까지 찍더니 또 쭉 내려왔어요."

하지만 2004년 말 성수는 상당히 달라져 있었다. 조선업종과 관련된 증권사 분석보고서를 모두 섭렵하기 시작했고 관련 뉴스들은 모두 스크랩해서 모았다. 물론 초점은 현대중공업이었다. PER 비교부터 실적전망, 지분구조까지 점검했다. 향후 정몽준 일가의 지분 상속을 위한 지주사로서의 가능성도 직감할 수 있었다. 무엇보다 당시 현대중공업을 비롯한 조선업종 전망이 매우 좋았다. 2005년 초 대부분 증권 전문가들은 2008년까지 조선업종 '어닝 서프라이즈(깜짝 실적)'를 점쳤었다.

"그러다 벤자민 그레이엄이 떠올랐어요. 첫째 기업의 영업활동을 이해하고, 둘째 안전마진을 확보하고, 셋째 스스로의 지식과 경험에 용기를 가져라. 제 자랑은 아닌데 모든 게 기가 막히게 맞아떨어지더라구요."

사실이었다. 이미 2001년부터 현대중공업 주식을 사 모았던 성수는 이미 '안전마진(safety margin: 시세보다 싼 가격에 주식을 매수해 사전에 이미 확보된 잠재적 이익)'을 확보하고 있었다. 장기간 적립식으로 주식을 사 모았기 때문이었다.

게다가 성수는 '미래에 가장 성장성이 높은 산업을 선택한 다음, 그 산업에서 가장 유망한 기업을 찾으라'는 어떻게 보면 뜬구름 잡는 벤자민 그레이엄의 가르침에서 도를 텄다. 중국의 힘을 알았고, 결국 그 힘은 교역으로 확대될 것이며, 그렇다면 조선업종이 부각될 것이고, 이 중 1등 기업을 찾아야 한다는 통찰로 이어졌다.

이때부터 성수는 돈을 더 투자하기 시작했다. 정말 무섭게 주식을 사들였다. 친구 결혼식에도 가지 않았다. 현대중공업 1주 사 모을 돈을 날리기 싫어서였다. 야간, 일요 당직도 독차지였다. 그렇게 한 주를 보내고 나면 10주를 추가적으로 더 살 수 있었고 한 달이 지나면 40주를 더 살 수 있는 자금이 모였다. 주가도 오르고 있었지만 많이 살 때는 한 달에 80주도 사들였다. 이렇게 2006년 말까지 8900여 주를 모았다. 그리고 2007년 1월 마지막 1000주가량은 1억여 원의 자금을 끌어 모아 승부수를 띄웠다. 주가는 이미 12만 원내로 올라왔지만 오히려 맘은 더 가벼워져만 갔다고 했다.

지난 6년간 현대중공업 주식 1만 주를 모아가는 과정에서 성수의 외모도 변해만 갔다. 체중이 급격히 줄었고 웃음을 잃어버린 지도 오래였다. 말수도 눈에 띄게 줄었다. 성수는 스스로 그 시절을 "매도의 유혹을 극복하는 순간"이라고 했고 "신념을 지켜내는 순간"이라고도 했다. "스님이, 신부가 욕정을 참아내는 것보다 더 큰 인내심이 필요하다"고도 했다. 하긴 눈앞에서 평가액이 10억, 14억, 20억씩 쭉쭉 올라가는데 그 누가 버틸 수 있겠는가.

"20억 정도 됐는데요. 스스로가 참 대견했죠. 벌 만큼 벌었다 생각했고, 참을 만큼 참았다고도 생각했어요. HTS 앞에 앉아 매도 버튼을 클릭하려는데, 바로 그때 그 녀석 말이 떠오르는 거예요. '1분도 못 가는 놈'이라는. 순간 컴퓨터를 꺼버렸어요. 6개월은 주가도 안 봤어요."

혹자는 당시 현대중공업 주가 폭등에는 미래에셋 운용의 역할이 컸다고들 말한다. 삼성전자를 버리고 현대중공업을 선택해 밀려오는 자금을 현대중공업 매수에 사용했다는 소문도 나온다. 이 말대로라면 성수의 대박을 키운 건 스스로의 가치분석이 아니라 미래에셋일지도 모르겠다. 현대중공업 가치를 키워준 중국에 감사해야 할지도 모른다. 실제로 성수가 그리 대단한 분석가인 것도 아니다. 자신의 편집증적 성격을 주식 매수로 표출한 것일 수도 있다.

하지만 한 가지 확실한 건 있다. '기본적 분석'을 통한 가치투자의 성공엔 늘 많은 사람들이 협력해 선(善)을 이룬다는 것이다. 중국, 미래에셋은 물론이고 성수의 옛 여자친구와 그녀의 새 남자친구도 핵심 공조자들이다.

인덱스 마니아, 재규

"휴~"

재규가 길게 한숨을 내쉬었다. 눈에 눈물이 맺혔다. 성수의 50억 대박 이야기를 들었을 땐 놀라기는 했지만 좌절감은 없었다. 하지만 단타족 춘근이마저 주식으로 짭짤한 수익을 올렸다면서 자신에게 밥을 샀을 때 자신이 정말 초라하게 느껴졌다.

재규는 주식 직접투자를 좋아하지 않는다. 학창시절 주식투자 동아리에서 활동할 때도 늘 입버릇처럼 "인덱스펀드 이기는 펀드매니저 있으면 나와봐"라는 말을 입에 달고 다녔다. 억대 연봉을 받는 펀드매니저들도 인덱스펀드 수익률을 이기기가 힘든데 어떻게 일개 개인이 직접 주식을 해 돈을 모을 수 있냐는 쪽이었다.

성격이기도 했다. 재규는 그냥 한평생 중간보다는 조금 나은 그런 인생을 살고 싶어 했다. 일관성 있는 삶이 좋아 공무원이란 직업도 택했다. 최소한 자신의 은퇴시기는 알아두어야 한다는 생각이 직업 선택에 큰 역할을 한 것이다. 결혼 2년차인 그는 부인도 공무원이다.

그러다 재규는 상장지수펀드(ETF)의 존재를 알게 됐다. 펀드이면서 또 주식이기도 한 ETF. 업종 주가지수와 연결돼 있어 ETF 1주만 사면 해당 업종과 주가지수에 속한 종목을 모두 매수하는 효과를 얻는다. 그리고 재규는 인덱스펀드 추종자답게 코스피 200지수를 추종하는 'KODEX 200 ETF'를 사 모으기 시작했다. 그게 2006년의 일이었다.

"주당 1만 6000원대에 처음으로 10주를 샀어요. 잘 알다시피 ETF는 정통 주식이 아니잖아요. 그래서 매수타이밍에 신경 안 써도 되고. 그날 결심했어요. '지금부터 퇴직할 때까지 KODEX 200 1만 주만 모아보자. 이걸로 내 은퇴자금을 하자'라고요."

앞으로 20년 정도 더 일할 수 있으니까 1년에 500주, 한 달엔 40주 정도를 모을 것이라고 계획을 세웠다. 재규는 인덱스펀드를 신봉한 것처럼 '시장은 결국 상승한다'는 긍정론을 갖고 있었다. 앞으로 20년 후 ETF 주당 가격은 분명히 올라 있을 것이다. KODEX 200 주가가 5만원이 된다면 5억, 10만 원이 된다면 10억 원을 모으는 효과가 발생한다. 특히 '배당금을 꼬박꼬박 받으면서 영원히 망하지 않을 기업에 투자하라'는 장기투자 원칙을 적용해도 ETF만 한 주식은 없다는 게 재규의 생각이었다. 그러나 지금 재규는 최악의 상태다.

"엉망이에요. 2만 2000원, 2만 5000원, 그때 정말 신나게 모았거든요. 그런데 지금 다시 1만 원대로 떨어졌고, 어떻게 최초 매수가보다 못해요? 물론 20년 한다고 시작은 했는데요…. 모르겠어요. 그만하고 싶어요. 차라리 연금보험 드는 건데…."

지금 재규는 자신과의 싸움을 하고 있다. 주식이라는 것, 아니 투자라는 게 자신과는 맞지 않는다는 생각도 든다. 그나마 평범하게 살겠다는 인생관처럼 인덱스 상품을 골랐건만 3년이 지난 상황에서 철저하게 패배하고 있다. 그 사이 성수와 춘근이의 성공과 비교해보면 자신의 실패는 더 비참해 보이기만 한다. 가장 원칙적인 투자를 했다고 자신했지만 결과는 가장 안 좋다.

그러나 2009년 4월 재규는 다시 'ETF 1만 주 모으기 운동'을 시작했다고 한다. 한 인터넷 재테크 카페에서 본 '올바른 ETF 투자방법 7계명' 때문이었다.

첫째, 사전에 결정한 금액을 결정한 날짜에 반드시 투자하라.

둘째, 매수 시 장중 가격 변화에 연연하지 않는다(그런 노력을 회사 업무에 쏟아라).

셋째, 섹터 ETF는 분산투자로 활용하라.

넷째, 동일 ETF라면 거래량이 많은 종목을 골라라.

다섯째, 증권회사에 가서 장기주택마련상품을 직접투자형으로 가입한 후 매월 적립하는 금액으로 ETF를 매수하면 동일한 세제혜택을 누릴 수 있다.

여섯째, 단기수익률에 부화뇌동하지 말라.

일곱째, 월 적립방식의 ETF 투자는 10년 정도의 장기투자로 접근하라.

이 중 일곱째 계명이 특히 재규의 맘을 사로잡았다. 하긴 아직 6년 넘는 시간이 남아 있으니까.

춘근, 성수, 재규. 세 친구의 투자 스타일은 사뭇 달랐지만 그들은 각각 자신의 스타일에 맞는 원칙을 지켜가며 성공했다. 아니, 꼭 성공할 것이라고 믿는다. 이제 우리 '인덱스 마니아' 재규의 성공을 한번 지켜보고 싶다.

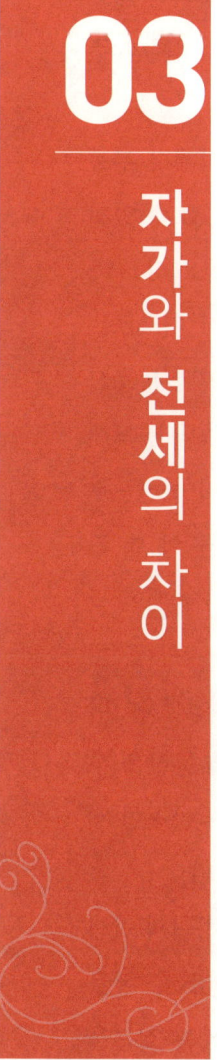

03

자가와 전세의 차이

<u>물가상승률은 안타깝게도 복리효과를 갖는다.</u> 물론 어느 한 해 물가가 마이너스가 된다면 복리효과가 깨지겠지만 대부분 한 해 오른 물가에, 다음 해 또 몇 %의 인플레이션이 더해진다. 대한민국 평균 물가상승률 수준인 3~4%를 가정해보면, 이런 식으로 20년이 지속되면 돈의 가치는 절반으로 떨어지게 된다. 지금 손에 쥔 1억 원이 20년 후엔 5000만 원 가치가 된다는 것이다. 그래서 사람들은 현금을 금고에 넣어두지 않는다. 뭐라도 사게 된다. 주식과 부동산, 금 등과 같은 자산에 투자하고 저축상품에 가입할 때도 물가상승률 이상의 이자율을 찾게 된다.

아마도 이 '인플레이션 복리'에 맞서기 위한 대표적인 투자처 2개를 꼽으라면 역시 주식과 부동산일 것이다. 하지만 이 2개의 투자자산은 상당한 차이점을 갖고 있다. 일단 등락폭을 들 수 있다. 주식은 하루에 15%도 상승하지만 부동산은 1년에 15% 오르면 감지덕지다. 반면 주식은 1개월에 −30∼−40%를 기록하는 게 비일비재하지만 부동산은 경제가 최악의 상황에 빠지지 않는 한 이런 경우가 드물다. 그

래서 사람들은 대출까지 받아가면서 수억 원대 아파트를 선뜻 구입하지만 주식 한 종목에 1억 원을 지르기는 버거워한다.

'실체'와 '가치'에 있어 차이가 있다. 부동산은 실물자산이지만 주식은 실물이 별다른 의미를 갖지 않는다. 주주라는 지위를 획득하는 것뿐이다. 사용가치도 다르다. 흔히들 말하는 "부동산 급락하면 최소한 거기 들어가서 살면 되잖아"라는 말을 생각하면 된다. 하지만 주식은 회사가 망하면 최소한 가치마저 잃어버릴 수 있다.

유동성 관점에서도 다르다. 주식은 유동화(현금화) 관점에서 부동산을 압도한다. 주식은 일반적으로 3일 후엔 캐시를 손에 쥘 수 있지만 부동산은 매수자가 나타날 때까지 기다릴 수밖에 없다. 그리고 마지막으로 우리 재테크 투자자들이라면 누구든 가장 먼저 떠오르는 명백한 차이점이 있다. 바로 주식은 1만 원만 있어도 되지만 부동산은 1000만 원대 이상은 갖고 있어야 도전할 수 있다는 점이다. 그래서 양극단에 선 주식 신봉자들은 주식만 하고 부동산 마니아들은 부동산에만 힘쓰게 된다. 부동산중개업 종사자는 증시 급등락에 별 관심이 없고, 증권사 지점장들은 자기 집은 없을지언정 주식에 대한 관심과 사랑은 끝이 없다.

하지만 이들 양극단 사이에 위치한 대부분 사람들은 은행상품이나 주식, 펀드를 통해 종자돈을 모은 다음 이 자금을 갖고 부동산을 투자해 자산을 불리겠다는 생각을 많이 한다. 아마도 가장 일반적인 재테크 방법이다. "결국 부동산이네"라는 표현이 맞을 것 같다.

나도 이런 표현에 굳이 토를 달지 않는다. 기자생활을 하면서 일선에서 만나본 부자들의 대부분은 빌딩 임대업자였다. 주식으로 돈을 벌었다는 사람도 만나보면 "어디 괜찮은 상가 없어요?"라는 질문을 한다. 50억짜리 빌딩을 사서 망했다는 사람은 못 봤지만 선물옵션투자로 54억 원을 번 사람이 채 2년도 안 돼 40억 원을 넘게 날린 사례는 목격했다. 세계적인 부자들도 크게 다르지 않다. 주식을 하다 부동산을 하고, 마지막엔 채권을 굴리면서 편안하게 살아간다.

한때 부동산경매를 배우려고 열심히 돌아다녔던 적이 있었다. 그때 강의를 들으러 이곳저곳 많이 찾아 다녔는데 당시 모 경매 전문가의 말이 아직도 기억에 남는다.

"여러분, 월스트리트의 전설적인 펀드매니저 피터 린치도 집부터 먼저 사고 주식투자 하라고 했습니다."

피터 린치가 진짜 이런 말을 했는지는 알 수 없다. 하지만 이 강사의 해석은 참 일품이었다.

"집이 있으면 심리적인 안정감이 생기죠? 자신감도 붙습니다. 그래서 당연히 주식투자도 잘하게 된다 이겁니다. 아셨습니까? 그러니까 빨리 집 장만합시다."

틀린 말이 절대로 아니었다.

분명 20대 여러분도 이제 5000만 원 이상 돈을 모으게 되면 내가 그랬던 것처럼, 또 더 앞선 선배들이 했던 고민에 빠지게 될 것이다. 해묵은 주식과 부동산의 논쟁이다. 금융자산으로 좀 더 불려갈지, 아니면 이제 내집마련 프로젝트를 시작해야 할지에 대한 고민이기도 하다. 아직은 단돈 1000만 원, 아니 500만 원도 없는데 무슨 고민이냐고 할지 몰라도 이 고민과 선택은 정말 빨리 다가올 것이다. 지금 추세대로라면 여러분 중 절반 이상은 부동산, 더 구체적으로 말하면 내집마련의 길로 접어들게 될 것이다. 대한민국에서 주식 폭락해서 자살한 사람은 많지만, 집값 떨어졌다고 죽은 사람은 드물었으니까.

하지만 이 길로 들어가기 전에 몇 가지 짚고 넘어가야 할 게 있다. '내 집'에 대한 여러분만의 원칙을 정하는 일이다.

내 집, 정말 있어야 하는 건가

서울 강남구 대치동의 그 유명한 E아파트에 사는 기자 선배가 있다. 부동산으로 재테크를 했고, 1990년대 말 IMF 집값 폭락 시절 강남 입성에 성공한 대표적인 케이스였다. 하지만 이 선배에겐 이 아파트가 전부다. 17년 정도 죽어라 일했고, 이제 40대 후반이 됐다. 대출 부담도 그리 크지 않다. 능력도 뛰어나 회사에서도 인정받고 있으며, 박봉의 기자 월급으로 그 대단한(?) 아파트를 잡았다는 사람들의 부러움도 한 몸에 받는다. 하지만 중요한 건 이 선배에게 이 아파트가 전부라는 것이다.

만약 정통 재테크 관점에서 보면 그리 성공했다는 평가는 받지 못할 것이다. 가령 지금 이 선배의 30평형대 아파트가 10억 원, 15억 원으로 오르는 건 별 의미가 없다. 왜냐하면 이것은 평가차익에 불과하기 때문이다. 집을 팔아야 차익실현이 되는 것인데 강남에 익숙한 와이프, 자녀 등을 생각하면 실현 불가능한 일이다. 이 선배 역시 이 집을 팔아서 다른 곳으로 이사할 생각이 없다.

하지만 이 선배는 스스로에게 만족한다. "나의 재테크는 완성됐다"는 게 이 선배의 말이다. 10년이 넘은 낡은 차를 몰고 다니고 해외여행은 꿈도 못 꾸는 삶이지만 개의치 않는다고 한다. 이곳에서 10년 정도 더 살다가 은퇴하게 될 경우 그때야 비로소 집을 팔아 차익실현을 하겠다는 계산이다.

"주식이나 펀드는 그냥 재미로 하면 돼. 그냥 술값, 밥값 번다, 그런 자세로. 그런데 집은 반드시 있어야 해. 부동산은 우직하거든. 나도 우리 집 투자목적이라고 생각하지 않아. 하지만 물가 오르면 딱 그 이상으로 오르는 게 강남 아파트야. 믿을 만해. 대출 30%, 35% 정도로 살 수 있다면 난 집 장만하는 거 적극 추천이야. 그리고 열심히 빚 갚아나가 봐. 그럼 내 거 되는 거야. 은퇴설계? 나중에 집 팔아서 하면 돼. 이게 바로 보험이야."

그러나 최근 들어 젊은이들 사이에서 급격하게 사고의 전환이 이뤄지고 있다는 것을 느낀다.

"우리 아버지 진짜 한심해요. 왜 매달 90만 원씩 대출이자 물어가면서 빡빡하게 사는지 모르겠어요. 그냥 집 팔고 전세 살면 되잖아요. 남은 돈 가지고 전세 상승비용만 빼놓고 안정적으로 굴리면 되고. 인플레요? 주식만 한 헤지 수단 있나요?"

실제로 1억 원 정도 목돈을 모은 후에 집을 사거나 추가 부동산투자를 하지 않고 지속적으로 금융자산에만 몰두하는 경우가 눈에 띄게 많아졌다. 결혼 후에도 월 60~70만 원 정도만 저축은행상품에 적금하면서 전세 상승비용을 커버하고 여유자금은 계속해서 금융상품 투자에 활용하는 사례도 늘었다. 실제로 35세를 기점으로 월 80만 원씩 25년간 연 8~10% 기대수익률로 재테크를 지속해가면 61세 때에는 9~10억 원 정도의 자금을 손에 쥘 수 있다. 물론 이 기간 동안 토끼 같은 자식과 여우 같은 마누라를 데리고 2년마다 이사 걱정을 해야 한다. 또한 분명 때때로 전세금 폭등에 대한 위험도 도사리고 있다. 하지만 이 역시 큰 문제는 아니라는 게 이들의 전언이다. 그들은 생각만 조금 바꾸면 스트레스가 아니라 삶의 여유가 된다고 한다. 이렇게도 말한다.

"전세금 폭등이요? 그럼 당연히 그 앞뒤로 증시 폭등이 있었겠죠. 그때는 우린 연 20%, 아니 30% 수익도 올릴 수 있잖아요. 그럼 이때 더 많은 전세충당자금을 빼놓으면 되구요. 아, 인생이란 게 뭡니까. 은퇴할 때까지 근검절약할 순 없잖아요. 외제차도 한번 타보고, 명품도 쓰고 그렇게 살아야죠. 만날 집, 집, 집. 꼭 자가만 집입니까?"

이처럼 자가 확보론과 전세 활용론에 대한 논쟁은 마치 주식이냐, 부동산이냐에 대한 논쟁만큼이나 치열하다. 그래서 이들이 만나면 정말 일진일퇴의 공방전이 펼쳐지곤 한다. 서로 간 감정이 상할 정도로 말싸움을 한다. 하지만 여러분에게 정말 필요한 건 이런 보람 없는 말싸움에서 승리하는 일이 아니다. 자신만의 원칙을 세우는 일이다. 주위의 선배를 보며, 부모님을 생각하며, 또 그들의 삶을 돌아보며, 대한민국 증시와 부동산시장을 분석하면서 결정을 내려야 한다. 여러분 스스로가 선택해야 한다. 고심 끝에 구입한 빌라가 재건축, 재개발 호재와 겹쳐서 많은 차익을 남겼던 사람은 이렇게 이야기를 한다. "무조건 집은 사고 봐야 한다." 반면 펀드투자를 통해 1년 80% 수익을 내본 사람은 주식형펀드를 맹신할 것이다. 하지만 이런 건 엄밀히 말해 남의 이야기일 뿐이다. 여러분은 여러분 자신의 이야기를 만들어가야 한다.

자가도 있고, 전세도 살고

한 번 보면 누구나 단박에 '된장녀'로 평가 내리는 의신이가 바로 그런 경우였다. 자가와 전세 사이에서 자신만의 스타일을 만든 성공적인 케이스다. 의신이는 무조건 강남에 살아야 한다는 신념을 갖고 있다. 반지하에 월세로 살아도 자신은 강남의 공기가 너무나 좋다고 말하는 그런 친구였다.

하지만 놀랍게도 의신이는 서울 도봉구 쌍문동에 위치한 58㎡ 크기의 아파트를 소유하고 있었다. 6500만 원에 구입했다는 이 소형 평형대의 아파트는 2009년 초 1억 8000만 원이 넘는 선에서 시가가 내겨져 있다. 3년여 만에 300%대 놀라운 수익을 올린 것이다. 그리고 의신이는 최근 이 아파트를 팔아 자신의 강남 전셋집을 업그레이드했다. 아파트 전세는 아니지만 5000만 원대의 깔끔한 원룸이다. 그녀의 집에 놀러 온 친구들은 우스갯소리로 "이제 정통 된장녀로서 전혀 손색이 없다"면서 한마디씩 한다.

"내 평생 강남에 40~50평형대 아파트는 못 살 것 같아요. 그런데 어떡해요, 강남에 살고는 싶은데? 그래서 난 강남에 사는 거예요. 하지만 내 명의로 된 집은 있어야 하겠더라구요. 원래 그렇잖아요. 부동산 들썩이면 지방 이름 모르는 곳까지 함께 뛰죠. 그때 나만 소외되면 안 되겠다 싶어서. 그리고 작은 평수 집들은 잘 안 떨어져요. 강남에 있어보니까 15억, 20억짜리 아파트는 순식간에 5억 원씩 빠져도 4억 원대 집이 3억 원은 안 되더라구요. 그리고 생각해봐요. 우리나라에 부자가 많아요, 서민이 많아요? 서민들 수요가 있으면 소형 평형 주택은 늘 버텨요. 집값 안 올라도 적어도 월세 수요는 걱정 없답니다."

의신이는 "2억 미만 주택은 돈만 있으면 언제든 사도 된다"는 말까지도 전했다.

의신이는 요즘 인생을 한창 즐기고 있다. 그래서인지 '저런 된장녀

같으니…' 라는 주위 사람들의 평가 강도도 한층 더 높아졌다.

주식이 어쩌고, 부동산이 어쩌고, 내 집이, 전세가, 이러쿵저러쿵 말들을 많이 한다. 하지만 여러분은 이런 소모적인 논쟁에 괜스레 시간 낭비하지 않기를 바란다. 자신에게 맞는, 자신이 가장 잘 적응할 수 있는, 가장 행복해할 수 있는 최적의 목표를 정하면 된다. 그리고 달려가면 된다. 그게 바로 내집마련과 관련된 가장 중요한 원칙이다.

04

펀드, 진짜 장기투자 맞아?

재테크는 크게 절약, 저축, 투자로 이루어져 있고 그 긱긱에는 기본적인 원칙과 방법들이 존재한다. 여기에 우린 재테크를 펼쳐감에 있어 확률과 경험이란 것을 함께 적용한다. 확률적으로, 또 경험적으로 하나씩 따져가면서 성공적인 재테크 대응법을 모색하는 것이다.

펀드투자에 있어 가장 확률 높은 성공 원칙은 장기투자다. 주식은 몰라도 주식형펀드의 경우 장기투자는 성공 가능성이 매우 높다고들 한다. 하지만 막상 −40%, −50%의 수익률을 기록하고 있는 상황에선 그 어떤 전문가도 '장기'라는 말을 꺼내지 않는다. 돌을 맞을지도 모르니까.

그러나 국내 주식형펀드의 경우 1990년대 이후 아무리 큰 타격을 받았어도 최대 4~5년의 시간이 흐르면 원금을 회복할 수 있었다. 코스피가 꼭지에 도달했을 때 펀드에 가입한 사람들도 이 정도 시간 동안 펀드를 환매하지 않고 버텼다면 원금은 찾았다는 이야기다. 예를 들어 1989년 3월 꼭지에 가입했던 투자자는 5년 6개월 후인 1994년 9월엔 원금을 찾았으며, 1999년 12월 코스피 꼭지에 가입했던 사람도 4년 2개월 후인 2005년 2월 투자원금을 회복할 수 있었다(인덱스 기준). 이 때문에 펀드 전문가들이 "펀드를 하려면 3년 정도 해야 한다"고 말하는 것이다. 경험적으로 입증된 사실이기 때문이다.

또 한 가지, 펀드 장기투자의 논거는 바로 증시의 변동성에서 찾을 수 있다. 주식시장이라는 것은 매일 1%씩 올라 1000일째 1000%가 되지 않는다. 한 달간 −20% 급락해도, 또 어떤 1개월엔 30% 급등하는 특성을 갖고 있다. 따라서 펀드투자를 통해 성공하려면 이 급등기, 급등 스파이크(spike)에 반드시 펀드를 갖고 있어야 한다. 하지만 그 누구도, 신이 아닌 이상 이 시기를 맞힐 수 없다. 그래서 3~5년 정도 그물을 던져놓고 이 기간을 잡아야만 한다는 원칙이 생겨난 것이다.

경험적으로도 그랬다. 월스트리트의 살아 있는 전설로 불리는 피터 린치는 1977년부터 1990년까지 피델리티자산운용의 '마젤란펀드'를 운용하면서 누적수익률 2700%라는 경이적인 기록을 남겼다. 1987년 미국 주가 폭락 때도 플러스 수익을 올린 그야말로 '투자의 귀재'였다. 당시 미국 100가구 중 1가구는 마젤란펀드에 가입했다고 한다. 그러나 피터 린치는 자신의 은퇴식 날 깜짝 놀랄 만한 소식을 들었다. 바로 마젤란펀드에 투자했던 사람 중 절반이 원금손실을 경험했다는 것이다. 바로 1년도 안 돼 가입과 환매를 반복했던 단기적인 투자행태 때문이었다.

그러나 엄청난 손실을 기록하고 있는 사람에게 눈치 없이 이런 말을 했다간 호되게 당하기 십상이다. 당장에 "요즘 어떤 놈이 3년, 5년씩 돈을 묵혀!"라는 고함이 터질 것이다. 그런데 이 말은 꽤 역설적인 의미를 갖고 있다. 주식형펀드라는 자체가 애당초 3년 정도 버틸 수 있는 자금으로 시작해야 한다는 뜻이니까 말이다. 계획을 장기적으로 세워야 한다는 뜻이다. 특히 30대 후반이나 40~50대 가장처럼 급한 돈이 많이 필요한 사람은 이 원칙을 반드시 지켜야 한다.

혹시 현재 유동성 부족에 쫓기지 않는 상황이라면 폭락하는 증시에 공포와 두려움만으로 펀드환매에 나서는 것은 썩 괜찮은 대응법이 아니다. 확률적으로, 경험적으로 그렇다.

그 어떤 시기도 쉬운 적은 없었다. 증시는 항상 장밋빛 전망에 흥청댈 때 보란 듯 급락했고, 모두 공포에 떨며 투자를 꺼릴 때 슬금슬금 반등에 나섰다. 국내 주식형펀드 투자 역시 어렵긴 마찬가지였다. 2000년 뉴 밀레니엄이 시작되면서 찾아온 IT 버블 붕괴는 펀드 수익률을 반 토막 냈고 LG카드 사태 시기엔 급락하는 증시를 답답하게 바라만 봐야 했다.

2004년 초는 그 어떤 때보다 '1000 돌파'에 대한 기대감이 높았던 시기였다. 그러나 그해 봄 중국 경기경착륙 염려로 터진 '차이나 쇼

● 그림 8_ 2000년 이후 코스피 흐름과 주요 사건

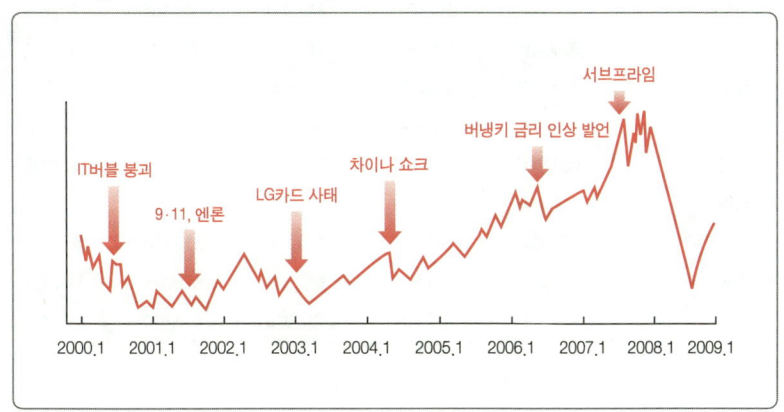

크'에 코스피는 다시 깊은 수렁으로 빠져들었다.

이후 연 50% 이상 상승하며 깔끔한 2005년을 보냈던 국내 증시는 2006년 들어 벤 버냉키 연방준비제도이사회(FRB) 의장이 인플레이션 염려와 금리 인상 언급을 할 때마다 번번이 급락했다. 그리고 2007년 코스피 2000을 상향돌파하며 불었던 뜨거웠던 열풍은 미국발 서브프라임 모기지 부실과 함께 나락으로 빠졌다. 한때 1000이 붕괴됐다. 그러나 한 걸음 떨어져 시장을, 펀드 수익률을 바라보면 장기투자로 접근했던 사람들은 웃을 수 있었다.

피델리티자산운용은 최근 6년 동안 한국을 비롯해 중국, 인도 등 아시아 태평양 지역 증시 움직임과 수익률을 분석해 이 같은 결과를 밝혀냈다. 피델리티운용은 "펀드투자에서 생명은 증시가 가장 가파

● 표 4_ 최근 6년간의 투자가치 변화: 주식시장 상승기를 놓친 영향

투자시장	유지	가장 높은 상승기 10일 놓친 경우	가장 높은 상승기 20일 놓친 경우	가장 높은 상승기 30일 놓친 경우	가장 높은 상승기 40일 놓친 경우
일본 제외 아시아	$31,406	$21,192	$15,854	$12,218	$9,696
아시아	$20,562	$14,060	$10,457	$8,182	$6,548
한국	$36,438	$20,447	$13,354	$9,028	$6,301
일본	$16,248	$10,648	$7,695	$5,831	$4,528
중국	$49,197	$26,846	$17,771	$12,327	$8,813
홍콩	$24,885	$16,009	$11,719	$8,970	$6,999
대만	$14,464	$8,521	$5,737	$4,010	$2,910
싱가포르	$27,841	$17,818	$13,136	$10,134	$8,020
인도	$70,937	$40,542	$27,823	$20,118	$14,997
호주	$33,888	$22,754	$17,516	$13,814	$11,063

• 투자기간: 2002년 1월 1일~2008년 1월 22일(MSCI Total Returns Index 기준)
• 초기투자 가정금액: US 1만 달러(2002년 1월 1일)

르게 오르는 기간에 반드시 펀드를 유지하는 것"이라며 "주가 급등기 열흘을 놓치면 수익률 100%포인트가 사라질 수 있다"고 분석했다.

2002년 1월부터 2008년 1월까지는 이른바 세계 주식시장의 초대세 상승기로 불리는 시절이었다. 이 5~6년간은 연 30% 수익률이 우스웠다. 2008년 말부터 펼쳐진 대폭락을 생각해보면 정말 사실이 맞나 의심하겠지만 이는 사실이다. 분명 이런 시설이 있었다. 눈 감고 아무 펀드나, 아무 국가 펀드나 가입해도 연 40% 수익률이 나왔다. 그런데 이런 시기에도 펀드투자로 마이너스 수익률을 기록한 사람이 나올 수 있다는 것이다.

만약 2002년 1월 1일 당시 1만 달러를 한국 증시에 투자해 2008년 1월 22일까지 6년가량 꾸준히 유지했다면 시장 평균수익률은 265%, 초기 투자금은 3만 6438달러로 불어난다. 그러나 이 기간 환매와 가입을 반복해 주가상승률이 가장 높았던 시기 열흘을 놓쳤다면 투자금은 2만 447달러에 머물고 상승률도 104%에 그친다. 아예 주가가 급등했던 40일을 놓쳤다면 투자금 1만 달러는 6301달러로 줄어 −37% 손실을 기록하게 된다.

분명 복리효과는 아니지만

주식형펀드는 복리효과를 얻을 수 있는 투자처다. 펀드에서 발생한 수익은 매년 재투자되는 구조를 가지고 있기 때문이다. 그런데 이 '복리효과를 얻을 수 있다'는 점을 놓고 난 신문사에서 매우 친한 차장과 치열한 논쟁을 벌인 적이 있다. 나중엔 감정싸움으로까지 번져 고성까지 오갔다.

사건의 발단은 2007년 4월경 한 대형 자산운용사에서 발표한 보도자료였다. 이 자료엔 2001년 설정된 자사 2개 펀드의 누적수익률이 500%를 넘겼다는 내용이 담겨 있었다.

● 표 5_ 당시 보도자료에 있었던 펀드 수익률

(기준일: 2007년 4월 10일)

구분	수익률(%)				
	6개월	1년	2년	3년	약 6년
A펀드	12.15	11.25	89.25	121.97	500.93
B펀드	22.68	14.47	119.11	148.12	507.13
국내 증시(코스피)	15.9	8.82	67.54	85.15	152.87

A펀드는 2001년 2월 14일 설정돼 운용된 지 6년 2개월 만인 당시 누적수익률 500.93%를 기록하고 있었다. 또 B펀드는 누적수익률 507.13%를 올렸다. 놀라운 점은 수익률도 수익률이지만 같은 기간 150% 정도의 상승률을 보였던 시장(코스피)을 400%포인트 이상 추월했다는 점이었다. 말도 안 됐다. 너무 놀라 자료의 신뢰성을 재검토할 정도였다.

"이거 복리랑 비슷한 효과가 있어서 그래요."

난 별 생각 없이 말했다. 당연히 재투자 효과를 염두에 둔 설명이었다. 국내에서 운용되는 주식형펀드의 경우 매년 펀드 설정일에 결산을 통해 수익(배당) 부분을 원금에 보태준다. 그래서 2년, 3년, 4년 연속 수익이 플러스가 되면 '원금+이자'에 다시 이자가 붙는 복리효과가 발생한다.

"복리? 투자상품에 복리효과가 어딨어? 네가 그러고도 펀드팀장이냐?"

워낙 친한 선배였기 때문에 어느 정도 농담이 섞인 코멘트란 것을 알고 있었지만 난 상당히 기분이 상했다.

"선배, 복리효과는 아니라도 유사 복리효과라고 봐야죠."

난 속으로 '연습장 좀 꺼내서 설명해야겠군'이라고 생각했는데 이 차장은 아주 정색을 하고 다시 한 번 날 다그쳤다.

"아니지, 임마. 복리효과의 대전제가 뭐냐. 수익이 계속해서 플러스가 나올 때 의미가 있는 거야. 오를지 내릴지 그 누구도 모르는 판에 무슨 복리효과야. 단박에 폭락하면 끝이 날걸. 그리고 말이야, 복리효과란 단어는 은행상품처럼 사전에 약정된 확정이자율이 있을 때 사용할 수 있는 거야. 너 자꾸 펀드에 대해 복리 운운하지 마!"

"그래서 제가 유사 복리효과라고 했잖아요. 아니, 그리고 누가 복리는 플러스가 계속 날 때만 효과적이라고 합니까. 폭락을 당해도 유사 복리효과가 적용되면 회복은 더 빨라질 수 있다구요."

우리의 말싸움은 거세졌고 여기에 주위의 선배, 후배들도 합류해 자기들의 의견을 말하면서 판은 더욱 커졌다. 하지만 쉽게 결론은 나지 않았다. 이후 이 선배와는 스스럼없이 지내고 있지만 말싸움에 대해서만큼은 아직 '끝'을 보지 않은 상태다. 그러고 보니 이와 관련된 논쟁은 지금도 진행 중이다. 실제 증권업계, 보험업계, 은행업계 일선 현장에서도 이 논쟁은 계속되고 있다. 난 지금도 펀드 장기투자 원칙의 논거로서 이 '유사 복리효과'를 강하게 제시한다. 물론 3년 연속 주식형펀드가 마이너스 수익률이 나버리면 구제불능이다. 그러나 앞서 말한 급등기를 자신의 펀드투자 기간 동안 포함하고 있었던 경우라면 효과는 극명하게 나타난다. 이런 상황을 앞서 말한 유사 복리효과로 이해해보자.

펀드 기준가와 좌수, 그리고 내 펀드 수익률

업계에서 "펀드투자를 한다"는 말과 "수익증권을 샀다"는 말은 같은 뜻이다. 여러분의 펀드통장에는 수익증권을 '얼마에' '몇 개' 샀나가 기록되기 때문이다. 이때 수익증권의 가격을 '기준가' 라고 부르고 수량을 '좌수(座數)' 라고 한다. 그리고 본인의 펀드투자 가치는 '기준가×좌수'로 나타나게 된다. 주식에 비유하면 더 빠른 이해가 될 것이다. '기준가' 는 주식의 가격과 같은 개념이고 '좌수' 는 주식 수와 같은 개념으로 생각하면 된다.

기준가는 현재 시점에서 가입 펀드의 실제 가치를 나타낸다. 보통 기준가 산정은 전날 펀드의 순자산 총액을 전날 잔존 수익증권 수량으로 나눈 후 1000을 곱한 가격, 즉 (순자산 총액/잔존 수익증권 수량)×1000으로 표시한다. 보통 수익증권은 1000좌 단위로 금액을 나타내기 때문에 1000을 곱하는 것이다. 만일 1000을 곱하지 않는다면 1좌당 기준가가 표시된다. 따라서 투자자 입장에서는 기준가가 높아질수록, 좌수가 많을수록 수익률이 높아진다고 생각하면 된다. 펀드 수익률은 '잔고 좌수×기준가' 를 바탕으로 파악되기 때문이다.

여러분이 펀드에 투자해 돈을 입금시키면 입금액을 정해진 기준가로 나눠 '몇 좌' 라고 통장에 찍힌다. 예를 들어 기준가가 1296.43원(1000좌 기준)인 펀드에 10만 원을 입금시킨다면 '입금액/기준가×1000' 으로 계산(소수점 첫째 자리에서 올림)이 돼 7만 7135좌를 살 수 있게 된다. 즉 1000만 원을 입금시켰다면 1000만 원이 관리되는 것이 아니라 좌수로 표기해 관리된다. 따라서 여러분은 '내가 얼마를 적립했나' 대신 '내가 몇 좌를 보유하고 있나' 를 확인하는 습관을 길러야 한다.

그런데 펀드 수익률 계산 시 고려해야 하는 중요한 부분이 또 있다. 바로 재투자 분배율 문제다. 분배율이란 펀드가 거둔 수익을 연간 결산할 때 고객에게 현금 등으로 돌려주는 비율을 뜻하는데 주식투자의 배당금으로 생각하면 된다.

보통 펀드의 연간 결산에서는 해마다 펀드 기준가를 1000원으로 맞추는 방법을 취한다. 매해 기준가를 1000원으로 조정하는 대신 그해 기준가 증가분만큼 투자자의 좌수를 늘려주는 형식이다. 따라서 자신의 수익률을 계산할 경우 늘어난 좌수를 고려해야 한다. 이는 곧 분배율만큼 더해주어야 한다는 뜻이다. 분배율까지 고려한 수익률 계산 공식은 {(결산 시 기준가/초일 기준가)×(말일 기준가/결산 후 기준가)-1}×100이다. 이 때문에 동일한 펀드라도 얼마큼 오래 가입했느냐에 따라 투자자마다 수익률이 차이가 나는 경우가 발생한다. 심지어 동일

어떤 투자자가 1000만 원을 기준가 1000원일 때 가입했다고 해보자. 그럼 이때 이 투자자의 보유 좌수는 1000만 좌가 된다. 그리고 1년 후 결산시점에 수익률 상승으로 기준가는 1000원에서 1200원으로 올랐다. 그렇다면 이제 이자 결산과 재투자 과정을 거치게 되는데 이 투자자의 좌수는 1200만 좌로 증가하게 된다. 그리고 기준가는 1000원으로 다시 시작하게 된다.

그럼 이제 3년으로 기간을 넓혀보자. 첫해 20%, 다음 해 5%, 그리고 3년째 40% 수익률이 발생하는 그야말로 최고의 상황이다. 1년 후 이 투자자는 좌수 1200만 좌, 기준가 1000원에서 다시 시작한다. 그리고 5% 수익률이 난 2년째 결산을 거치게 되면 좌수는 1260만 좌(=1200만×1.05/1000)로 늘어난다. 그리고 이제 1260만 좌, 기준가 1000원에서 3년째를 맞게 된다. 그리고 40% 수익률이 발생한 3년째 결산을 거치게 되면 이 투자자의 좌수는 1764만 좌(=1260만× 1.4/1000)로 불어나게 된다. 그럼 이제 이 투자자의 좌수는 동일한 기준가 1000원 기준 1000만 좌에서 1764만 좌로 늘어났기 때문에 수익률은 76.4가 된다. 3년간 수익률의 단순합계인 65%를 웃돌게 되는 것이다. 수익 부분이 재투자되는 유사 복리효과가 발생했기 때문인데 앞서 나왔던 시장수익률 대비 400%포인트 앞섰던 모 자산운용사의 2개 펀드 역시 5년 넘는 기간 동안 이런 효과가 나타났기에 그 성과가 가능했다. 특히 2005년과 2007년 급등기를 포함하고 있었기 때문에 더 극대화됐다고 볼 수 있다.

이렇게 생각해볼 수도 있다. 보통 주식형 투자상품이 −50% 폭락의 타격을 받았다면 원금 회복을 위해선 50% 상승이 아닌 100%의 회복이 필요하다. 실제로 2008년처럼 투자 첫해 −50%의 타격을 받는 경우가 발생했을 수 있다. 그럼 이제 원금을 찾으려면 100% 상승률이 필요하다. 연 10%씩만 회복한다고 해도 무려 10년이 걸린다는 이야기다. 하지만 실제 상황은 이것보다는 긍정적이다. 7년 정도에 원금을 회복하게 되는데 바로 펀드 재투자에 따른 유사 복리효과 때문이다.

어떤 펀드 판매사가 주식형펀드를 소개하면서 "복리상품입니다"라고 소개하면 이는 100% 틀린 이야기다. "복리효과가 존재합니다"라고 말해도 절대 안 된다. 이건 공식적인 펀드 판매사가 투자자에게 해선 안 되는 발언이다. 게다가 좌수가 많아지면 운용수수료 등과 같은 펀드비용도 함께 증가한다는 점도 기억해야 한다. 특히 실전에서는 장기로 투자해도 될 만큼 해당 펀드가 신뢰도를 갖고 있는지가 오히려 더 중요한 것도 사실이다.

하지만 투자자 스스로 펀드 장기투자의 원칙과 펀드 결산, 재투자 등을 이해하는 하나의 방식으로 복리 개념을 활용하는 건 괜찮다고 생각한다. 왜냐하면 상당수 사람들은 아직도 펀드 결산에 대해 간과하고 있기 때문이다.

만약 어떤 확정금리상품이 10년간 연 복리 15%를 보장한다고 하면 주식형펀드고 뭐고 다 때려치우고 당연히 이 상품에 집중해야 한다. 하지만 현실에선 찾아볼 수 없다. 그래서 리스크의 존재를 알고

서도 투자상품에 장기로 접근하는 것이다. 그러나 역설적으로 펀드투자의 제1계명과도 같은 '펀드 장기투자'는 재테크 실전에서 가장 많이 비판받는 원칙이다. 무엇보다 3년 이상의 기간 동안 펀드투자를 해본 사람일수록 "그거 믿지 마. 연 10% 났으면 바로 환매부터 해"라는 조언을 곧잘 한다. 특히 적립식 장기투자에 대한 불신은 더 커지고 있다. 아예 적립식펀드 무용론이 나오는가 하면 "펀드도 뭉칫돈 갖고 단타로 치고 빠져야 돼. 그래야 돈 벌어"라는 의견이 더 믿을 만한 분석으로 평가받고 있다. 대체 무엇이 잘못된 것일까.

결론부터 말하면, 정답은 자신만의 투자 계획에 있었다. '장기투자'와 '장기투자 계획'의 차이를 간과한 것이다. 펀드 장기투자라는 것도 결국은 장기투자 계획이라는 더 큰 원칙에 속하는 것이고, 거치식이냐 적립식이냐에 대한 평가도 각 개인의 자금운용 계획에 따라 정해진다는 것을 잊고 있었기 때문이다. 이런 관점에서 보면 '목돈 굴리기'가 아닌 '목돈 만들기' 과정에 있고, 아직 '시간의 무기'를 적극 활용할 수 있는 20대 여러분에게 적립식 장기투자 원칙은 절대로 잘못된 것이 아니다. 좀 더 살펴보자.

05

해답은 투자 계획에 있었다

"에, 그러니까 펀드는 장기투자를 해야 합니다…."

"집어치워! 그럼 10년, 20년간 무조건 들고 있으라고? 헛소리 그만해."

"아, 아, 그러니까 제 말은….."

실제로 한 펀드투자 강의시간에 펼쳐진 상황이다. 수강자가 워낙 거세게 달려들어 강사는 꽤 당황했던 것 같다. 그래서 당시 그 강사는 쉽게 답변을 하지 못했다.

이건 장기투자와 장기투자 계획의 차이를 정확하게 인식하지 못해서 나온 전형적인 오해라고 할 수 있다. 즉 펀드는 장기적으로 투자해야 성공확률이 높다는 '이론'과 스스로의 재테크는 단기, 중기, 장기로 나누어 계획을 세워야 한다는 '실전'을 헷갈린 것이다.

혹시 여러분도 "펀드 5년 들고 있으면 100% 성공해요? 책임질 수 있어요?"라는 식의 질문을 하고 싶다면 이런 헷갈림을 극복하지 못하고 있다는 뜻이다. 기본을 놓친 것이다.

실전 재테크는 '펀드를 무조건 5년 보유한다'가

아니라 '5년 계획으로 펀드를 운용하겠다' 는 식이 돼야 한다. 그리고 5년이란 기간에 맞춰 목표수익률을 정해야 하고 또다시 2~3년으로 나눠 중기 계획도 세워야 한다. 또한 다시 1년간의 제법 구체적인 재테크 계획도 갖고 있어야 한다.

가령 2년 만에 당초 목표했던 연 10% 수익률을 훌쩍 넘는 40%대 수익을 냈다면 자신의 계획에 따라 차익실현도 해야 한다(물론 안 할 수도 있다. 하지만 이런 행위들이 단/중/장기 계획 하에서 선택돼야 한다). 그리고 이 중 수익금은 따로 저축은행 정기예금에 넣든지, 아니면 정반대로 코스닥 종목에 공격적으로 투자해볼지 선택도 해야 한다. 그리고 주기적인 모니터링을 통해 −20% 혹은 −30% 손실이 발생한 펀드에 대한 포트폴리오 재조정 전략도 세워야 한다. 부분환매를 통해서 유동성을 확보해야 할지, 아니면 여유자금을 더 투자해야 할지 고민하는 것이다.

장기투자와 장기투자 계획

여러분이 5년간 1억 원을 모은다는 계획을 세웠으면 순간순간 '절약-저축-투자' 를 이어나가야 하며, 펀드투자, 주식투자, 채권투자, 부동산투자 등 기법을 고민해야 하고, 또 이 중 펀드투자에서도 거치식과 적립식, 차익실현(환매)과 부분환매, 추가불입 등 지속적인 관리가 필요하다. 실전 자산관리 기법에선 아예 최소한 6개월에 한 번씩 모니터링하고 기계적으로 포트폴리오를 재조정하는 방식을 소개하기도 한다(5부 2장 참조).

다시 한 번 강조하지만 펀드 장기투자 계획을 세운다는 건 "시장은 장기적으로 오를 테니 무조건 넣어라"는 것과 사뭇 다른 것이다. 똑같은 이유로 "이렇게 폭락했을 때 공격적으로 펀드에 몰빵해야 한다"거나 "큰돈을 벌기 위해서는 큰 위험과 결단을 내려야 한다"는 말에 현혹돼서도 안 된다.

최근 펀드 장기투자와 관련해 적립식 투자도 거세게 비판받고 있다. 이른바 '적립식펀드의 함정' '적립식 투자의 환상' 등의 지적이다(참고로 '적립식펀드'란 말은 이치에 맞지 않는다. 편의상 붙여진 이름이다. 적립식 투자로 진행되는 펀드라고 이해해야 한다).

〈그림 9〉처럼 증시 흐름에 따라 적립식펀드의 평균매입단가 하락효과(달러코스트 애버리징 효과)도 달라질 수 있다는 주장이다. ①번처럼 시장이 대세 상승을 시작할 경우엔 뭉칫돈을 넣어두는 게 적립을

● 그림 9_ 적립식 투자의 시황별 효과

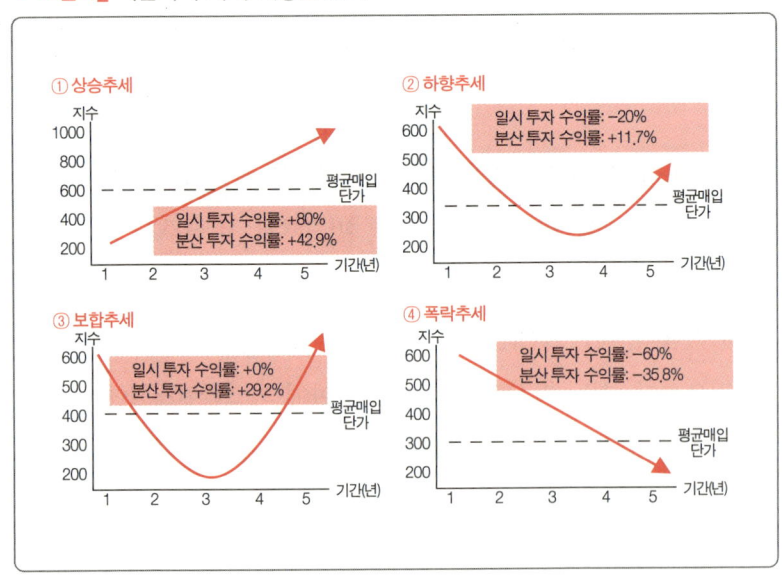

하는 것보다 2배 가까이 더 높은 수익을 낼 수 있다. 반면 ④번처럼 폭락을 맞이하게 될 경우엔 정반대의 긍정적인 효과가 나타난다. 뭉칫돈을 넣으면 크게 당하지만 쪼개 넣으면 리스크가 분산된다.

그런데 목돈이 없는 상태에서 처음 펀드투자를 한다면 적립식으로 접근할 수밖에 없다. 게다가 등락을 반복하는 증시를 가정하면 적립식 투자는 리스크를 피할 수 있는 효과적인 방법이란 것도 부인할 수 없다.

한편 적립식 투자에 있어 매월 일정한 날짜에 자동이체로 하는 것이 정말 최선이냐고 묻는다면 선뜻 "그렇다"고 말할 수는 없다. 하지만 확률적으로는 좋은 점이 더 많다. 신이 아닌 이상 하락하는 날을 정확히 골라 투자할 수 없기 때문이다. 실전에선 월 적립액을 정해놓지만 날짜(적립일)는 자신이 직접 선택하는 사람들이 많아졌다. 하지만 이 경우에도 '월 1회는 지킨다' 라든가 '3개월 3회는 꼭 지킨다' 는 식으로 스스로의 나태함을 다스릴 수 있는 원칙은 정해놓아야 한다.

닭이 먼저냐, 달걀이 먼저냐?

그런데 문제는 손에 1000만 원대의 목돈을 쥔 경우에 발생한다. 과연 목돈을 어떻게 투자할지가 고민이 된다.

"적립식 환상에 빠져 엄청난 수익률을 날렸습니다. 펀드에 대해 좀 안다는 놈들이 한결같이 적립식, 적립식 하기에 여윳돈이 있어도 거치식 투자를 포기하고 적립식 투자를 했는데 이게 뭡니까. 수익률이 절반밖에 안 되잖아요. 판매사, 운용사들 수수료 장사하려고 무조건 적립식으로 몰아간 것 아닙니까."

2007년부터 2008년 중순까지 2년 가까이 신문사에는 이런 항의전화가 빗발쳤다. 신문에 나온 펀드 수익률이 다 거짓말이라면서 경찰에 고소하겠다는 사람도 있었다. 같은 펀드인데 같은 기간 동안 적립식으로 투자한 자신의 수익률은 절반 정도밖에 안 된다는 주장이다. 앞서 살펴본 '적립식의 함정' 때문이었다. 국내 증시는 2003년 말부터 2007년까지 대세 상승기를 경험했기 때문에 그 시기를 쪼개서 들어간 적립식보다 뭉칫돈을 투입하고 기다렸던 거치식의 수익률이 월등했다. 그런데 정반대의 경우도 발생했다. 2007년 10월 그야말로 '꼭지'에 처음 펀드투자를 시작한 경우다. 2년 정도 기간 동안 적립식과 거치식의 수익률 결과는 또 다르게 나올 것이다. 시간과 지수를 쪼개서 적립식으로 투자했던 사람의 손실은 거치식 투자자보다 크게 줄어들었을 것이 분명하다.

그리고 펀드 관련 회사들이 수수료를 위해 적립식펀드를 홍보했다는 것은 오해에 가깝다. 일반적으로 펀드 수수료는 총납입액(선취수수료)이나 순자산가치(운용수수료)에 대비해 매겨지기 때문에 소액 적립식보다는 거치식처럼 투자금액 규모가 컸을 때 더 많이 떼어간다.

난 개인적으로 적립식 투자에 대한 예찬론자다. 적어도 주식 관련 투자상품에 있어 시간과 가격대를 분산해 꾸준히 적립하는 것만큼 효과적인 공략법은 없다고 자신하는 쪽이다. 재테크는 돈을 버는 것이 아니고 안정적으로, 효과적으로 빨리 '모으는 것'이라고 주장하기에 더욱 그렇다. 하지만 적립식 투자에 대한 비관론이 계속될 것이란 사실도 인식하고 있다. 왜냐하면 적립식 투자는 한마디로 '덜 먹고, 덜 잃고'의 특징을 갖고 있기 때문이다. 상승기엔 거치식보다 수익률이 적고, 하락기엔 상대적으로 손해를 덜 본다. 그런데 일반적으로 사람들은 마이너스 손실에 대해서는 큰 차이를 못 느낀다. 가령 -10%와

−30%를 모두 '원금 날렸다'고 생각하는 경향이 많다. 반면 수익의 차이에 대해선 매우 민감하다. 모두 50%를 먹은 상황에서 나만 25% 수익에 그쳤다고 하면 분노는 극에 달한다.

어떻게 보면 이 적립식과 거치식에 대한 논쟁은 좀 덧없다. 가령 어떤 귀족부인이 매월 1억 원씩 3년간 총 36억 원을 투자했다고 해보자. 과연 이 귀족부인은 적립식으로 투자한 것일까, 아니면 거치식으로 한 것일까.

혹시 여러분 중 지금 3000만 원의 종자돈을 들고 거치식을 할까, 적립식을 할까 고민하고 있을지 모르겠다. 일단 주식형펀드에 대한 투자방법을 선택했다면, 그런데 한꺼번에 목돈을 투자하는 것이 걱정된다면 거치식도 적립식처럼 접근하라고 조언하고 싶다. 그 누구도 여러분에게 3000만 원을 한꺼번에 투자하라고 강요하지 않는다. 1000만 원씩 3개월에 걸쳐 나눠 투자해도 되고, 500만 원씩 쪼개 6회로 나눠 접근해도 된다. 매달 수십만 원씩 이뤄지는 기존 적립식 투자는 병행하면서 말이다. 월별로 쪼개지는 기존 적립식 투자와 1개월, 3개월 또는 6개월 단위로 쪼개지는 거치식펀드의 적립식 투자가 맞물려 안정성과 수익성 모두 긍정적인 효과를 볼 수 있다.

물론 당연히 대세 상승기 초입에 3000만 원을 한꺼번에 넣어두면 3번, 5번으로 쪼갠 것보다 수익률은 더 높을 것이다. 그러나 신이 아닌 이상 그 시기를 누가 예측할 수 있겠는가.

주식시장은 길게 보면 볼수록 우상향 해왔다. 그리고 미분과 관련된 수학적 이론만 아주 잠깐 떠올려보면 길게 가면 갈수록 적립식 투자의 수익률은 결국 거치식 투자 수익률에 수렴하게 된다는 것을 알 수 있다. 그래서 지금 목돈이 있다면 거치식으로 투자하는 것이 유리하다는 결론을 내릴 수 있을지도 모르겠다. 하지만 이건 어느 정도 규모를 이룬 자산가들에게 적합한 전략이다. 월 1억 원을 맘 편하게 펀드에 넣을 수 있는 귀족부인이라면 차라리 1년치 12억 원을 한 번에 넣는 게 더 효과적이란 이야기 정도로 받아들이면 된다.

어쩌면 지금 이 순간 20대 여러분에게 더 필요한 펀드투자 조언은 "적립식 환상에서 벗어나라" "거치식이 더 좋다" 등의 말보다 차라리 "6개월간은 투자를 쉬고 현금 확보에 주력하라" 등과 같은 것일 터이다. 닭이 먼저냐, 달걀이 먼저냐 같은 논쟁은 시간 낭비고 정력 낭비다.

5년간, 10년간의 시장 움직임과 구체적인 장기 계획으로 움직이는 여러분의 5년간, 10년간 재테크를 똑같은 것으로 동일시해선 안 된다. 그건 마치 여러분의 펀드 좌수에 따른 기간 수익률과 신문에 발표된 펀드 수익률이 다른 것과 같은 이치다. 아니, "무릎에 사서 어깨에 팔아라"라는 투자격언을 지키겠다는 원칙만 세우고 지켰어도 여러분의 재테크 성과는 월등하게 나타날 수 있다. 어쩌면 바로 이런 결과를 얻어내려고 우리는 배우고 연습하고 시행착오를 겪는 것일지도 모른다. 우리가 장기적으로 투자 계획을 세우는 핵심 이유이기도 하다.

06

본드킹의 조건

<u>3000만 원 정도 목돈이 모이면 분산투자에 대한 욕구가 강하게 밀려온다.</u> 주식과 펀드만으로 한정하기엔 리스크 헤징 효과가 약하다는 생각도 많이 든다. 또한 적립식 투자로 기존 주식상품에 대한 투자가 있는 경우라면 다른 영역의 재테크 수단이 필요할 수 있다. 그래서 아주 자연스럽게 채권투자에 대해 관심을 갖기 시작한다.

의아하게 들릴지 몰라도 오히려 증권업계에서 채권투자 예찬론자들을 더 많이 만날 수 있다. 하루에 15%씩 오르내리는 주식판의 한 귀퉁이에서 느긋하게 버티며 여유롭게 경제상황을 바라보고 있는 사람들이다. 이뿐만이 아니다. 일명 '큰손'이라 불리는 대한민국의 자산가들치고 채권투자를 모르는 사람은 없다. 빌딩 임대업자들도 "주식은 천박한 것"이라며 무시하지만 채권에 대해서는 "그런대로 괜찮은 것 같네"라는 긍정적 평가를 내린다. 세계적으로도 그렇다. '주식왕'이란 말은 없어도 '채권왕(본드킹, bond king)'이란 말은 있다. 움직이는 자금 규모 역시 주식은 감히 채권투자 규모에 비교할 수 없다.

2000년 이후 대한민국에서도 채권의 시대가 있었다. 2002년 말부터 2004년 말까지 채권투자가 각광을 받았던 시기다. 채권형펀드 수익률이 연 8%대를 훌쩍 넘어섰고, LG카드 채권 및 전환사채(CB) 투자로 연 20%대 수익을 올리기도 했다. 아마도 이 시기를 거치면서 일반인들도 채권에 대한 관심을 높였던 것 같다. 하지만 2005년부터 금리가 오르고 주식, 부동산에 대한 투자수익률이 급등하면서 채권은 다시 자산가들만의 안정적인 재테크 수단으로 돌아섰다.

20대 여러분의 경우 월 50만 원, 70만 원을 재테크에 할애하는 과정에서 "채권에 관심을 가져라"라고 말하고 싶지는 않다. 하지만 3000만 원 이상의 목돈을 모으고 이제 1억 원을 향해 나가는 과정에선 하나의 재테크 수단으로 활용해도 좋을 것 같다. 관심도 높다는 것을 알고 있다. 당초 채권투자는 《대재미》에서 다루지 않았는데 이에 대한 아쉬움을 표현한 사람들이 많았기 때문이다.

채권투자에서는 몇 가지 반드시 익혀둬야 할 개념이 있다. 처음엔 헷갈리고 어렵게 느껴질 것이다. 하지만 주식이나 부동산, 파생상품과 달리 개념 정리만 확실하게 하면 실전은 오히려 쉬울 수 있다. 기업 실적이 좋아질지, 땅값이 오를지 내릴지 맞히는 것보다 몇 배는 더 쉽다.

그래도 막상 채권투자를 하려면 막막하기 그지없다. 주식의 경우 시세를 즉시 알 수 있을 뿐 아니라 각종 주가 전망 및 분석 정보가 넘치고, HTS를 통해 집에서도 주식을 매매할 수 있다. 반면 채권은 어디서 정보를 얻고, 뭘 어떻게 해야 할지 막막하기만 하다. 게다가 여기저기서 "채권도 원금을 몽땅 날릴 수 있는 투자상품"이라고 겁을 준다. "채권투자 할 바에야 그냥 정기예금을 들어라"는 선배의 충고도 생각난다. 일단 공부부터 하자. 다음 몇 가지 개념만 머릿속에 넣어두자.

채권은 돌고 돈다, 그리고 가격도 변한다

첫째, '돌고 도는 채권의 특성'에 대한 이해다. 만약 한 국가, 지방자치단체, 기업, 은행 등이 채권을 발행하고 그 채권을 한 명의 투자자(채권자)가 사들여 만기까지 갖고 있다면 이야기는 간단하다. 처음 약속한 이자를 주면 끝난다.

하지만 현실은 그렇지 않다. 처음 채권이 발행된 후 이 채권은 이 사람, 저 사람, 이 투자자, 저 투자자의 손을 거치면서 만기 때까지 계속 떠돌아다닌다. 그런데 이 기간 동안 경제사정이 바뀌고, 또 채권을 발행했던 발행자의 상황도 바뀌게 된다. 그래서 주인을 바꾸어가며 돌고 있는 채권의 가치 또한 변하게 된다.

둘째, 이처럼 채권가격은 변한다. 우리가 채권투자와 관련해 헷갈려 하는 건 채권가격이 고정돼 있다고 생각하기 때문이다. 다시 한 번 말하지만, 지금 우리는 친구 두 명이 100만 원을 빌려주고 빌리는 채권-채무 관계를 이야기하는 게 아니다. 수년, 수십 년에 걸쳐 수많은 사람들 간의 매매가 지속되는 과정을 살피는 것이다.

채권가격은 크게 금리의 변동에 따라, 또 만기가 얼마큼 남았냐에 따라, 또한 최초 채권 발행자의 상황이 좋아졌느냐 나빠졌느냐 등에 따라 시시각각으로 변한다. 물론 주식의 변동성과 비교해보면 미미한 수준이다. 하지만 변하는 건 변하는 것이다.

이 중 금리와 채권가격 변동 메커니즘은 셋째 항목에서 설명하기로 하고 먼저 채권 발행자의 신용도에 따른 채권가격 변화를 살펴보자. 이해의 편의상 아주 극단적인 예를 들어본다. 힘들어하는 한 기업이 있었다. 이 기업이 100억 원 규모의 채권을, 만기 1년에, 30% 이자율로 발행했다고 해보자. 그리고 이 채권을 100명이 1억 원씩 나눠 사들였다. 1년 후 1억 3000만 원을 기대하면서. 실제로 이 기업이 망하지만 않는다면 이들은 1년 후 1억 3000만 원을 받을 수 있다.

그런데 3개월 후 기업의 사정이 더 어려워졌다. 부도 직전까지 왔다. 그래서 최초 이 기업 채권을 구입했던 100명 중 30명은 자신의 1억 원 가치 채권을 5000만 원에 시장에 내다 판다. 투자금을 몽땅 날리느니 이 정도라도 건지자는 의도다. 그리고 또 어떤 다른 사람들은 이 채권을 산다. 그럼 이때 채권을 사들인 두 번째 채권자(투자자)는 만기가 9개월로 줄고, 기대수익률도 첫 번째 채권자보다 높다. 물론 투자 위험은 엄청나게 커졌다. 그런데 6개월이 지난 시점에서 이 회사에서 세계 최초로 '대머리 치료제'를 개발했다. 대박이 터진 것이다. 그러자 이 회사의 채권을 사려는 투자자들이 생겼다. 그래서 두 번째 채권자 30명 중 10명은 5000만 원에 매수했던 채권을 이번엔 1억 원에 내다 판다. 3개월 만에 100% 수익률이다.

또 다른 어떤 사람들은 이 채권을 산다. 이때 세 번째 투자자는 만기가 6개월로 줄고, 기대수익률은 두 번째 채권자보다 훨씬 낮다. 그래도 안정성은 매우 높아졌다. 또한 6개월 후 1억 3000만 원을 받는다고 생각하면 30% 수익률로 꽤 짭짤하다.

이처럼 한 채권을 두고 첫 번째, 두 번째, 세 번째 투자자 자신의 입장에서 바라본 채권가격은 각각 다를 수 있다.

한편 채권가격은 만기에 대해서도 영향을 받는다. 일반적으로 만기가 길수록 채권가격은 낮아지고, 만기가 짧을수록 채권가격은 올라간다. 정성적으로 생각하면 돈(원금+이자) 받을 날이 얼마 안 남았다면 떼일 위험은 크게 줄어든다. 그래서 만기가 긴 채권에 비해 더 높은 가격을 받을 수 있는 것이다.

셋째, 채권가격과 채권수익률(채권금리)은 역의 상관관계를 갖는다는 개념이다. 채권금리가 오르면 채권가격은 떨어지고, 채권금리가 내리면 채권가격은 올라간다. 앞서 채권가격은 변한다고 했는데 가격 변화에 가장 크게 영향을 미치는 요인이 바로 이 채권금리다. (시중금리가 오르는 시점에선 채권가격이 떨어지고, 시중금리가 인하되면 채권가격은 오른다. 하지만 시중금리와 채권금리가 똑같은 것은 아니다. 채권금리에는 해당 채권에 대한 수요와 공급상황이 포함돼 있다.)

현가개념을 생각하면 도움이 된다. 채권이란 것은 본래 돈을 빌려주고 '원금+이자'를 일정 만기가 되면 받겠다는 권리다. 그런데 채권은 돌고 돈다. 그래서 만기 이전에 매매할 때는 과연 이 채권이 얼마큼 가치가 있는지 정해야 한다. 이때 채권가격을 정하려면 어떤 기준이 필요한데 당시 시장에서 적용되고 있는 채권수익률(채권금리)로 만기 때 받게 되는 '원금+이자'를 할인해 중간에 사고파는 기준이 되는 채권가격이 도출된다. 즉 해당 채권에 투자하여 얻을 수 있는 투자수익을 현재가치로 환산한 것이라고 보면 된다.

일반인들은 보통 채권금리가 오르면 채권형펀드 수익률도 오를 것이라고 생각한다. 하지만 이는 사실과 다르다. 일반적으로 채권형펀드란 자산 중 60% 이상을 채권에 투자한다. 그런데 앞서 배웠듯 채권금리가 오르면 그 시점에서 평가된 채권가격은 떨어지고 이를 많이 편입한 채권형펀드의 수익률은 하락하게 된다. 반면 채권형펀드 수익률은 채권금리가 내리는 시점에서 상승할 가능성이 높다.

채권금리와 시중금리는 같은 방향성을 보인다. 이런 점을 감안하면 시중금리 하락기에 접어들면 채권과 채권형펀드에 대한 관심이 늘어날 것이라고 예상할 수 있다. 특히 금리 하락기는 경기 하강기와 맞물리기 때문에 경기가 안 좋을 때 채권투자의 매력이 높아진다는 것도 이런 식으로 해석해볼 수 있다.

① 채권투자와 관련된 몇 가지 용어들

채권투자를 위해선 듀레이션, 표면금리, 만기수익률, 실효수익률, 스프레드 등과 같은 용어를 정리해둬야 한다. 먼저 이렇게 복잡한 용어들이 난무하는 이유를 생각해보자. 핵심은 위에서 살펴봤던 '돌고 도는 채권의 특성' 때문이다. 채권이 돌고 돌면서 채권의 가치가 변하게 되고, 이 변하는 상황을 체계적으로 설명하기 위해 채권투자와 관련된 수많은 용어들이 탄생하게 된 것이다.

가령 표면금리(표면이율)는 채권을 발행할 때 최초 발행자가 지급하기로 한 이자율이다. 연율로 표기되며 액면에 대해 계산된다. 예를 들어 3개월마다 이자를 지급하기로 하고 표면금리가 연 12%라면 채권액면 1만 원에 대해 3개월마다 300원(1만 원×0.12/4)씩 이자를 지급한다는 뜻이다. 표면금리는 최초 발행시점에서 채권을 구입하지 않고, 중간에 참가한 일반 투자자에게 별 의미가 없는 것처럼 보인다. 하지만 표면금리는 나름대로 중요한 고려사항이다. 채권의 경우 매매수익률이 아닌 표면금리에 세금이 매겨지기 때문에 동일한 수익률이라면 표면금리가 낮은 채권을 매수하는 것이 세금을 줄일 수 있기 때문이다.

일반 채권투자자들에겐 만기수익률(매매수익률·시장수익률·유통수익률)이 중요한 의미를 갖는다. 해당 채권을 현재 가격으로 매입해 만기까지 보유할 때 기대되는 수익률로 지금 돈을 넣어 약속한 만기까지 보유하면 얻을 수 있는 자신의 진짜 수익률이다. 은행 정기예금의 확정이자율과는 다른 구조이지만, 편의상 비슷한 개념이라고 생각해누자.

실효수익률이란 개념도 있다. 실효수익률은 각 채권의 만기까지 총수익률을 연 복리 수익률로 환산한 수익률이다. 투자자들이 수많은 채권을 놓고 투자를 고려할 때 각 채권 간 실질 수익 차이를 비교하기 위해 만들어진 비교수익률이라고 보면 된다. 보통 만기수익률 개념은 이자지급 방식(만기 일시 지급, 3개월 후 지급 등)이나, 이자산정 방식(6개월 복리, 연 복리, 월 복리 등)에 따른 차이가 충분히 고려되지 않는다. 따라서 여러 채권이 있을 경우 정확한 수익률 비교가 힘들다. 하지만 실효수익률은 투자시점부터 만기까지 총수익률을 연 복리 수익률로 환산한 수익률로, 각 채권의 실질 수익률을 비교하는 데 좋은 지표가 된다. 특히 세금까지 고려된 세후 실효수익률은 좋은 투자지표가 될 수 있다.

채권 듀레이션(duration, 채권잔존만기) 개념은 정말 확실하게 정립해둬야 한다. 듀레이션은 투자원금이 모두 상환될 때까지 걸리는 시간이다. 그런데 이를 지금부터 채권 만기일까지 남은 기간이라고 생각하면 안 된다. 이자지급 방식과 시간가치가 반영되지 않았기 때문이다.

일반적으로 만기수익률은 각각 지급되는 이자가 만기수익률로 재투자된다는 가정을 하고 있다. 따라서 원금 상환이 되는 만기까지의 실제 기간을 알기 위해선 현가(현재가치)로 환산된 현금흐름이 필요하다. 결국 듀레이션은 채권투자액의 현재가치 1원이 상환되는 데 걸리는 평균기간을 의미한다. 그래서 통상 연(年) 단위로 말하지만 단위 없이 사용되기도 한다.

물론 채권의 실제 만기가 길다면 듀레이션도 길어진다. 반면 당초 표면금리가 높거나 현재 채권금리가 높아지고 있다면 듀레이션은 감소하게 될 것이다. 또한 이자지급 빈도가 증가할수록 듀레이션은 감소한다.

$$D = \sum_{t=1}^{n} t \cdot \frac{CF_t / (1+r)^t}{P}$$

D: 듀레이션

CFt: t기에 발생하는 현금흐름

t: 현금흐름이 발생하는 기간

r: 유통수익률

P: 채권의 시장가격

복잡하다고 생각된다면 이것만은 기억해두자. 만기가 채권의 '실제 나이'라면 듀레이션은 채권의 '신체나이'라고 말이다. 나이는 환갑인데 신체나이는 30살보다도 더 건강할 수 있는 것처럼 어떤 한 시점에서 측정한 채권의 신체나이는 길 수도 있고, 짧을 수도 있다. 만기는 5년인데 듀레이션은 4년이라면 투자자에게는 좋은 것이다. 1년이라는 시간의 이익을 본 것이기 때문이다. 상대적으로 듀레이션 값이 크면 클수록 투자자에게는 좋지 않다. 자신이 투자한 금액을 회수하는 데 걸리는 실질적인 기간이 길어지기 때문이다(수많은 채권을 한데 모아서 운용하는 전문 매니저들에겐 다를 수 있다).

특히 듀레이션 값은 채권을 전문적으로 운용하는 매니저들에겐 매우 중요한 지표다. 듀레이션이 금리 변화와 깊은 관계가 있기 때문이다. 그래서 듀레이션을 '금리 민감도'라고 부르기도 한다. 듀레이션이 높은 채권일수록 시상의 채권금리 변화에 채권가격은 더 크게 변한다. 가령 금리가 1% 올랐을 때 듀레이션이 2년인 채권가격은 2% 정도 떨어지는 데 비해 듀레이션이 5년인 채권은 그 가격이 5%나 떨어진다.

그래서 전문적으로 채권투자 하는 사람들은 금리가 하락기로 접어들면 듀레이션 값이 높은 채권에 집중 투자한다. 앞서 살펴봤듯 금리가 떨어지면 채권가격은 오르는데 듀레이션이 클수록 큰 폭으로 움직이기 때문에 더 많은 이득을 보게 된다. 반대로 금리 인상기에는 채권펀드매니저들은 듀레이션 값이 낮은(짧은) 채권에 투자를 한다. 실제 금리가 오르더라도 채권가격 하락폭을 줄일 수 있기 때문이다.

② 증권사 창구, HTS, 아니면 채권형펀드

자, 이제 채권에 대한 기본적인 채권투자를 실행에 옮겨보자. 그간 채권은 자산가들만이 활용하는 재테크 수단으로 인식돼왔다. 투자금액도 억대 이상이 돼야 하는 것으로 아는 경우가 많다. 하지만 1만 원 이상만 있으면 누구나 채권을 살 수 있고, 투자할 수 있는 채권의 종류도 엄청나게 많다. 국채, 지방채, 회사채, 금융채, 특수채, 카드채, 은행후순위채, 전환사채(CB), 신주인수권부사채(BW), 자산유동화증권(ABS), 주택저당증권(MBS), 채권담보부증권(CBO) 등 그 종류는 정말 다양하다.

　채권투자의 첫째 방법은 증권사 창구로 곧장 찾아가서 채권을 사는 경우다. 회사채가 주요 타깃이 된다. 증권사에 직접 가서 "회사채에 투자하고 싶은데요"라고 말하면 이제 채권투자에 한발 다가서게 된다. 하지만 증권사마다 파는 채권이 다르고 또 같은 채권이라도 금리에서 차이가 난다. 따라서 발품을 많이 팔수록 좋은 채권을 좋은 가격에 살 수 있다. 일단 1000만 원을 들고 증권사에 갔다고 해보자. 그럼 창구에선 아마도 여러분에게 최근 많이 팔리는 회사채들을 소개할 것이다.

　"A회사채는 동일 만기 은행예금금리로 환산할 경우 평균 연 7.3% 내외이며 세후 투자수익률은 연 6% 수준인데요."

　한편 이런 상담을 하고 있는 동안 여러분 옆자리에선 투자자들의 이런 질문들이 들릴지도 모르겠다.

　"아, 똑같은 연 7.3% 금리로 A회사채와 C회사채에 투자했는데 수익이 왜 차이가 납니까?"

　"1년 6개월에 19% 주는 D캐피탈 금융채 말입니다. 이 회사 망하진 않겠죠? 걱정되는데…."

　"그러니까 딱 2년 기다리면 얼마 준다는 겁니까? 은행처럼 이자를 딱 계산해서 주세요."

　"왜 난 중간에는 못 팔아요? 그럼 난 그냥 만기까지 쭉 들고 있어야 하나요?"

　채권 역시 주식과 마찬가지로 '종목' 선택이 가장 중요하다. 채권 발행자가 망해버리면 채권은 그 순간 휴지조각이 돼버리기 때문이다. 물론 국공채의 경우처럼 정부 또는 공사에서 원리금을 보장하면 큰 걱정은 없다. 대신 수익률은 상대적으로 떨어진다. 더 높은 수익률을 위해서라면 회사채 등과 같은 영역에 도전해야 한다. 이때 고려해야 할 것이 바로 신용등급이다.

'위험-수익' 원칙과 크게 다르지 않다. 회사가 우량할수록 이자는 적고, 부실할수록 제시하는 이자는 많다. 회사채는 재무상태와 신용도에 따라 AAA등급부터 C등급까지 다양한데 BBB 이상이 투자적격 등급, BB+ 이하는 투자부적격 등급(투기 등급)으로 분류된다. 일반인의 채권투자는 'A등급 이상 대기업 계열사' 등으로 투자범위를 좁히는데 일각에선 BBB급 정도까지는 도전해볼 만하다는 의견도 있다(이것은 본인이 선택해야 할 몫이다).

과거 몇몇 기업은 높은 신용등급임에도 불구하고 경영위기를 겪으면서 채권가치가 하락해 투자자들에게 손실을 발생시켰다. 따라서 신용등급에만 전적으로 의존하지 말고 각종 재무지표나 주가 추이 등을 두루 살펴보는 것이 올바른 종목선택 방법이라고 할 수 있다.

또 한 가지, 수익률도 당시 경제상황에 따라 차이가 난다는 사실이다. 2008년 하반기에는 A등급 채권임에도 불구하고 연 8% 후반의 금리를 제시하는 경우도 있었다. 자금조달의 어려움 때문이다.

증권사에서는 만기수익률을 구체적으로 자세하게 제시해줄 것이다. 그래도 연 수익률 개념과 함께 세금을 제한 후 직접 손에 쥐게 되는 금액을 확인하는 게 좋다. 투자자에게 중요한 지표는 '세후수익률(=세후 수령금액)'이기 때문이다. 채권의 경우 투자수익이 표면금리와 자본차익(또는 손실)으로 구성되는데 이 중 표면금리에 대해서만 과세가 된다. 따라서 동일한 금리로 매수할 수 있다면 표면금리가 낮은 채권에 투자하는 것이 세후수익률을 높이고 이자과표를 낮추는 절세

방법이다.

그런데 채권공부를 열심히 한 여러분은 조금 아쉬운 마음이 들 것이다. 채권의 돌고 도는 특징을 생각하면 매입한 채권을 만기 이전에라도 되팔 수 있어야 한다. 하지만 현실적으로 아직은 힘든 상황이다. 그래도 최근 분위기가 달라지고 있다. 증권사들이 고객들이 되팔고 싶어 할 때 회사채를 사주는 경우가 하나 둘씩 나오고 있다.

채권투자의 두 번째 방법은 주식처럼 자신이 직접 시장에서 소매채권을 사고파는 것이다. 소매채권은 어떤 채권의 종류를 말하는 것이 아니다. 금융사 간에 대량으로 거래하는 도매채권과 달리 소액 개인투자자와 일반 법인에 판매하는 채권을 가리킨다. 아예 '소매채권시장' 이라고 해서 호가 수량이 50억 원 미만인 소규모 채권을 개인이나 일반 법인이 거래할 수 있도록 증권선물거래소가 따로 개설한 시장도 있다. HTS를 통해 1000원 단위로 만기 이전에도 사고팔 수 있다. 회사채뿐 아니라 CB나 BW 등도 HTS를 통해 활발히 거래되고 있는 추세다.

채권투자와 관련된 세 번째 방법은 시중 채권형펀드나 채권과 주식이 섞여 있는 혼합형펀드에 투자하는 것이다. 하지만 20대 여러분에게는 그리 권하고 싶지 않다. 일각에선 주식 편입을 강조하면서 혼합형펀드 투자를 역설하기도 하지만 그럴 바에는 열심히 공부해 직접 채권에 투자하는 편이 낫다. 또한 채권형펀드 투자는 펀드에 편입된 채권의 확인과정이 번거롭다. 반면 채권 직접투자는 투자자가 우량 채권을 선별해 매수할 수 있다. 또 매매차익이 비과세되므로 세금 측면에서도 유리하다.

채권 HTS 직접 거래 유의사항

① 만기 잔존기간 확인
채권수익률의 가장 큰 변동요인은 만기까지의 잔존기간이다. 다른 조건이 동일하다는 전제하에 만기까지의 잔존기간이 길수록 미래에 대한 불확실성이 증가하므로 위험 프리미엄을 고려해 장기채가 단기채보다 수익률이 높게 설정되어 있다. 감내 수준의 만기기간을 파악하는 것이 중요하다.

② 신용도와 유동성 체크는 필수
발행된 채권의 신용도가 높을수록 채권 발행자가 만기 시에 원리금 지급을 하지 못할 위험인 채무불이행 위험은 낮아진다. 이 때문에 신용도가 높을수록 수익률이 낮게 책정된다. 원하는 수익률 내에서 신용도를 반드시 확인해야 하고 유동성의 고저 역시 확인해야 한다. 유동성이 낮은 채권은 위험성이 높아 유동성 프리미엄이 붙으므로 높은 수익률을 형성하게 된다.

③ 가장 안전한 투자법은
안전하게 채권에 투자하는 방법 중 일반 투자자에게 가장 적합한 방법은 채권수익률이 높을 때 매수해서 만기까지 보유하는 만기보유 전략이다. 수익률을 예측해 매매시점을 포착하려고 하는 투자방법은 수익률 예측이 정확해야 하고, 채권 매매 수수료 등을 감안할 때 만족할 만한 수익을 내기 어렵기 때문이다. 다만 만기보유 전략 구사 시에는 투자채권의 신용도 분석이 관건이다. 만기 전에 발행회사가 부도나게 되면 큰 손실을 입을 수 있으므로 꼼꼼히 따져보아야 한다.

④ 높은 수익률을 원한다면
조금 더 높은 수익률을 원하는 적극적인 투자자는 수익률 예측 전략이 적당하다. 이는 채권가격에 영향을 미치는 향후 수익률 변동성을 예측해 채권을 운용하는 전략이다. 이를 위해서는 시장이자율을 정확히 예측하고 전망에 기초한 포트폴리오 구성이 필수다. 금리상승이나 경기가 호황일 때는 단기채에 비해 장기채의 가격 하락폭이 커지므로 손실을 막기 위해 단기채 중심의 투자전략을 구사하는 것이 좋다. 금리 하락과 경기 불황의 시기에는 장기채의 가격 상승폭이 크므로 장기채 중심으로 투자전략을 세운다.

초보자는 만기보유 전략에 초점을 맞춘다

채권투자에도 당연히 전략이 필요하다. 채권에 투자하려면 먼저 어느 정도 기간 동안 투자할지를 결정해야 한다. 채권의 만기는 다양한데다 중간에 되팔 수 있다고는 하지만 현실에선 만기까지 보유한다는 생각으로 채권을 매입하는 게 좋을 것 같다. 물론 채권 고수가 된다면 HTS로 매매도 하고, 강남 큰손이라면 증권사를 상대로 되팔 수도 있겠지만, 초보라면 만기를 정하고 들어가야 한다. 결국 '1년에 얼마' 식으로 기대수익을 정해야 한다.

또한 채권투자도 원금손실을 볼 수 있다는 점을 명심하자. 금리가 올라서 채권가격이 떨어지는 '마켓 리스크'도 있고 특정 회사의 신용등급이 떨어지면서 발생하는 '크레딧 리스크'도 생길 수 있다. 하지

채권투자 유의사항 10가지

1. 기대 투자수익률과 위험을 잘 살피자 ⇨ 금리 변동과 회사채 신용등급 감안
2. 채권수익률과 채권가격 특징을 공부하자 ⇨ 금리 상승(채권값 하락), 만기 등 확실한 이해!
3. 만기수익률 개념을 숙지하자 ⇨ 일반인에게는 만기수익률이 중요하다
4. 듀레이션을 잘 활용하자 ⇨ 듀레이션을 알면 금리 변동에 따른 대응이 가능
5. 경제흐름, 정책 변화에 대한 관심 ⇨ 거시경제, 금리정책 변화 주목
6. 세금도 고려하자 ⇨ 표면금리, 세후수익률을 확인한다
7. 경험이 중요하다 ⇨ 소규모 매매 연습 및 증권사 방문 상담, 채권형펀드까지
9. 자신 있으면 직접 매매 ⇨ 실전 자본차익 경험을 쌓아두자
10. HTS 매매, 채권형펀드 투자, 회사채 만기보유 ⇨ 자신에게 맞는 대응

만 회사채 투자의 경우 여러분이 '만기보유 전략'을 펼친다면 회사가 망하지만 않는다면 만기에는 원금과 이자를 받을 수 있다. 전문가들은 A- 이상 등급에 투자하는 게 안전하다고 말한다. 특히 A- 등급 이상 대기업 계열사의 회사채와 금융그룹 내 카드, 캐피탈채 등은 금리도 예금금리보다 1.5~2%포인트 정도 높은데다 부도 위험도 낮다. 하지만 개인적으로는 BBB 등급 중에서 해당 회사에 대한 십중석인 공부를 통해 종목을 골라도 좋을 것 같다는 생각이다.

자본시장통합법의 채권에 관한 표준투자권유준칙에 따르면 '안정형 투자자: 국고채, 통안채, 지방채' '안정추구형: A- 이상 금융채, 회사채' '위험중립형: BBB+ ~ BBB- 회사채' '적극투자형과 공격투자형: BB 이하' 등으로 투자자 성향에 맞춰서 권유하도록 하고 있다.

● 표 6_ 시중 증권사에서 판매 중인 회사채 현황

(2009년 4월 말 현재)

증권사	종목 명	신용등급	수익률(세전 연환산)
굿모닝신한증권	롯데건설	A+	6.60%
	두산엔진	A0	7.60%
	한진해운	A+	6.45%
동양종금증권	기아자동차 275	AA-	7.85%
삼성증권	CJ제일제당8	AA	5.52%
하나대투증권	현대상선	A0	7.13%
한국투자증권	SK해운13	A	7.37%
	대우조선해양1	AA-	6.51%
현대증권	대우건설17	A-	8.25%
	두산인프라코어8-1	A0	7.07%
	SK건설134	A-	7.64%

(자료: 각 증권사)

③ 본드킹의 조건

난 운 좋게도 2명의 본드킹과 친분이 있다. 2명 모두 국내 채권업계에서는 명성을 갖고 있다. 한 명은 대학동창으로 외국계 증권사에서 채권영업을 하고 있고, 다른 한 명은 자산운용사의 채권펀드매니저다. 모두 채권에 관해서는 자신만의 가치관과 영역을 확실하게 굳혔다고 할 수 있다. 그런데 재밌게도 이들 2명의 본드킹은 스타일이 너무 다르다.

나의 동창 황 모 군은 대학시절 별명이 '황 부장' 이었다. 머리숱이

꿩도 먹고 알도 먹는 전환사채

전환사채(CB)는 주식과 채권의 묘미를 겸비한 독특한 채권투자 수단이다. 주식으로 전환할 수 있는 채권이라고 생각하면 쉽다. 같은 조건의 일반 채권보다는 이자수익이 작지만 향후 발행회사의 주가가 전환가격 이상으로 상승하는 경우 권리행사를 통해 이자를 포기하는 대신 주가 상승 수익을 올릴 수 있다. 또한 주가가 전환가격 이상으로 상승하지 않는 경우 만기까지 갖고 있으면 일반 채권 수준으로 금리를 추가 보상해주는 장점도 가지고 있다. CB를 매수하려면 발행 시점에 청약을 통해 매수하는 방법과 거래소를 통해 주식처럼 장내에서 사는 방법을 이용하면 된다. CB에 투자하겠다고 마음을 먹었으면 우선 해당 채권의 발행정보를 꼼꼼히 살펴야 하는데 그중에서도 전환가격은 얼마인지와 해당 주식 가격이 하락할 경우 전환가격이 조정되는 조건(리픽싱, refixing)이 있는지는 반드시 확인해야 한다.

물론 투자위험 고려는 필수다. CB 같은 주식 관련 사채도 기본적으로 발행기업의 신용도를 바탕으로 한 회사채이기 때문에 발행기업의 부도 가능성에 따라 원리금 보장이 안 될 수도 있고, 채권가격이 하락할 수도 있다. 특히 장내 거래를 통해 주식 전환에 대한 프리미엄을 주고 샀는데 채권가격이 하락하거나 주식전환 차익이 발생하지 않으면 손실을 볼 가능성도 매우 높다.

적은데다 뚱뚱한 편이어서 나이에 비해 상당히 늙어 보여 붙여진 별명이었다(요즘 이 친구의 별명은 '황 회장'으로 바뀌었다). 이 '황 부장'을 본드킹으로 만든 건 2000년대 초반 현대건설 CB 투자와 2004년 LG 카드채였다. 이 두 채권투자로 인해 이 친구는 회사에서도 능력을 인정받았고 본인의 재테크에서도 대단한 성과를 올렸다.

대학동창 황 부장

2000년 가을쯤이었던 것 같다. 또 다른 동창의 결혼식이었는데 이 '황 부장'은 우리들에게 "현대건설 채권을 모으고 있다"고 했다. 아마도 그때쯤은 현대건설이 1차 부도가 났을 시점이었던 것 같다.

"너 미쳤냐? 다 망해가는 회사 채권을 왜?"

난 '황 부장'을 다그쳤다. 그때만 해도 건설업계 사람들은 월말마다 "현대건설 부도 난다"는 말을 하곤 했다. 난 모 투신사에서 채권 담당 업무를 맡고 있는 '황 부장'이 그런 위험한 채권을 산다는 게 도대체 이해가 안 갔다.

"임마, 본드킹은 이럴 때 베팅을 해야 되는 거야. 현대건설이 망하더라도 정부가 개인이 보유하고 있는 채권에 대해서는 반드시 책임져 줄 거야. 난 지금 현대건설(CB)을 노리고 있어. 가격이 완전 바닥이야, 바닥."

"그런 도박이 어딨어? 채권을 잘 안다는 놈이 그런 투기를 하냐?"

"아냐. 이건 투기가 아냐, 통찰이지. 난 현대건설이 절대로 안 망한다고 생각해. 아니, 정부에서 망하지 않게 할 거야."

이 친구는 매우 단호한 어조로 답했다.

이후 2001년 3월 말, 현대건설 처리 방향에 대한 치열한 갑론을박이 이어졌다. 청산, 법정관리, 출자전환 및 신규지원을 통한 회생 등 세 가지 방안을 놓고 당국 관계자들의 치열한 회의가 이어졌다. 이 중 법정관리에 대한 의견이 지배적이었다. 그때 난 다시 '황 부장'에게 전화를 했다.

"너… 괜찮아?"

"괜찮아. 아직 결론 안 났잖아. 기다려봐야지."

"안 떨려? 출자전환 안 되면 휴지조각 되는 거잖아."

"그렇다고 이 본드킹께서 떨면 되겠냐?"

"너 얼마나 투자했는데?"

"그간 모아둔 돈 다 밀어 넣었다. 1억 2천."

우리의 대화는 매우 짧았다. 그렇게 전화를 끊었다. 그리고 몇 달 후 난 '황 부장'이 정말 본드킹이 됐음을 직감할 수 있었다.

현대건설은 2001년 5월 부도처리가 아닌 채권단 출자전환이 결정됐고 그해 6월에는 워크아웃에 돌입했다. 하반기 구조조정촉진법으로 채무조정이 확정될 때도 개인이 보유한 채권에 대해선 전액 상환을 결정했다. 모럴 해저드(도덕적 해이) 논란도 많았지만 개인투자자를 보호하자는 의견이 더 강했던 것 같다.

'황 부장'은 당초 권당 1800~2000원에 현대건설 CB에 투자했다고 한다. 그리고 그해 겨울 1만 2000원에 전량 처분할 수 있었다. (실제로 당시 현대건설 CB는 당초 약속한 만기 이율이 적용됐고 만기에 권당 1만 1505원을 돌려줬다.) '황 부장'의 투자금은 7억 원 규모로 불어나 있었다. 31살의 나이에 정말 큰돈이었다. 그리고 이 녀석은 회사에 사표를 내고 강남에 아파트를 구입했고 1개월간 세계여행을 떠났다. 이후

'황 부장'은 새로운 회사에서 채권영업을 담당하게 됐다.

하지만 '황 부장'은 여기서 멈추지 않았다. 지난 2003~2004년 일명 'LG카드 사태'가 터지면서 LG카드가 유동성 위기에 몰렸을 때 다시 한 번 베팅을 한 것이다. '황 부장'은 이때도 정부가 어떤 식으로든 회생방법을 찾을 것으로 판단해 LG카드 후순위 CB를 사들였다. 예상내로 정부는 채권난의 출사선환과 증사 능을 이글어내며 LG카드를 정상화시켰고, '황 부장'은 1년 만에 80% 수익을 올렸다.

솔직히 당시 LG카드 CB 투자는 나도 고려하고 있었다. 20%대 후반의 LG카드채에 대한 투자도 할 수 있는 여유가 분명 있었다. 하지만 난 하지 않았다. 이건 도박이나 투기와 다름없다고 생각했기 때문이다.

"그러니까 넌 본드킹이 못 되는 거야."

지금도 '황 부장'은 나를 만나면 이런 혹독한 비판(?)을 하곤 한다.

2009년 초 쌍용차가 법정관리를 신청했다는 소식에 1만 원 하던 회사채가 1000원으로 급락했다는 소식을 접했다. 본드킹을 자처하는 수많은 사람들이 이 회사채를 사고 싶어 한다는 이야기도 들린다. 이 뉴스에 문득 나는 다시 한 번 '황 부장'을 떠올려봤다. 그리고 정말 본드킹을 만드는 조건이 무엇인지 곰곰이 생각해봤다. 하지만 난 절대 이런 '베팅'이나 '통찰'에 찬성하지 않는다. 이래서 난 '본드킹'이 못 되는 걸까.

중요한 건 생존이었다

20년 넘게 여의도 증권가에서 살아남은 권 본부장은 처음 만나는 기자들에게 "지금까지 증권판에서 살아남은 것은 다 채권 때문입니다"라는 말로 이야기를 시작한다. "강한 자가 살아남는 것이 아니라 살아남은 자가 강한 사람"이라는 말을 음미해본다면 권 본부장도 분명 본드킹의 반열에 올랐다고 볼 수 있다.

"왜 주식만 합니까? 채권도 병행하세요. 선물옵션 하고 싶어요? 그럼 채권부터 공부하세요. 그럼 살아남을 수 있어요. 1000만 원 있으면 900만 원으로는 채권투자 하고 남은 100만 원으로 선물투자 해봐요. 100만 원 다 날려도 채권투자로 1년에 60만 원은 남길 수 있으니까 살아남을 수는 있잖아요. 살아남기만 하면 분명 기회를 잡을 수 있어요. 지금까지 여의도에서 생활해보니까 기회는 안 오는 게 아니라 온 기회를 못 잡는 거더라고요. 그러니까 정 기자도 빨리 채권 해요."

금리의 주기를 믿는 본드킹답게 권 본부장은 성격도 늘 느긋한 편이었다. 하지만 느긋한 성격과 달리 채권금리 0.5%, 0.1%, 0.05%에는 아주 벌벌 떤다. 저럴 바에야 뭣 하러 채권투자를 하나 싶을 정도로 궁상맞게 군다.

"채권쟁이는 무릇 이래야 합니다. '복리의 마술'이라고 잘 알죠? 72법칙은 이젠 뭐 초등학생들도 줄줄 꿰고 있으니까. 잘 들어봐요. 연 7.2% 회사채에 투자한다고 합시다. 연 복리로 10년이면 원금이 두 배가 되죠? 100% 수익률. 그런데 1%가 낮은 6.2%만 돼도 이야기가 달라지거든. 그러니까 0.1%포인트에 벌벌 떠는 겁니다."

권 본부장은 절대로 '베팅'하는 법이 없다. 그냥 쫓아다닐 뿐이다. 채권형펀드를 운용할 때도 듀레이션 조절을 통해 긴 호흡을 갖는다. 금리인상과 금리인하 추세는 주식과 달리 등락을 보이지 않지만 한 번 주기를 타기 시작하면 꽤 오랜 기간 흐름을 유지하기 때문이다.

논쟁도 좋아하지 않는다. 가령 '주식이냐, 채권이냐?' 혹은 '채권 직접투자냐, 채권형펀드 투자냐?' 이런 질문을 놓고 설전을 벌이려고 해도 그냥 이래도 좋고, 저래도 좋다는 식이다.

"채권투자의 적기에도 주식을 팔고 채권에 집중하라는 말은 못 하겠네요. 그냥 같이 해요. 병행해서. 생각해봐요. 채권투자가 뜨는 시기라면 수식은 아수 박살이 났다는 건데 우량수를 잡을 적기잖아요. 중요한 건 주식 활황기에 채권을 병행했냐, 안 했냐는 겁니다."

"공부 열심히 하고, 발품도 팔 수 있다면 본인이 직접 채권투자 해야죠. 어차피 우리나라도 고령화사회 될 테니까 채권투자는 꽤 확대될 것 같거든. 증권사 좀 다녀봐요. 분명히 똑똑한 직원들 있을 테니까, 그 사람하고 친하게 지내요. 인간 대 인간으로. 다 귀찮으면 채권형펀드 가입하고. 채권형펀드도 적립식으로 투자하면 좋겠네. 뭐든 간에 하여튼 5년 이상 해보면 알게 될 거야. 채권투자의 맛을…."

● 그림 10_ 2001년 이후 채권수익률 추이

5년 이상의 시간이 흐르면 경기 활황과 불황, 금리 인상과 금리 인하도 맛볼 수 있고, 그리고 채권가격의 상승과 하락도 경험할 수 있다. BBB- 등급 채권금리가 7~8% 정도밖에 안 될 시기도 있지만 또 경제가 휘청대는 어떤 시기엔 AA- 등급의 꽤 우량한 채권의 수익률이 9%에 달하기도 한다. 이처럼 기회는 계속 온다. 중요한 것은 그 순간 투자할, 베팅할 돈이 있느냐 없느냐는 차이다. 그래서 버틸 수 있어야 한다. 버텨야 한다. 권 본부장이 말하는 '본드킹'의 조건은 결국 생존이었던 것 같다.

07

쪽박은 정확히 대박의 꼬리를 문다

<u>정기적으로 한 번씩 해외토픽에 등장하는 뉴스가 있다.</u> 이 기사는 대략 매년 5~6회꼴로 등장하는데 사건 발생 장소는 전 세계다. 내용은 다음과 같다. 미국, 이탈리아 혹은 스페인의 한 마을에서 100억 원 또는 1000억 원, 어떨 땐 그 이상의 상금을 주는 복권 대박이 터진다. 그런데 이 복권 당첨자는 예외 없이 10년 내로 가산을 모두 탕진한 채 자살하거나 범죄자가 된다. 알코올중독자로의 전락은 그나마 양호한 편이다. 아예 미국에서 최근 40년 동안 5000만 달러 이상의 거액 복권에 당첨된 23명 중 21명이 알거지 신세가 됐다는 조사도 있다. 대박 복권 당첨자의 90%가 횡재를 경험한 이전보다 더 불행해졌다. 이 정도라면 '복권 대박=인생 쪽박'이라는 명제를 정립시켜도 되겠다.

정말 믿기지가 않는다. 어느 날 갑자기 나한테 100억, 500억 원이 주어지는데 내 인생이 왜 처참하게 박살이 난단 말인가. 지금까지 내가 배운 온갖 재테크 원칙들에 맞춰 자금을 운용하고 철저한 위험관리와 분산투자, 그리고 정교하게 짜인 현금흐

름 분석까지 적용시켜 관리하면 될 텐데 말이다. 그냥 괜찮은 PB 센터에 돈만 맡겨도 중급 정도의 재테크는 가능하다. 그러나 현실은 그렇지 않다. 어쩌면 나도, 여러분도 이런 '대박'이 실제로 터진다면 여지없이 무너질 수 있다.

이번엔 대박에 대한 대비책, '대박 매니지먼트'에 대한 이야기를 하려고 한다. 투자원칙을 이야기하다 왜 갑자기 뜬금없는 대박 매니지먼트냐고 말할지도 모르겠다. 여기서 말하는 대박은 '재테크 대박'이다. 로또 복권 당첨은 아니더라도 연 120%의 펀드 수익률, 400만 원 ELW 풋 투자로 4개월 만에 만들어낸 1억 2000만 원, 4번 유찰로 잡은 경매 대박 등 일상에서 쉽게 만날 수 있는 재테크 대박 사례는 정말 많다. 작전주 투자로 일주일도 안 돼 40% 수익률을 올렸다면 이것 역시 대박이다(위험한 '대박'이라고 할 수 있겠다). 노력? 공부? 전혀 관계없다. 그냥 운이 좋아 횡재한 것일 뿐이다. 어떤 유명 프라이빗 뱅커(PB)는 "난 연 30% 이상 수익률은 무조건 대박이라고 본다"고 토로하기도 한다.

20대 여러분도 분명 몇 차례 이런 대박의 순간을 맞이하게 될 것이다. 펀드 수익률이 반 토막이 나고, 아버지가 주식투자로 집을 날렸는데 무슨 재테크 대박이냐고 할 수 있겠지만, 곰곰이 생각해보면 이미 몇 차례 대박은 스쳐 지나갔을 것이다. '로또 대박'과 달리 '재테크 대박'은 꽤 공평한 기회를 사람들에게 가져다준다.

여러분은 바로 이 순간 정신을 차려야 한다. 자신의 혀를 깨물면서라도 꿈을 깨야 한다. 비정상적인 행운에 여러분은 과하다 싶을 정도로 겸손해져야 한다. 그래야 향후 이어질 투자가 행복해질 수 있다. 그래서 '대박 매니지먼트'란 단어를 떠올려봤다. 이런 원칙을 세워놓지 않는다면 운 좋게 터진 대박은 한순간 물거품으로 변하거나, 아니면 한 걸음 더 나아가 우리를 쪽박의 수렁으로 인도할지도 모른다.

재테크 대박 매니지먼트

첫째는 재테크 대박을 터뜨렸을 경우 바로 차익실현을 하고 그 판을 완전히 빠져나와야 한다는 것이다. 파생상품이나 주식도 아닌, 주식형펀드가 1년 만에 80%, 100% 수익을 올렸다면 이건 그 자체로 환매요인이 된다. 장기투자, 탐욕과 공포, 적절한 대응, 이런 이야기를 적응시킬 차원이 아니다. 이건 비정상적인 그야말로 '대박'의 상황이다. 이런 펀드에 추가불입을 한다거나 2년에 200% 수익을 생각하고 있다면 그 자체로 비상식적인 탐욕이다.

둘째는 그 대박의 경험과 기억을 머릿속에서 완전히 지워내는 일이다. '한여름 밤의 꿈'에 불과했다고 생각하자. 예를 들어 보통 '운 좋게도' 주식시장의 대세 상승기 초반에 2000만 원쯤 가지고 출발하는 사람은 꽤 높은 확률로 2~3년 안에 1억 원 정도는 모을 수 있다. 그리고 '주식, 별거 아니네'라는 생각을 한다. 하지만 바로 그 다음이 문제다. 몇 번의 말도 안 되는 대박 혹은 중박을 경험한 사람은 이제 우쭐해지기 시작한다. 그리고 그 대박의 기억을 자기 실력으로 착각한다. 그래서 차익실현을 하고, 다른 재테크로 분산투자를 하고, 저축, 절약 모드로 들어갈 타이밍에 오히려 가족이나 친척, 친구 돈을 끌어 모은다. 그리고 최악의 상황에서 최대한 투자자금을 늘린 후 단한 번 실패로 모든 것을 끝내버리고 만다. 지워버리자. 잊어버리자.

셋째는 대박으로 차익실현을 한 돈은 최소 3~6개월은 CMA나 MMF에 그냥 넣어두라는 것이다. 그 돈으로 또 다른 투자를 한다거나 소비를 해도 되지만 적어도 휴지기를 갖는 게 좋다. 앞서 말한 '망각의 시간'이기도 하고, 자신의 탐욕을 다스리는 기간이 될 수도 있다.

넷째는 남이 터뜨린 대박 영역에는 절대로 가지 말라는 것이다. 누가 'ㅇㅇ기업 주식'으로 3개월 만에 10% 수익을 올렸다면 주목해 볼 만하겠지만 만약 '따블(100%)'을 기록했다면 이건 절대적으로 피해야 할 종목이 된다. '서울 ㅇㅇ동' 재개발을 노리고 들어갔다가 순식간에 2억 원을 벌었다는 옆집 아줌마 이야기는 곧 그 지역은 절대적으로 쳐다보지 말라는 뜻이기도 하다. 해본 사람은 안다. '재개발 대박'이 연달아 터지는 게 얼마나 힘든 일인지 말이다.

'지분 쪼개기' 대박은 누구의 것?

"형, 나 어떡해?"

평소 친하게 지내는 대학교 후배의 다급한 전화가 걸려왔다. 녀석의 떨리는 목소리를 들었을 때부터 용산 모 지역 지분 쪼개기 투자와 관련된 사연임을 직감했다.

이 후배는 2년여에 걸친 중국펀드 투자로 90% 가까운 수익을 올렸다. 2007년 10월 초 정말 거의 꼭지에서 탈출(?)에 성공한 운 좋은 놈이기도 했다. 5000만 원의 투자금이 이제 1억 가까이에 육박하게 됐다. 당시 국내 주식형펀드도 모두 함께 환매해 주위의 부러움을 한 몸에 사기도 했다. 후배는 이 자금에 추가 실탄을 더 보태서 다시 초공격적인 투자에 나섰다. 2008년 2월, 2억 정도 실탄을 들어 용산 모 지역에 평당 3000만 원에 대지 지분 6평을 사들였다. 당연히 재개발을 기대한 투자였다. 누군가 미리 사고 쪼개놓은 지분을 덥석 받아버린 것이다.

"너 어차피 건축행위제한구역인 줄 알고 들어갔잖아. 그땐 언제든 기다릴 자신도 있다면서? 거긴 또 주택지역이 아닌 상가구역이었잖아."

난 아주 퉁명스럽게 말했다.

지분 쪼개기란?

'지분 쪼개기'란 재개발이 예상되거나 확실시되는 지역에서 신축 아파트 입주권을 노리고 예정지 내의 낡은 단독주택을 다세대 빌라 등으로 재건축해 가구 수를 늘리는 행위. 기존엔 입주권이 1개지만 이를 허물고 오피스텔을 지은 뒤 한 채씩 투자자에게 매도할 경우 입주권 분양자는 크게 늘어난다. 그러나 이런 지분 쪼개기의 부작용이 심각한 문제가 되고 있다. 정말 투자가치가 있는지에 대한 의문점도 제기된다. 가령 대량의 오피스텔이나 다세대 빌라를 짓게 될 경우 가구 수는 기하급수적으로 늘어나게 된다. 그래서 재개발 추진 때 입주권을 줘야 할 대상자가 신축건물 세대 수보다 더 많은 기현상도 나타난다. 이럴 경우 당연히 재개발 추진 사업자는 물론이고 지분 쪼개기에 들어간 사람들도 막대한 피해를 보게 된다. 법규 불확실성도 크다. 어느 지역, 언제 시점에서 지분 쪼개기가 이뤄졌느냐에 따라 투자 향배는 크게 달라진다.

'지분 쪼개기'는 1990년대 말부터 재개발아파트 입주권을 노리는 방법으로 시작됐다. 당시 다가구주택을 다세대주택으로 바꿀 수 있도록 건축법이 개정되면서 지분 쪼개기가 봇물을 이뤘다. 이 시기엔 재개발구역으로 지정되기 전 다가구를 다세대로 전환해 개별등기(세대분할)하면 소유자 전원에게 아파트 입주권이 주어졌다. 이후 행정당국은 법규 개선을 통해 이를 막고 있다. 최근엔 단독주택이나 다가구주택을 철거하고 새로 건축허가를 받아 다세대주택을 지을 때 일정 면적(최소 주거전용 면적) 미만이면 이 지역이 재개발이나 뉴타운으로 지정돼 아파트가 분양되더라도 1명만 분양권을 받게 된다. 즉 다세대 면적이 해당 분양 아파트의 최소 주거전용 면적 미만일 때 분양권 대상자는 1명으로 제한되고 나머지는 현금청산을 받게 되는 것이다.

"큰일 났어, 형. 갑자기 8평 미만은 그냥 현금으로 보상한다는 소문이 돌아서 그래. 재개발돼도 입주권 안 준대. 그냥 10평으로 질러버릴 걸 그랬나. 나 너무 불안해."

"확정 발표된 거 아니잖아. 그건 아무도 몰라. 하여튼 내가 이런 지분 쪼개기 투자는 늘 불안에 떨어야 한다고 했잖아. 재개발이 언제 될지, 또 입주권은 몇 평짜리로 받을지. 아니, 받을 수나 있는지. 다 불확실한 상태에서 도전하는 거라고."

나의 다그침에 그 후배는 조용히 전화를 끊었다. 난 정말 후배의 지분 쪼개기 투자를 말렸다. 중국펀드 대박에 너무 흥분하고 있는 후배에게 그냥 한 3개월 정도는 단기예금에 들면서 쉬라는 충고도 했다. 하지만 후배의 자신감은 자만감으로 커가고 있었다. 자신이 '투자의 달인'이라도 된 듯한 착각이었다.

재개발지역 지분 쪼개기 선수(?)들 사이에선 "지분 쪼개기를 받은 사람보다 지분을 쪼갠 사람이 대박"이라는 이야기가 돈다. 최초 기존 건물을 헐고 오피스텔을 지어 사람들에게 분양하고 떠난 사람들만 돈을 번다는 이야기다. 그 후배처럼 이 선수들이 매도한 쪼개진 지분에 높은 프리미엄을 주고 투자했던 많은 사람들은 가슴앓이를 하고 있다. 너무도 안타깝다. 그냥 재개발 투자의 정석을 지켰으면 좋았을 것 같다는 생각도 해본다. 수익률 측면에서는 실망할 수 있겠지만 관리처분으로 권리가액이 확정된 이후 매입하면 안정성 측면에선 괜찮은 투자다. 대박을 노리고 들어가는 '지분 쪼개기'보다 성공확률은 몇 배 더 높다.

대박과 쪽박은 한 배를 탄다

2007년 대한민국에 얼마나 많은 토지보상금이 풀렸는지 모르겠다. 혹자는 20조 원이라고도 하고 또 누군가는 50조 원이라고도 한다. 원래 돈이라는 게 1조를 넘어가면 잘 와 닿지 않는다.

인천 영종도에는 단일 지구 사상 최대 규모인 총 5조 원에 달하는 토지보상비가 풀렸다. 보상을 받는 땅 주인은 약 5800여 명 정도. 평당 보상금은 대지 160만 원, 전답 80~90만 원, 임야 30~35만 원 수준이며, 많게는 100억 원 이상을 받는 사람도 있는 것으로 알려졌다. 정말 대박 중 왕대박이다. 여러분도 주위에서, 혹은 몇 다리만 건너면 이런 '토지보상금 대박' 사례를 많이 접했을 것이다. 하지만 이런 대박 이면에는 참 많은 이야기들이 숨어 있다. 여기 토지보상금으로 풀린 자금을 유치하기 위해 인천 운서동 '영종도 보상사업소'로 파견됐던 은행원에게 들은 한 편의 슬픈 사기극이 있다.

은영이네 가족은 그날 밤 가정예배를 드렸다. 분명 하나님의 축복이었다. 영종도에는 은영이네 큰 삼촌이 먼저 터를 잡았다. 그리고 이어 동생인 은영이 아버지를 불렀다. 몇 년 후 은영이 오빠인 상혁이가 태어났고 이어 은영이가 태어났다. 4명의 단란한 가족이었다. 은영이 아버지는 열심히 농사를 짓고 자식 2명을 모두 대학에 보냈다. 상혁이는 1990년대 초반 종금사에 다니면서 한때를 풍미했지만 이어 터진 IMF 위기에 직장을 잃고 무려 10년간 백수생활을 하고 있다. 96학번인 은영이는 증권사에서 계약직 직원으로 일하고 있다.

2007년 1월 은영이네가 받은 보상금은 모두 46억 원이었다. 은영이 아버지는 외지인이 아닌 현주민이었기 때문에 보상채권이 아닌 전액 현금으로 보상을 받았다. 그날 밤 단란한 4명의 가족은 뜨거운 감사의 눈물을 흘렸다. 그렇게 잘한 것도, 열심히 한 것도 없지만 그냥 하루하루를 만족하며 살아온 삶에 대한 하늘의 보답이라고 생각했다.

"오빠, 우리 46억 원 갖고 뭐 할까. 이사 가자, 강남 아파트로."

"야, 거기로 이사 가면 당장 10억 넘게 깨질 텐데 좀 참아보자. 제대로 된 사업을 한번 생각해보자."

"오빤 빨리 취직이나 해. 집 사고 나머지 돈으로 내가 잘 굴려볼게. 요즘 펀드가 얼마나 좋은데. 이건 세금도 없어. 나한테 맡기시라구."

이런 남매의 대화에 은영이 부모님 마음도 모처럼 뿌듯해졌다. 힘들게 살다 보니 이런 날도 있구나. 인생이라는 거 살아볼 만하다는 생각도 했다. 그랜저를 샀다. 3600만 원이란 돈, 그리 대단하지 않다는 생각이 들었다. 은영이가 다니는 증권 CMA계좌에만 돈을 넣었을 뿐인데 하루에 76만 원씩 꼬박꼬박 이자가 붙었다. 3월 초 따사로운 봄 햇살이 나올 때쯤엔 친척들을 불러 성대한 잔치도 열었다. 은영이 오빠가 '상주 디벨로퍼 전무'란 명함을 갖고 다니기 시작한 것도 아마 그때쯤인 것 같다.

"오빠, 뭐야? 왜 돈 다 빼갔어. 엄마, 아빠! 큰일 났어요."

은영이는 정말 난리를 쳤다. 뉴스에 나오는 사람들처럼 우리도 이렇게 당하는가 보다 하는 생각이 드니 미칠 것만 같다. 그런데 오빠 상혁이는 너무나 태연하다. 자신만만하다. 오빠의 설명은 이랬다. 지금 서울 방배동 주택가 중 일부를 재개발하는데 약 300억 규모의 대공사란다. 그런데 그 프로젝트를 맡은 게 오빠의 회사이고 오빠도 40억을 넣어 10% 넘는 지분을 받았다고 했다.

"이 바보야. 오빠가 얼마나 힘들게 성공시켰는 줄 알아? 가만히 앉아서 4년만 기다리면 주상복합아파트가 생겨나. 아파트 1채가 아니라 몇 십 채, 몇 백 채야. 알기나 해?"

그리고 다음 날 은영이네 가족은 모두 그 개발현장을 찾아갔다. 터 피기 작업이 한창이었고 작업복을 입은 인부들도 많이 눈에 띄었다. 상혁이는 그곳의 개발소장이란 사람과 대화를 나누며 이것저것 지시하기도 했다. 그날 저녁 80억 원을 투자했다는 사람을 비롯한 지분투자자 5명도 만났다. 은영이의 표현에 따르면 '한눈에 강남 사람'인 투자자들이었다. 그들의 여유로움과 세련됨, 능숙함에 은영이네 가족은 오히려 초라함을 느꼈다.

"오늘 보니까 우리 상혁이 참 멋지더라."

집으로 오는 길, 차 안에서 은영이 엄마가 입을 열었다.

"그럼, 상혁이도 옛날 종금사 다녔을 땐 얼마나 날렸어. 수십 층짜리 건물 짓는 사람들한테 대출해주던 놈인데 얼마나 똑 소리 나게 잘했겠어."

이번엔 은영이 아빠가 답했다. 아빠는 속으로 '10년 동안 상혁이 저놈이 얼마나 맘고생했는데'라며 코끝이 찡해오는 것도 느꼈다.

그로부터 여름까지 상혁이는 4억 원을 더 가져갔다. 이번엔 '지분참여'가 아닌 운영비 용도로 사용되는 속칭 '부채참여'란 명목이었다. 8월 초엔 은영이한테 돈까지 빌려가며 5000만 원을 더 챙겨갔다. 그렇게 뜨거웠던 여름은 지나갔다.

그 뒤론 뻔한 사기극 이야기가 이어진다. 은영이 오빠를 속인 사기꾼들은 마치 영화 〈범죄의 재구성〉처럼 동남아 어디로 다 도망쳤다.

완전 사기극이었다. 은영이 오빠가 부채참여로 추가 투자한 돈도 2억 원에 달하면서 남은 보상금은커녕 오히려 빚까지 지게 됐다. 그리고 그해 가을 은영이네는 영종도를 떠났다고 한다. 그 후 마을엔 은영이가 술집 나간다더라, 은영이 엄마가 자살하려고 약을 먹었다더라, 오빠는 정신이 돌았다더라 하는 비극적 결말의 전형적인 소문도 돌았다. 물론 확인된 바는 없다. 아니, 사실이 아니길 바란다.

아무리 생각해봐도 어떻게 그렇게 당할 수 있을까 싶다. 그것도 그쪽에 대해 그렇게 잘 안다는 사람이. '상주 디벨로퍼' 팸플릿을 보면 벌여놓은 사업이 방배동부터 상도동 재개발, 파주 등 너무도 다양한데 아마도 한 15명 정도가 모여 소위 '작업'을 주도한 모양이다. 사람 3명만 모여도 인간 하나 바보 만들기는 식은 죽 먹기인데, 50억 가까운 돈을 빼먹으려고 달려든 프로 사기꾼한테 은영이 오빠 한 명은 그야말로 밥이었다.

그런데 한편으론 이런 생각도 들었다. '쪽박'이라는 게 참 신기하게도 '대박'의 꼬리를 정확히 문다고. 재테크 대박도 마찬가지다. 5년간 꼬박꼬박 부은 은행적금을 찾거나 3년간 열심히 적립해 얻은 35% 펀드 수익률은 별다른 뒤탈을 만들지 않는다. 하지만 선물옵션투자로 하루아침에 30억을 벌었다는 사람은 꼭 "그 돈 다 날리고, 또 내 돈까지…"라는 말이 들려온다. 그래서 '대박 매니지먼트'는 한 번쯤은 생각해둬야 할 부분인 것 같다. 분명 여러분도 앞으로 펼쳐지는 재테크 마라톤에서 몇 번쯤은 만날 수 있을 테니 말이다.

참, 쪽박이 대박의 꼬리를 문다면 그럼 쪽박 뒤엔 다시 대박이 찾아올 수도 있는 건가.

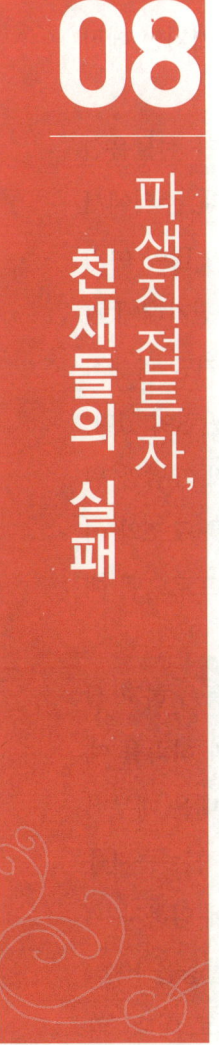

08

파생직접투자, 천재들의 실패

<u>2009년 2월, 자본시장통합법이 본격적으로 시행됐다.</u> 금융기관 간의 경계가 허물어지는 자본시장통합법의 중요한 특징 중 하나를 꼽으라면 바로 여러분들이 만나게 될 투자상품의 수가 기하급수적으로 증가한다는 것이다. 투자처(기초 투자자산)가 다양해질 뿐 아니라 위험과 기대수익률이 세분화되면서 투자상품의 종류가 급증하는 현상이 나타나게 된다.

이처럼 투자상품 다양화가 가능해지는 핵심 이유는 바로 파생투자 기술의 발달 때문이다. 다양한 금융공학을 활용해 기초 투자자산 영역을 넓히고 수익률 조건도 다각화시킨다. 채권과 외환거래를 엮을 수도 있고, 부동산 자산을 주식처럼 거래하게 만들 수도 있다. 실물을 직접 거래하지 않고 선물시장에서 금이나 석유, 밀, 옥수수 등을 사고팔 수도 있다. 강수량이나 온도 변화를 갖고도 상품을 만들 수 있다. 예를 들어 '강수량 얼마에 수익률 얼마, 강수량이 얼마를 넘지 않으면 수익률은 몇 %로 한정한다'는 식으로 상품을 설계한다. 그러면 강수량에 따라 수확량과 수익이 크게 영향을 받는 농업 관계자

들은 이 상품을 매수하게 될 것이다.

특히 이젠 국내시장에도 헤지펀드가 쏟아질 전망이다. '헤지펀드 대중화' 시대의 출발이다. 1년에 딱 10% 수익률 목표로 운용되는 헤지펀드가 있는가 하면, '하락장에도 5%, 상승장에도 5%' 씩 수익을 올리도록 설계된 헤지펀드도 나올 수 있다. 아무리 망해도 원금은 보장해주면서도 35% 수익이 넘으면 15% 수익률로 자동 환매되는 헤지펀드도 생각해볼 수 있다.

《대재미》 출간과 함께 많이 놀랐던 것은 20대 상당수가 선물옵션 투자 같은 파생투자에 많은 관심을 갖고 있다는 점이었다. 주위에서 떼돈을 번 대부분의 경우가 이런 파생투자로 나온 경우가 많아 여기에 대한 깊은 환상을 갖고 있는 것도 같다. 아예 "왜 FX마진거래에 관련된 내용은 없나요?"라는 불만을 터뜨리기도 한다. 하지만 파생직접투자는 분명 돈을 모으기보다 돈을 버는 목적과 깊은 관련이 있다. 그래서 직접 뛰어들기보다는 파생투자와 관련된 몇 가지 개념과 원칙 정도만 익혀두면 충분하다고 본다. ELS의 위험−수익률 구조와 어떤 장단점을 갖고 있는지, 외국인 선물 대량 매수에 왜 프로그램 매수가 일어나는지에 대한 메커니즘 등과 같은 것이다.

그래도 선물옵션 직접투자나 FX마진거래, ELW 투자 등을 하고 싶다면 딱 한 가지만 명심하자. 어떤 경우에도 지수 상승과 하락을 예측해 올인하는 '투기적 거래'는 안 된다는 것이다. 처음 배울 때부터 현물과 선물을, 콜과 풋을 함께 들고 샀다 팔았다를 반복하는 습관을 들이자. 그리고 '월 1% 수익률'을 노리는 마음으로 거래에 임하자.

2000이 넘던 코스피가 1000이 깨졌다고 해서 기술적 반등을 100% 확신해선 안 된다. 900이 깨질 수도 있으니까. 하지만 바로 이때 '악마의 유혹'은 가장 큰 힘을 발휘한다. 그래서 지난 2008년 말 많은 선물투자자들은 '피'를 봤다. 2008년 1분기에는 10여 개 증권사가 모두 최고의 종목(탑픽)으로 꼽았고, 사상 최대 실적을 기록했던 LG디스플레이(구 LG필립스 LCD)가 큰 폭의 주가 급락을 보였다. 합작사였던 필립스 지분이 대량으로 시장에 유입됐기 때문이다. 당시 LG디스플레이 ELW 콜에 베팅했던 투자자들은 아주 박살이 났다. '예측하시말고 대응하라.' 파생투자에서 가장 빛을 발하는 원칙이다.

선물옵션투자의 ABC ①

'주가가 오른다고 생각하면 선물 매수, 내릴 거라고 예상하면 선물 매도!'
본격적인 선물투자를 하기로 마음먹은 왕초보 씨가 공부한 선물매매 내용은 딱 이것뿐이었다. 주위에서 선물옵션투자를 하려면 1년 이상 공부해야 한다는 말을 들었지만 왕초보 씨는 아랑곳하지 않고 자신 있게 코스피 200선물 투자에 도전했다. A증권사에 선물옵션 계좌를 개설하고 증거금 1500만 원도 입금했다. 거래는 3·6·9·12월 등 3개월 단위로 진행되고 있으며 지수선물 마감일은 각 해당 월 둘째 주 목요일이라고 한다. 일단 6월물을 택한 왕 씨는 이제 6월 10일까지 거래를 지속할 수 있게 됐다.
현재 코스피 200지수는 105.28이고 지수선물 6월물 현재가는 105다. 지수선물 1포인트 가격은 50만 원. 따라서 현재가 105인 선물 1계약을 사려면 5250만 원(105×50만 원)이 필요하다. 그러나 실제 선물거래에서는 최소 15% 금액만 갖고 있으면 가능하다. 6.5배의 레버리지를 활용할 수 있는 것이다. 즉 증거금 787만 원 정도(5250만 원×0.15)만 계좌에 있으면 1계약을 현재가에 매수(또는 매도)할 수 있다.
왕 씨는 향후 주가 상승에 베팅을 했고, 선물 6월물 1계약 매수주문을 냈다. 몇 분 지나 계약이 체결됐다는 사인이 HTS에 떴다. 그것은 바로 누군가 선물 6월물을 105에 매도했다는 뜻이기도 했다.

◆ **대박의 꿈**=그날 밤 왕초보 씨는 꿈속에서 만기일인 6월 10일로 날아갔다. 예상대로 주가는 급등했고 코스피지수는 무려 110까지 올랐다. 왕 씨 계좌에는 (110-105)×50만 원, 즉 250만 원이 입금됐다.

물론 왕 씨가 번 돈은 왕 씨에게 선물 105를 매도한 사람의 것이다. 그 상대방은 110의 값어치가 있는 물건을 울며 겨자 먹기로 105에 팔아야 했다고 생각하면 된다. 다음 날 왕 씨는 일어나자마자 모니터를 봤다. 코스피지수는 예상대로 106까지 상승했다. 순간 왕 씨는 흔들렸다. 만기일까지 기다리는 대신 이 시점에서 그냥 파는 게 낫다고 생각했고 바로 매도를 했다. (106-105)×50만 원, 즉 50만 원이 입금됐다. 남들이 그렇게 어렵다는 선물매매, 참 쉽다는 생각도 들었다. 이어 또다시 맘이 흔들리기 시작했다. 코스피 200지수가 110까지는 어떻게든 갈 것 같고 다시 한 번 선물을 매수하는 것도 좋을 것이라는 생각에 106에 다시 선물 1계약을 매수했다.

◆ **마진콜과 물타기**=그러나 계속 오를 것 같던 주가는 급락해 100으로 떨어졌다. 왕 씨는 순간 (100-106)×50만 원, 즉 300만 원 손실을 입게 됐다. 그나마 바로 손절매를 해서 다행이었다. '으음…' 하는 깊은 탄성이 터져 나왔다.

다음 날 왕 씨는 이번에는 지수가 더 떨어질 것을 예상해 100에 선물 1계약을 매도하는 선물매도 포지션을 취했다. 그러나 시장은 냉혹했다. 지수는 다시 급반등하면서 110까지 상승해버린 것이다. 이제 왕 씨가 입은 손실은 (100-110)×50만 원, 즉 500만 원에 육박했고 증거금을 채워 넣으라는 마진콜까지 겹쳤다. 이번에는 물러설 수 없었다. 급한 맘에 여기저기서 돈을 땡겨 바로 1000만 원을 집어넣고 반대매매를 막았다. 하지만 지수는 상승세를 지속하며 112까지 올랐다. 손실은 600만 원으로 불어났다. 6월 10일 만기일에 코스피 200지수는 115까지 올라 있었고 몇 번 물타기를 거듭한 왕 씨는 단 2주 만에 1000만 원이 넘는 손실을 기록했다.

◆ **레버리지 함정**=왕초보 씨의 매매를 보면 '차라리 가만히 있었으면' 하는 생각이 든다. 처음 105에 매수한 선물이 결국 115까지 올랐으므로 가만히 있

> **마진콜(margin call, 증거금 납입요구)**
> 예치 증거금이 보유선물 포지션 가격 하락으로 인해 거래 수준 이하로 하락하면 거래 이행을 위해 당초 수준을 유지하도록 요구하는 것. 이 요구를 무시하면 거래소는 자동반대매매(청산)를 통해 거래를 종결시킨다. 과거 증거금 부족분을 급히 보전하라는 전화(call)를 받는다는 뜻에서 마진콜이라고 한다.

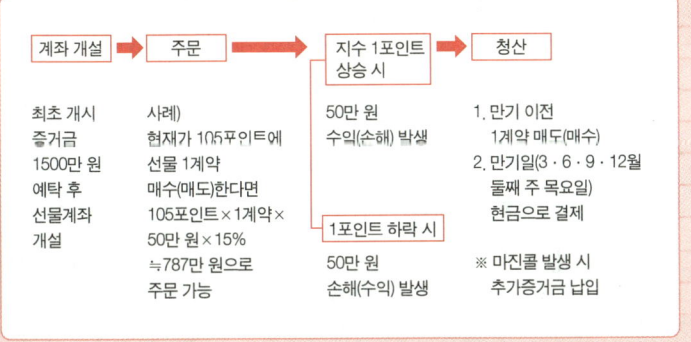

• 그림 11_ 지수선물거래는 어떻게 이뤄지나

기만 했으면 (115-105)×50만 원, 즉 500만 원 수익을 기록할 수 있었기 때문이다. 그러나 현실상으로는 힘들다. 선물거래는 15% 증거금으로 거래가 가능한 엄청난 레버리지(약 7배)를 자랑하지만, 반면에 일일정산이란 제도가 있기 때문이다. 선물은 2일 결제로 미수 발생 시 익일 12시까지 추가증거금을 납입해야 한다. 즉 왕 씨는 만기일까지 그대로 있을 수 없다. 다시 추가증거금을 넣어야 매수한 선물계약을 보유할 수 있었다. 가령 이번처럼 거래 시작 후부터 만기일까지 주가가 큰 폭의 등락을 거듭하면 한 번쯤은 마진콜을 통한 반대매매를 당해야 한다. 이런 태생적 한계 때문에 개인 선물거래에 대해선 "3억 원 이상 '실탄'을 갖고 시작하라" "오전 한 번만 매매하라" "절대 물타기 금물" 등 다양한 노하우가 나온다.

레버리지와 변동성, 그리고 투기거래

파생상품 투자와 관련된 첫 번째 개념은 바로 레버리지(leverage)다. 파생상품이란 하나의 기초자산이 있고 이것에 대한 가격 변동에서 자신의 가격 변화가 파생된 상품을 말한다. 그리고 파생상품거래란 이 상품을 일정한 기간을 정해놓고 매매하는 것이다. 파생거래는 '약속거래'로 생각하면 쉽다. 해당 실물(기초자산)을 직접 주고받는 게 아니라 3개월, 6개월, 1년 등 일정 기간 후 그것과 관련된 가격 변동에 대한 매매를 약속하는 것이다. 금 파생거래는 실제 금을 주고받는 게 아니다. 현재 금가격을 보고 향후에 얼마에 매매하겠다는 약속을 거래한다. 국제원유 선물시장에선 직접 석유통을 들고 다니지 않는다. 미국산 기준유 12월 인도분 가격이 전일 대비 배럴당 5.18달러나 크게 오른 65.47달러로 거래를 마감했다고 해도 실제 원유는 12월에 매매된다. 그런데 12월에 가보면 직접 원유가 왔다 갔다 하는 경우는 채 20%도 안 된다.

우리가 파생투자를 제로섬 게임이라고 평가하는 것도 바로 이 거래 당사자 간 약속에서 비롯된다. 약속(계약) 당사자 중 한 명이 돈을 벌면 반드시 돈을 잃는 상대방이 생겨나기 때문이다.

레버리지라는 파생거래의 중요한 특징도 바로 이 약속 때문에 생겨났다. '지렛대 효과'라는 레버리지는 일정 증거금만 내면 이에 대한 몇 배 규모의 거래가 가능하다. 파생거래는 실물이 아닌 약속을 거래하는 것이기 때문이다. 그래서 거래 당사자 간의 신용을 믿고 거래하게 된다. 심지어 일부 외환파생거래에서는 20배 가까운 레버리지 거래를 할 수 있다. 자기 돈 1000만 원을 갖고 2억 원 규모의 거래를 일으킬 수 있다.

파생투자와 관련된 두 번째 개념은 바로 변동성 거래다. 앞서 살펴봤듯이 파생상품은 기초자산의 가격 변동에 따라 자신의 가격이 변한다. 자, 그럼 여기서 우리는 왜 파생거래를 하는지 그 이유에 대해 생각해보자. 핵심은 바로 해당 기초자산 가격이 일정 기간 후에 변동하기 때문이다. 현재 가격에 비해 큰 변화 없이 움직인다면 파생거래를 할 매력도 감소하게 된다. 따라서 결국 파생투자를 한다는 것은 해당 기초자산의 가격 변동성을 매매한다고 보면 된다.

일반적으로 변동성이 클수록 파생투자에는 유리한 환경이 조성된다. 하루에 1%씩 100일간 100%가 오르는 것보다 매일 −30%에서 +30%를 오르락내리락하면서 100일째 되는 날 100% 오를 때 더 많은 기회가 생겨난다. 하지만 여기서 '유리한 환경'과 '더 많은 기회'란 말에 주의해야 한다. 엄청난 손실을 볼 확률도 그만큼 커진다고 생각해야 한다.

파생투자 및 파생상품 구조에 대한 이해를 위해 세 번째로 익혀야 할 것은 바로 '투기거래' '헤지거래' '차익거래'에 대한 개념이다. 투기거래는 파생투자 하나만을 하면서 기초자산 가격이 향후 오를지 내릴지를 맞히는 거래다. 동전 던지기와 크게 다르지 않다.

반면 헤지거래는 이미 기존에 해당 기초자산거래를 하고 있는 사람이 가격 변동 위험을 막기 위해 파생거래를 이용하는 것을 뜻한다. 가령 기초자산에 1000만 원을 투자해놓고 이 기초자산 가격이 하락할 때 수익이 발생하는 파생상품에 100만 원을 투자했다고 해보자. 파생투자액은 100만 원이지만 레버리지 효과 때문에 실제 규모는 그보다 몇 배 더 클 수 있다. 이후 가격이 오르면 1000만 원(기초자산)에 대한 이익이 발생하지만 파생상품 100만 원은 그냥 날리게 된다. 그러나 반대로 가격이 떨어지면 파생상품 투자를 통해 발생한 수익으로 기초자산 손실폭을 줄일 수 있다. 특히 이 수익을 통해 유동성을 확보할 수 있기 때문에 이 투자자는 기존 1000만 원에 대한 투자도 장기로 유지할 수 있는 여유가 생긴다.

헤지펀드는 대부분 이 '헤지거래' 개념을 바탕에 깔고 있다. 종종 헤지펀드를 '크게 먹고 한탕하는 펀드'라고 생각하는 경향이 있는데 이는 사실과 다르다. 감내할 수 있는 위험 수준에 맞는 수익을 추구하는 펀드라고 보는 게 맞다.

그 다음으로 차익거래란 해당 기초자산의 가격과 파생상품의 가격 사이에 일시적인 가격왜곡 현상이 발생했을 때 이 차이를 이용해 비싼 쪽을 팔고 싼 쪽을 사들여 차익을 얻는 거래를 말한다. 보통 기초자산거래와 파생상품거래는 시시각각 독립적으로 이루어지는데 종종 이 2개 시장에서 매겨지는 가격이 다를 수 있다. 바로 이때를 틈타 차익거래를 통한 수익을 올리게 된다.

여러분 중 누군가는 다 아는 이야기라고 생각할지 몰라도 이 투기거래, 헤지거래, 차익거래에 대한 개념을 반드시 익혀야 한다. 그리고 실전에도 적용시켜야 한다. 왜냐하면 다 안다고 하면서도 막상 실전에선 거의 100%가 '동전 던지기' 식 투기거래에 올인하기 때문이다. 보통 주식투자로 어느 정도 이익을 남겼거나, 아니면 큰 손해를 봤을 때 개인들은 자연스럽게 선물옵션투자로 넘어간다. 국내 주식시장의 변동성이 답답해서일 수도 있고, 주식투자로 잃은 돈을 단숨에 만회하기 위해 이쪽 '판'으로 들어오는 것이다. 하지만 결코 오를지 내릴지 방향성만을 맞히는 투기거래로는 성공할 수 없다. 대박이 터질 수도 있겠지만 확률적으로 매우 낮다. 무엇보다 이런 식으로 한 번 버릇이 들어지면 고치기가 어렵다. 3~4억 날리기는 그야말로 시간문제다. 주위에서도 이런 실패사례는 얼마든지 쉽게 만날 수 있다.

선물옵션투자의 ABC ②

"오늘도 뚜렷한 매수 주체가 없는 가운데 프로그램 매매가 장을 이끌고 있다."
"베이시스가 좀처럼 좁혀지지 않으며 백워데이션 상태가 10일째 계속된다."
"매도차익거래잔고가 매수차익거래잔고보다 3000억 원 이상 더 큰 가운데 선물
시장이 콘탱고로 전환되던 매수차익거래를 통한 주가 상승노 기내해볼 수 있나."
도대체 무슨 말인가. 웬만한 증권 시황 관련 기사에 가장 많이 등장하는 단어를
1개 꼽으라면 바로 '프로그램 매매'다. 이어 '시장 베이시스' '백워데이션' '콘
탱고' '차익거래잔고' 등의 용어도 심심찮게 지면에 오른다.

◆ **프로그램 매매, 현·선물시장을 넘나든다** = 프로그램 매매는 주식을 대량 거래
하는 기관투자가들이 일정한 프로그램에 따라 수십 종목의 주식 묶음(바스켓)
을 매매하는 것을 말한다. 이 현물바스켓을 들고 있다가 어느 순간에 이 바스
켓을 버리고 비슷한 규모의 지수선물을 보유하고, 또 다음엔 지수선물을 버
리고 다시 현물바스켓을 매수하게 된다. 앞서 배운 '차익거래'를 떠올리면 된
다. 일단 프로그램 매매를 쉽게 이해하려면 크게 두 가지만 기억하면 된다.
첫째는 현물시장을 기준으로 만들어진 '프로그램 매수(현물 매수+선물 매도)'와
'프로그램 매도(현물 매도+선물 매수)'란 용어를 외워둔다. 가령 프로그램 매수
가 이뤄졌다고 하면 현물(주식)시장에 매수세가 들어왔다는 뜻으로 주가 상승
을 기대해볼 수 있다.
두 번째는 이 프로그램이 어떤 기준에 의해 돌아가는가를 알아보는 일이다.
언제 현물을 사고 선물을 파는지, 무슨 신호에 맞춰 선물 매수·현물 매도를
하는가에 대한 문제다. 얼마나 싸지고 비싸질 때 거래를 할 것인지에 대한 기
준이기도 하다. 이 기준에 해당되는 것이 바로 '베이시스(basis)'인데 '선물가
격-현물가격', 즉 선물과 현물의 가격 차이를 말한다(이때 선물가격은 선물지수
현재가를, 현물가격은 코스피 200지수를 활용한다).
만약 베이시스가 플러스(+)가 됐다면 선물가격이 현물가격보다 높다는 것인
데 이를 '콘탱고(contango)'라고 부른다. 반면 베이시스가 마이너스(-)라고 하
면 선물가격이 현물가격보다 낮다는 것으로 '백워데이션(backwardation)'이
라고 부른다.
엄밀히 말해 이 용어가 선물 고평가·선물 저평가를 의미하지는 않지만 편의
상 콘탱고일 때는 선물 고평가로, 백워데이션일 때는 선물 저평가로 머릿속에

넣어두면 된다. 프로그램 매매의 기준은 증권사별로 조금씩 다르게 짜여 있지만 베이시스가 −0.3 이하에서 움직이면(백워데이션 상태) 저평가된 선물을 사고 고평가된 현물을 파는 프로그램 매도가 이뤄진다. 반면 베이시스가 0.3 이상 상승하면(콘탱고 상태) 상대적으로 비싸진 선물을 팔고 싸진 현물을 사는 프로그램 매수가 시작된다.

현재 선물가격이 102이고 현물가격(코스피 200지수)은 103이라고 하자. 동일한 투자대상을 놓고 선물은 싸졌고, 현물가격은 비싸졌다. 당연히 비싼 것을 팔고, 싼 것을 사야 한다. 102−103=−1, 즉 베이시스가 −1인 백워데이션 상태로 이때는 선물을 사고 해당하는 금액만큼 코스피 200 종목을 주식시장에서 판다(프로그램 매도).

◆ **무위험수익 얻을 수 있어**=프로그램 매매는 크게 차익거래와 비차익거래로 나뉜다. 차익거래는 위에서 말한 베이시스를 이용하는 거래이고, 비차익거래는 베이시스와 무관하게 현물바스켓을 매수(매도)하는 것이다. 비차익거래는 주로 펀드 설정이나 해지를 위해 사용된다. 종종 '프로그램 매수(매도)'라는 표현 대신 '매수(매도)차익거래'라는 용어가 쓰이는데, 이는 프로그램 매매 중 차익거래만을 한정한 뜻이다.

그렇다면 이런 프로그램 매매를 왜 하는가.

프로그램 차익거래를 하는 이유는 현물과 선물의 가격 차이가 충분히 벌어졌을 경우 아무런 위험 없이 수익(무위험차익)을 거둘 수 있다는 데 있다. 선물 만기일이 되면 결국 코스피 200이란 기초자산을 놓고 선물가격과 현물가격

● 그림 12_ 프로그램 매도와 주가 폭락

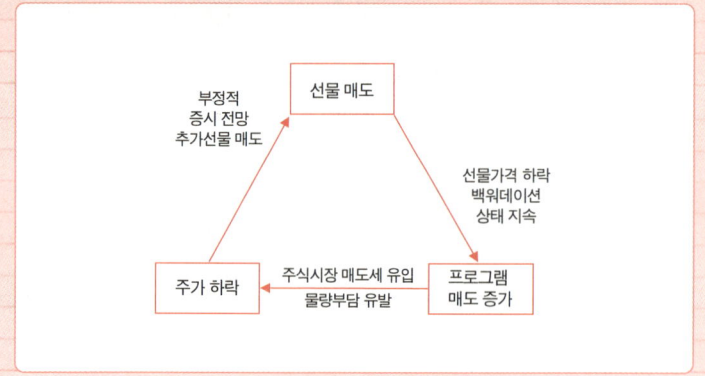

이 일치하게 된다. 그런데 현재 같은 상품에 다른 가격이 매겨져 있으므로 싼 것을 가지고 있다가 만기일 최종 마감 직전 비싸게 되팔아 수익을 남길 수 있다. 선물거래는 코스피 200지수의 등락을 예측하는 게임이고 현물바스켓도 코스피 200지수 구성종목과 일치하기 때문에 현물바스켓과 지수선물은 같은 상품이라는 전제를 염두에 두면 이해는 더 쉬워진다.

◆ **만기일 일주일 전 프로그램 매매 몰려**=보통 선물 만기일 일주일 전에 프로그램 매매의 영향력은 더 커지는데 매물의 50% 정도가 이 기간에 정산된다(물론 그 전에도 정산할 수 있다). 이때 매수차익거래로 사둔 현물바스켓을 매수차익거래잔고, 반대로 팔아놓은 현물바스켓을 매도차익거래잔고라고 한다. 선물 만기일이 되면 매수차익거래잔고는 다시 팔게 되고(프로그램 매도 발생), 매도차익거래잔고는 다시 거둬들이게 되는데 이때는 프로그램 매수가 이뤄진다. 가령 "현재 매도차익거래잔고가 매수차익거래잔고보다 많다"고 하면 만기일 이전에 프로그램 매수를 통한 현물시장 매수 유입을 기대할 수 있다.

◆ **주가 폭락 주범 되기도**=증시 전망이 어두울 땐 프로그램 매매는 주가 폭락의 주범이 되기도 한다. 시나리오는 대강 이렇다. 선물시장 참가자들이 불투명한 증시 전망으로 인해 대거 선물을 매도한다. 이때 선물가격이 하락하면서 백워데이션이 심화되고 매도차익거래가 겹쳐 주가가 하락한다. 이에 다시 선물을 매도하게 되고 매도차익거래가 증폭되면서 주가 하락폭은 더 커진다. '선물 매도→백워데이션 확대→프로그램 매도차익거래 증가→주가 하락→선물 매도…'의 악순환이다. 실제로 지난 1987년 미국 뉴욕 증시가 하루에 20% 이상 폭락했던 '블랙먼데이'를 비롯한 각종 블랙먼데이들 뒤에는 항상 프로그램 매도 폭풍이 존재했다.

니콜라스 리슨의 후예들

1967년생인 니콜라스 리슨(닉 리슨)은 집안이 찢어지게 가난했지만 머리가 좋았다. 그리고 손이 빨랐다. 천재는 보통 어수룩하기 마련인데 그는 수완도 좋은 축복을 받았다. 고등학교를 중퇴한 그는 1987년 세계 최고 투자은행 중 하나였던 모건스탠리의 선물옵션 결제부에서 2년간 근무하게 된다. 워낙 똑똑했던 그였기에 학벌과 상관없이 실력을 인정받았고 영국의 가장 오래된 투자은행이었던 베어링스 은행으로 이직하게 된다. 그리고 1989년 싱가포르 국제통화거래소 개설과 함께 싱가포르 지점으로 건너와 선물거래의 지휘와 거래의 결제, 기록 등 전 업무를 총괄하게 된다. 그러나 그로부터 6년 후인 1995년 리슨은 베어링스 은행 전체를 파산시키는 그야말로 큰일(?)을 저지르게 된다.

리슨은 싱가포르 지점에서 차익거래를 담당하던 직원이었다. 예를 들어 싱가포르 거래소에서 닛케이(Nikkei) 선물을 580에 사고, 오사카 거래소에선 똑같은 닛케이 선물을 590에 팔면서 차익을 남기는 게 그의 일이었다. 당시 일본 증시 움직임을 기초자산으로 하는 닛케이 선물은 싱가포르와 오사카에서 동시에 거래되고 있었는데 가격이 정확하게 똑같지는 않았다. 각 시장의 거래자들이 다르고 시장 분위기도 달랐기 때문이다. 이런 과정에서 순간적인 가격 왜곡이 자주 발생하곤 했다. 그야말로 차익거래를 하기에 안성맞춤인 상황이었다.

리슨이 이 차익거래를 하다가 베어링스 은행을 몰락시킨 것은 아니다. '대재앙'은 이런 단순하면서도 안정된 거래를 하던 어느 날 그에게 한 사건이 발생하면서부터였다. 자신의 팀원이 선물을 매수해야 하는데 주문 실수로 매도하면서 약 2만 파운드의 손실을 입게 된 것. 이때 리슨은 이 손실을 감추려고 이를 비밀계좌로 관리하면서 회복 기회를 엿보고 있었는데 상황은 더 악화되기만 했다. 그러던 어느 날 그에게 뜻하지 않은 대박이 터지면서 그간 비밀계좌에 감춰놓고 관리해왔던 손실을 다 커버하는 수익을 남기게 된다. 원래부터 존재하지 않았던 손실이었기에 발생한 수익 역시 존재하지 않는 것이었다. 인생이 즐거웠다. 행복은 그리 먼 곳에 있는 것이 아니었다. 그리고 리슨은 이 비밀계좌를 적극 활용하기 시작했다.

부산 출신의 정권이는 삼수 끝에 명문대 경영학과에 입학했다. 부산 남천동에서 '천재' 소리를 들으며 자랐지만 시험 울렁증 때문에 대학입시에서 두 번이나 쓴맛을 본 것이다. 고위 공무원인 아버지를 둔 부유한 집안 출신이었지만 내성적인 성격에다 특유의 뻐드렁니 때문에 늘 조용조용하게 지내왔다. 맥주 한 잔만 마셔도 얼굴이 온통 빨개지는 탓에 대학교 1학년 때는 과 동기들과도 쉽게 어울릴 수 없었다.

하지만 대학교 2학년 때 주식 동아리에 가입하면서 정권이의 성격은 바뀌기 시작했다. 아니, 인생이 바뀌어버렸다. 처음 주식을 공부하면서부터 정권이는 선물옵션투자를 위해 칼을 갈았다. 남들이 가장 어렵다고 생각하는 것, 예쁜 여자 후배들이 보내는 존경의 눈빛, 모니터 하나만을 놓고 펼쳐지는 자신만의 왕국, 정권이에게 '선물옵션'은 그런 존재였다.

성공했다. 하루에 50~60만 원 벌기는 식은 죽 먹기였다. 원래부터 똑똑한데다 소심한 성격이 파생거래에 잘 맞아떨어졌다. 삼성전자와 코스피 200 선물을 놓고 자신만의 차익거래도 펼치면서 위험관리에도 주력했다. 그리고 깨달았다. 투기거래나 베팅 유혹에만 빠지지 않는다면 최하 월 1%의 수익은 안전하게 확보할 수 있다는 것을. 그렇게 접근을 하니 때로는 월 10%, 2주일에 10% 수익도 올릴 수 있었다.

대학교 졸업반 시절, 정권이는 중형차를 타고 다녔으며, 명품 옷과

시계를 두르고 다녔다. 서울 강남 잠원동에 20평형대 아파트 전세도 얻었다. 매일 오후 3시 힘겨운 선물옵션 '파생전투'가 끝나면 정권이는 추리닝에서 말쑥한 정장으로 갈아입고 나이트클럽으로 향했다. 그곳에서 만난 여인들은 정권이의 뻐드렁니를 '귀엽다'고 했고 그가 못 마시는 술을 쭉쭉 대신 마셔줬다. 그러고는 정권이의 아파트로 스스럼없이 찾아왔다. 비슷한 시기에 정권이의 코스피 200 선물옵션투자의 밸런스도 무너지기 시작했던 것 같다. 그리고 정권이는 대학을 졸업했고 모 투신운용사에 입사했다.

선물옵션투자의 ABC ③

지난번 선물거래로 큰돈을 날렸던 왕초보 씨는 이번엔 옵션거래를 택했다. 이유는 딱 한 가지, "잃을 땐 프리미엄만큼만 손해 보지만 벌 땐 무한대로 번다"는 친구의 말 때문이었다. 마진콜의 악몽에서도 벗어날 수 있는 좋은 파생투자라고 생각했다. 또한 옵션 매수만 한다면 별도의 증거금도 필요 없었다.

옵션은 선물처럼 기초자산 자체에 대한 가격 변화를 거래하는 것이 아니라 그것을 매수(매도)할 수 있는 권리를 사고파는 것이다. 쉽게 말해 아파트를 사고파는 대신 분양권 프리미엄만을 놓고 거래한다고 생각하면 된다.

콜옵션은 그 프리미엄을 살 권리, 풋옵션은 팔 권리를 말한다. 콜옵션 하나에 매수·매도가 가능하고 풋옵션에도 다시 매수·매도를 할 수 있다. 단적으로 요약하면 지수가 올라갈 때 콜옵션 매수자와 풋옵션 매도자는 돈을 번다. 반대로 지수가 떨어지면 풋옵션 매수자와 콜옵션 매도자가 돈을 벌게 된다.

왕 씨는 HTS 옵션거래창을 열었다. 아직 초보인지라 개별 주식 옵션 대신 코스피 200지수 옵션을 택했다.

'현재 코스피 200지수가 104인데 향후 더 오를 것 같다. 콜옵션 102의 프리미엄(옵션가격)은 3.10, 이 정도면 괜찮다. 10계약 정도 사두자.'

왕 씨는 이렇게 전략을 짰다.

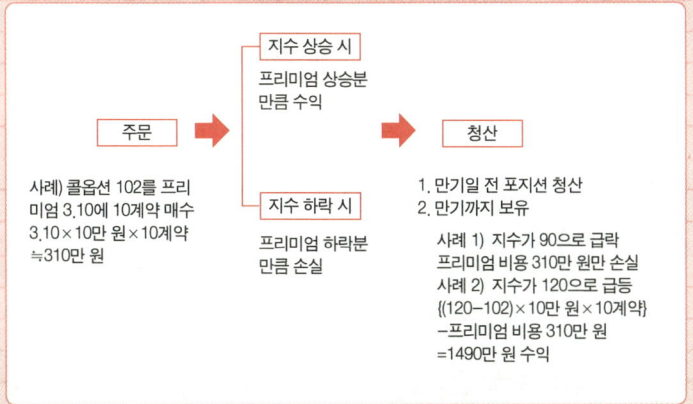

• 그림 13_ 옵션거래는 어떻게 이뤄지나(콜옵션 매수의 경우)

지수 상승 시
프리미엄 상승분 만큼 수익

주문

청산

사례) 콜옵션 102를 프리미엄 3.10에 10계약 매수
3.10×10만 원×10계약
≒310만 원

지수 하락 시
프리미엄 하락분 만큼 손실

1. 만기일 전 포지션 청산
2. 만기까지 보유

  사례 1) 지수가 90으로 급락
  프리미엄 비용 310만 원만 손실
  사례 2) 지수가 120으로 급등
  {(120−102)×10만 원×10계약}
  −프리미엄 비용 310만 원
  =1490만 원 수익

◆ **옵션거래는 프리미엄 거래**=코스피 200지수 옵션은 매달 둘째 주 목요일이 만기일로 매 한 달 동안 참가자들끼리 '전투'를 벌이게 된다. 옵션은 프리미엄이라 불리는 옵션가격(1포인트당 10만 원)을 기준으로 거래된다.

왕초보 씨가 '콜옵션 102'를 10계약 매수하는 데 드는 비용은 3.10×10만 원×10계약, 즉 310만 원 정도가 소요됐다.

실제로 다음 날 코스피 200지수는 106까지 상승했다. 이렇게 되자 콜옵션 102의 프리미엄은 5.0까지 뛰었다. 아파트 가격이 더 오를 것 같다고 예상되면 프리미엄이 순간 엄청나게 붙는 것과 같은 이치다.

왕 씨는 조금 갈등했지만 지난번 선물거래의 실패도 있고 해서 일단 보유하고 있는 10계약 중 5계약을 팔기로 했다. (현재 프리미엄 5.0×10만 원×5계약=250만 원)−(전날 매수 당시 프리미엄 3.10×10만 원×5계약=155만 원), 즉 95만 원의 수익을 올렸다. 남은 옵션 5계약은 만기일까지 갖고 가기로 했다.

◆ **대박의 꿈, 그러나 이번에도…**=만기일 전날 왕 씨는 또 '대박의 꿈'을 꿨다. 꿈속에서 만기일 지수가 무려 120으로 올라 있는 것이다.

왕 씨가 갖고 있는 5계약에 들인 돈은 155만 원(3.10×10만 원×5계약). 만기일에 왕 씨가 갖고 있는 콜옵션 102매수권리(120원 하는 상품을 102원에 살 수 있는 권리)를 행사하면 (120−102)×10만 원×5계약=900만 원을 벌게 된다. 결국 900만 원−155만 원=745만 원을 번 셈이다. 또한 이미 5계약을 팔아 번 돈 95만 원까지 합치면 총 840만 원의 수익을 손에 쥐게 되는 것이다.

그렇게 왕 씨는 꿈에서 깨어났다. 하지만 그날 아침, 다시 한 번 처참한 현실을 경험하게 됐다. 만기일 날 지수는 끝을 모르고 폭락해 90에 이르렀고 보유하고 있는 콜옵션 102는 말 그대로 휴지조각이 됐다. 처음 콜옵션을 매수할 때의 프리미엄 비용 155만 원을 고스란히 날리게 된 것이다. 90원짜리 상품을 102원에 사줄 사람은 당연히 아무도 없다. 또 한 번의 완벽한 패배였다.

◆ **매수 포지션 손실은 프리미엄으로 한정**＝그러나 자신에게 옵션을 가르쳐줬던 그 친구의 말 한마디에 그나마 위안이 됐다.

"네가 콜옵션을 매수했기에 이 정도로 막았지, 만약 풋옵션을 매도했으면 엄청났을 거야."

"무슨 말이야?"

"옵션 매수자는 벌 때 많이 벌고 잃을 땐 투자금만 날려. 하지만 옵션 매도자는 벌 때는 옵션 매수자가 날린 투자금만 확보하지만 잃을 땐 정말 무한대로 당하게 돼."

사실이다. 상승장을 예상한다는 점에서는 '콜옵션 매수'와 '풋옵션 매도'는 같지만 손실 규모는 확연히 다르다. 만약 왕 씨가 콜옵션 102 매수 대신 풋옵션 102를 매도했다고 가정해보자.

최초 코스피지수는 104였기 때문에 풋옵션 102의 프리미엄은 콜옵션보다 낮은 1.20에 형성돼 있었다. 10계약 매도했다고 하면 1.20×10만 원×10계약, 즉 120만 원의 비용이 들게 된다.

그런데 이때 지수가 90으로 폭락했던 만기일까지 이 계약을 보유했다고 하자. 그러면 90의 값어치가 있는 상품을 102에 팔겠다는 사람(풋옵션 102 매수자)의 물량을 떠안는 것이므로 이 부분을 모두 갚아주어야 한다. 따라서 (102−90)×10만 원×10계약, 즉 무려 1200만 원의 손실을 입게 된다. 90으로 폭락했기에 망정이지 만약 80으로 대폭락했다면 이제 (102−80)×10만 원×10계약, 즉 2200만 원을 물어야 한다. 바로 이런 위험 때문에 개인들은 매수 포지션을 선호한다. 옵션 매수자는 딱 프리미엄만큼 손실이 한정돼 있기 때문이다. 반면 매도 포지션은 그 이익이 상대방이 포기한 프리미엄으로 한정돼 개인투자자들에게 인기가 별로 없다.

하지만 실제 매매에선 매도 포지션을 취하는 게 이익이 날 확률이 높다는 평가다. 아예 증권사에서 증거금을 잡아주는 매도 포지션이 오히려 '안전하다(?)'는 의견도 있다.

◆ 대박 날 확률 < 프리미엄 날릴 확률＝만기일 밤, 왕 씨는 친구에게 다시 전화를 걸었다.

"친구야! 분명 옵션투자의 경우 매수 포지션만 구축하면 손실은 프리미엄뿐인데 개인들이 왜 쪽박을 차는 거냐?"

친구의 답변은 간단했다.

"임마, 대박이 터질 확률이 프리미엄 날릴 확률보다 임청 직기 때문이야."

200배 이상 '잭팟'이 터지는 날은 1년에 1~2회에 불과하다. 이것을 노리고 매번 오를지 내릴지 '동전 던지기'만 계속하면 가랑비에 옷 젖듯 손실금액이 눈덩이처럼 불어난다. 만약 누군가 알카에다의 추가 미국 테러일을 정확히 알고 있거나 제2의 서브프라임 모기지 사태 발생을 알려준다면 폭락에 베팅하면서 풋옵션 매수 포지션에 전 자금을 쏟아부어야 한다. 하지만 그런 일이 불가능하다는 게 문제이고, 그래서 개인투자자 대부분은 쪽박을 찬다.

옵션 프리미엄(option premium)

콜·풋옵션 매수자가 매도자에게 권리를 사는 대신 지불해야 하는 비용으로 매매 시 옵션가격으로 활용된다. 지수의 변동성, 만기일까지의 잔존기간 등의 변수에 따라 움직인다. 가령 만기일이 가까우면 프리미엄은 낮아지고 변동성이 클수록 프리미엄은 높아진다. 증권거래소는 일정한 기준을 통해 변동성을 공표해 투자 시 참조하도록 하고 있다.

리슨의 속이 타들어 가기 시작했다. 어쩌면 첫 번째 대박을 터뜨린 그 순간부터 이런 불행은 예견됐던 것인지도 모르겠다. 한 번의 성공에 세 번 실패, 다시 또 한 번의 성공에 이번엔 다섯 번 연속 실패, 이런 파생거래 과정이 반복되면서 그의 비밀계좌에 담긴 손실은 수백만 파운드에 육박하게 됐다.

"판돈만 계속 키울 수 있다면 언젠가는 따게 돼 있는 게임이야."

그는 되뇌고, 또 되뇌었다. 이론적으론 틀린 말이 아니었다. 파생거래엔 분명 연속적으로 판돈을 계속 키워가면서 거래를 하다 한 번만 맞히면 단번에 모든 손실을 만회할 수 있는 특징도 있다. 그러나 그것은 무한대의 돈과 무한대의 시간, 그리고 무한대의 기회가 주어졌을 때만 가능한 일이다. 이제는 영국 베어링스 은행 본사에서 리슨이 숨겨둔 비밀계좌에 대해 알아채기 시작한 눈치다. 결국 그는 마지막 결단을 내리기로 했다.

1994년 12월 중순, 리슨은 닛케이 225 주가지수와 관련된 '스트래들(straddle) 매도 포지션'을 구축했다. 이 전략은 동일한 행사가격을 갖는 콜옵션과 풋옵션 1개씩을 동시에 매도하는 것이다. 이런 전략을 구사한 데는 나름의 이유가 있었다. 스트래들 매도의 경우 주가가 큰 폭으로 움직이지만 않으면 해당 프리미엄을 모두 취할 수 있는 특징이 있다. 옵션 매수자가 지불했던 프리미엄을 고스란히 얻을 수 있다는 뜻이다. 무엇보다 당시 옵션시장이 비정상적인 변동성을 보이고 있어 프리미엄은 기초자산 가격 대비 5%대의 높은 수준을 유지하고 있던 것도 매력적이었다. 다시 정상적으로 돌아오게 된다면 높아진 프리미엄은 고스란히 스트래들 매도자의 것이 되기 때문이다. 반면 닛케이 225지수가 급등 또는 급락할 경우엔 그만큼 프리미엄 전체를 물어줘야만 했다.

그러나 시장은 야속했다. 어쩌면 세상이 너무 야박한 것만 같았다. 1995년 1월 일본 고베 지역에 진도 7.0이 넘는 강진이 발생한 것이다. 이와 함께 일본 증시가 1000포인트 가까운 폭락세를 보였다. 바로 급락, 급등만 없으면 편하게 돈을 벌 수 있다고 생각한 리슨의 예측이 한순간에 무너져 내리는 순간이었다. 단 한 번의 거래로 그가 입은 손실은 2800만 파운드에 달했다.

'난 이제 되돌아갈 수 없다. 오로지 앞으로만 갈 뿐이다.'

리슨은 눈을 감았다. 가슴 저 깊은 곳에서 묘한 떨림이 느껴졌다. 그랬다. 해볼 만하다. 못 할 것도 없다. 이런 말도 안 되는 폭락이 있을 땐 반드시 기술적 반등이 있기 마련이다. 게다가 일본 정부는 고베 지진 복구를 위해 대대적인 재정지출 증가를 계획하고 있다. 일각에선 벌써부터 이번 지진이 일본경제 전체에 활력소가 될 수 있다는 장밋빛 전망을 내놓고 있디. 그렇디면 지금이야말로 절호의 친스다. 바로 이때 모든 자금을 투입하고, 최대한 레버리지를 활용해 단 한판 승부로 모든 것을 뒤집으면 된다.

리슨은 가능한 모든 자금을 투입해 닛케이 225 주가지수선물을 대량 매입했다. 그리고 이와 함께 150억 달러가 넘는 일본 국채선물을 매도하는 거래도 병행했다. 역사적으로 일본 증시와 채권시장은 반비례해왔기 때문이다. 만약 주식시장이 기술적 반등을 시작하면 채권시장은 부진할 것이기 때문에 리슨은 국채선물 매도 포지션에서도 돈을 벌 수 있다. 자, 모든 것이 끝났다. 이제 파생거래의 여신이 한 번만, 딱 한 번만 자신에게 웃어주기만 하면 된다.

오랜만에 대학동창들이 모였다. 지병으로 젊은 나이에 세상을 뜬 지도교수님 부인의 장례식 자리였다. 그곳에서 정권이 이야기를 가장 먼저 꺼낸 건 바로 나였다.

"정권이가 안 보이네. 오 교수님 애제자가 안 왔을 리가 없는데."

난 장례식장 안을 둘러보면서 말했다. 하지만 내게 돌아온 건 친구들의 싸늘한 시선과 묘한 탄식이었다.

"그 자식이 어떻게 여기 오냐? 나쁜 새끼!"

"그놈 완전 쓰레기 같은 녀석이야. 하여튼 그 뻐드렁니하고 어울리지도 않은 명품 입고 설칠 때부터 알아봤어야 하는데."

"야, 넌 돈 안 떼였어?"

"돈?"

난 그때 알았다. 정권이가 대학동창들로부터 이미 억대에 달하는 돈을 빌려갔다는 사실을. 적게는 300~400만 원에서부터 최고 4000만 원을 빌려준 친구도 있었다. 연락도 완전히 두절된 상태란다. 다들 계약서를 쓰고 빌려준 게 아니라 애만 태우고 있었다. 다니던 투신운용사에서도 잘린 지 오래라고 했다.

"여의도 바닥에 정권이 그놈 절대 못 돌아온다. 그쪽 회사 동료하고 후배들한테 빌린 돈도 3억이 넘나봐. 몇 명은 그놈 아버지한테 돈 받으러 간다고 부산까지 찾아갔다니까."

"어떻게 미안하다는 말 한마디도 없냐고. 친구끼리 말이야. 휴~"

5억 원이 넘는 손실. 정권이를 이렇게 '나쁜 새끼'로 만든 건 지난 2004년 4월 터졌던 일명 '차이나 쇼크'였다. 삼성전자가 100만 원 간다, 코스피지수가 1000을 돌파한다는 기대감이 넘실대던 그때 외국인투자자들은 하루에만 1만 계약이 넘는 선물 순매도를 하는 비정상적인 행태를 보였다. 그로부터 일주일 후 외국인들은 선물에 이어 본격적으로 현물주식을 팔아치우기 시작했다. 그리고 연일 뉴스가 터져 나왔다. 중국 경기경착륙 우려가 커지면서 이머징마켓에 투자했던 자금들이 속속 빠져나갔다.

"야, 고마 그만 쫌 해라. 우리는 이해해줘야 않겠나. 정권이 갸도 나름 사정이 참말로 많았데이. 하여튼 그놈의 선물옵션이, 아 인생 하나 완전히 조져버릿다."

대학교 2학년 때 싫다는 정권이를 데리고 주식투자 동아리에 함께 가입했던 고향친구 경준이가 사투리 섞인 묵직한 저음으로 입을 열었다. 정권이는 2004년 초 매우 힘들어했다고 한다. 특히 꽃뱀 비슷한 여자친구와 사귀면서 돈이 늘 부족했고, 의처증 비슷한 상태에도 빠졌다고 한다. 교통사고까지 내면서 거액의 합의금도 물어줬다. 정권이는 결국 부산에 내려가서 부모님 돈 2억 원을 끌어왔다고 한다. 하지만 그 돈으로 계속 투기거래만 하다 2개월도 못 버티고 고스란히 날려버렸다. 2004년 5월부터 정권이는 행방을 감췄다.

"내가 계속 그랬거든. 부모님이 돈 내주셨을 때 말이다. 그걸로 빌린 돈 가리하자고. 빌린 돈에 20%라도 갖다 주고 무릎 꿇고 빌라고. 근데 이미 그때 그놈아 눈동자가 고마 완전히 풀려버렸더라."

리슨은 말레이시아, 브루나이 등을 전전하며 도망 다니다 독일에서 체포됐다. 그리고 이때쯤 1762년에 설립돼 233년의 유구한 역사를 자랑하던 영국의 베어링스 은행은 이 세상에서 사라졌다. 20대였던 직원 한 명에 의해 단돈 1달러에 ING에 합병된 것이다.

파생거래의 여신은 결코 리슨에게 미소를 보내주지 않았다. 어쩌면 그런 여신은 애초부터 없었던 것 같기도 하다. 1995년 1월부터 2월까지 리슨의 예측과 달리 일본 증시에는 기술적 반등이 나타나지 않았다. 오히려 추가로 15% 이상 더 하락했다. 결과는 참담했다. 주가선물 매수 포지션과 국채선물 매도 포지션 모두에서 완전 거덜이 났다. 선물 매수 포지션, 국채선물 매도, 기존 옵션 스트래들 매도로 리슨이 기록한 손실은 13억 파운드(2조 6000억여 원)가 넘었다. 2800만 파운드의 손실을 메우고자 시도했던 '마지막 베팅'은 불과 2주 만에 50배 가까이 커져버렸고, 결국 베어링스 은행은 파산을 신청했다.

무한대의 자금과 무한대의 시간, 그리고 무한대의 기회는 결코 신이 인간에게 허락하지 않은 축복이란 걸 그는 정말 몰랐던 것일까. 아니면 알면서도 믿고 싶지 않았던 것일까.

정권이를 다시 만난 건 2009년 2월 여의도 거리에서였다. 장례식장에서 정권이 이야기를 들은 지 3년이 훌쩍 지났지만 내 머릿속에선 아직도 "여의도 바닥으로 절대 못 돌아온다"는 말이 생생했다. 뜻하지 않은 만남에 정권이는 내 눈치를 살폈다. 아마도 내가 자신의 이야기를 아는지 모르는지에 대한 탐색인 것 같았다. 내가 먼저 말을 꺼냈다.

"야, 박정권. 너 괜찮아? 잘된 거야?"

정권이는 '괜찮냐'는 나의 말에 뭔가를 직감한 듯했다.

"응? 으응. 괘안치 그럼. 나 지금 다시 펀드매니저 하고 있다."

"어, 그래? 진짜?"

나도 모르게 '진짜?'냐는 반문이 튀어나왔다. 정권이는 모 운용사에서 차익거래펀드와 인덱스파생펀드를 운용하고 있다고 했다. 제법 수익률도 선방하고 있다는 자랑과 함께 살짝 웃는데 정권이 특유의 뻐드렁니가 드러났다. 그 순간 난 친구들과 동료들한테 빌려간 돈들은 다 갚았냐고 물어보고 싶은 충동이 들었다. 하지만 그냥 입을 다물었다. 선물옵션으로 노숙자 됐다는 사람이 수두룩한데 이렇게 다시 돌아왔다는 자체가 참 대견하다는 생각을 했다.

"니 혹시 선물옵션이나 ELW 하고 싶으면 쪼매 참았다가 내 펀드 들어라. 잘해줄게. 나 몇 년 내로 내 이름 달고 롱숏 헤지펀드 운용할 거거든. 그라믄 연 12%는 문제없다."

정권이가 넉살을 부린다. 대학 때도 그랬지만, 이런 넉살을 부리거나 허풍을 떠는 모습이 참 안 어울리는 녀석이다. 이런 녀석이 어쩌다 그렇게 말도 안 되는 베팅을 했는지 아직도 잘 이해는 안 간다. 영국 베어링스 은행을 날려버렸다는 닉 리슨이라는 자식도 원래는 정권이처럼 투기나 도박, 베팅, 뭐 이런 것들과는 전혀 어울리지 않은 스타일이 아니었을까.

"임마, 그러다 내 돈 다 날려먹으면 어떻게 할 거야? 책임질 거야?"

난 일부러 크게 껄껄대며 웃었다. 안타깝지만 앞으로도 대한민국에, 아니 전 세계에 리슨이나 정권이와 비슷한 전철을 밟는 후예들은 계속해서 생겨날 것이다. 지금 밤을 새가며 선물옵션을 공부하는 20대 여러분들, 꼭 기억하시길. '월 1% 수익률' 딱 그만큼만 노리던 초심을 결코 잃어버려선 안 된다는 것을.

09

환테크에 대한 몇 가지 단상

배우 마이클 더글러스와 기네스 팰트로가 주연한 영화 〈퍼펙트 마더〉를 보면 부인을 죽이려고 갖은 술수를 부렸던 마이클 더글러스가 결국 파멸로 치닫게 된다. 영화에는 범죄가 밝혀지는 과정과 함께 '달러 캐리 트레이드'로 그간 짭짤한 재미를 보던 헤지펀드 운용자 마이클 더글러스가 미국 공개시장위원회(FOMC)의 급격한 금리 인상으로 천문학적 액수의 손실을 본다는 내용이 담겨 있다.

이때 나오는 '캐리 트레이드(carry trade)'란 상대적으로 값싼(금리가 낮은) 통화를 빌린 뒤 이 자금을 금리가 높은 다른 국가 통화나 주식, 채권, 실물자산 등에 투자해 수익을 창출하는 방식을 말한다. '달러 캐리 트레이드'라고 하면 달러를 빌리는 것이고 '엔 캐리 트레이드'라고 하면 일본 엔화를 빌리는 것이다. 전통적으로 이들 국가는 금리가 낮은데다 통화가치도 하락하는 추세를 유지해왔기 때문에 헤지펀드들은 이런 '캐리 트레이드'를 이용해왔다. 특히 엔 캐리 트레이드는 세계적으로 유명한 투자기법이다. 일본은 대출금리도 낮은데다 통화절상 가능성도 낮아 마음 편하게 엔화를 빌릴 수 있기 때문이다. 단적으로 2% 대출이자율로 돈을 빌려 5% 수익만 남겨도 자기 돈 하나도 없이 3%라는 무위험수익률을 만들어낼 수 있다.

하지만 지난 2008년 하반기 몰아쳤던 세계 금융시장 붕괴 공포에 따른 달러값, 엔화값 폭등에서 알 수 있듯 상황은 한순간에 역전될 수 있다. 맘 편하게 빌려 운용됐던 '엔 캐리 트레이드' 자금들은 투자처에서도 마이너스 수익률을 기록한데다 엔화가치까지 올라 손실이 눈덩이처럼 불어난 것이다. 그래서 빌렸던 엔화를 빨리 갚으려고 전 세계 증시와 실물자산 시장에 투자됐던 자금을 급하게 회수했고, 이로 인해 시장은 다시 악화되고 엔화가치는 또 오르는 악순환이 지속됐다.

단상 2 코스피와 환율이 만났을 때

1990년대 말 IMF 시절 원/달러 환율은 1900원대를 훌쩍 넘어섰고, 2009년 초엔 1600원에 근접하는 모습을 나타내기도 했다. 이처럼 10년 주기로 환율이 요동을 치면서 어느덧 우리나라에서는 '환테크'라는 영역이 재테크의 중요한 부분으로 자리매김하게 됐다. 가령 2~3년 전 환율 900원대에서 달러를 사놓았다 1500원대에서 팔았다고 가정해보면 수익률이 50%를 가뿐하게 넘어선다. 이뿐만이 아니다. 대한민국에서 환율이 갖는 의미는 꽤 크다고 할 수 있다. 한국은 부존자원이 부족해 원자재를 수입해 가공해서 내수나 수출을 하기 때문에 경제의 약 70%가 환율의 영향을 받는다. 따라서 포괄적으로 봤을 때 주식, 채권, 부동산시장 모두가 환율 영향을 크게 받는 구조라고 할 수 있다. 지난 1990년대 말 외환위기 이후 지금까지 환율과 주식은 반비례 관계를 유지했다. 환율 상승구간에선 주가가 올랐고, 환율이 급등하면 증시는 급락했다. 시간 차이는 조금 있지만 부동산 시장 또한 비슷한 양상을 보였다.

물론 실물경제 측면에서는 적당히 높은 수준의 환율은 도움이 된다고 볼 수 있다. 수출기업의 해외 판매가격이 하락하면서 경쟁력이 생기기 때문이다. 하지만 이건 '적당히 높은 경우' 일 때만이다. 환율이 급등해버리면 수입 원자재 가격도 함께 오르기 때문에 가격경쟁력도 떨어진다. 여기에 국내 내수경기도 죽는다. 그래서 오히려 서서히, 조금씩 환율이 움직여주는 게 증시엔 긍정적이다.

● 그림 14_ 1998~2007년 코스피와 환율 추이

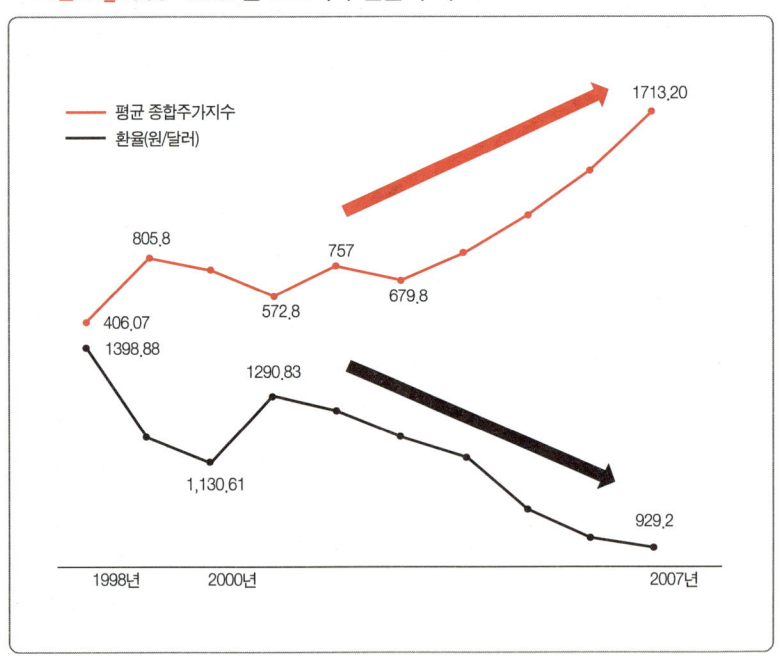

무엇보다 환율 급등은 금융시장에서 외국인투자자들의 이탈을 발생시킨다. 가령 1달러당 1000원인 환율 상황에서 1000달러를 들고 한국 주식 100만 원어치를 매수했는데 갑자기 환율이 1달러당 2000원으로 오르면 주식 보유가치가 가만히 앉아서 50만 원으로 급락하고 주가 변동이 없어도 투자수익률이 −50%가 된다(외국인들의 투자수익률은 달러 기준으로 측정된다). 그래서 외국인투자자들은 추세적으로 환율 상승기엔 보유 주식을 매도한다. 환율 상승(원화값 하락)이라는 자체가 대한민국 경제의 위축을 의미하기 때문이기도 하다. 반대로 환율 하락기에는 국내 주식투자에 대한 수요를 높인다.

바꿔 생각해볼 수도 있다. 외국인들이 국내 주식을 매수하기 위해선 자신들의 달러를 원화로 바꾸어야 하는데 이 경우 원화에 대한 수요가 높아지면서 원화가치는 오른다(환율 하락). 반면 외국인들이 국내 주식을 매도하면 원화를 달러로 바꾸어 가져가기 때문에 달러에 대한 수요가 높아지고 결국 달러가치가 오른다(환율 상승). 그래서 '외국인 국내 주식 매도(매수)−환율 상승(하락)−추가 매도(매수)−추가 환율 상승(하락)−주가 하락(상승)'의 순환고리가 만들어지기도 한다.

이런 점 때문에 국내 증시를 분석하는 데는 반드시 환율 추이를 늘 염두에 두고 있어야 한다. 특히 환율 급등, 급락 시기엔 여지없이 코스피도 급락, 급등을 반복하기 때문에 주식시장과 외환시장을 함께 살피고 있어야 한다.

단상 3 외화예금도 적립식으로

항상 그랬다. 달러값이 요동을 치거나 엔화가 터무니없이 강세를 나타내면 시중은행의 일명 '외화예금'이란 상품에 대해 관심이 높아진다. 구조는 간단하다. 예금 자체를 원화에서 미국달러나 엔, 유로, 캐나다달러, 호주달러 등으로 환전해서 넣는 것이다. 그렇게 되면, 첫째 은행이 제시하는 금리(이자)를 받을 수 있고, 둘째 향후 원화가치가 더 떨어져 발생할 수 있는 환차익도 기대할 수 있다.

특히 2008년 하반기처럼 '달러 품귀현상'이 발생할 때는 은행 제시 금리도 함께 높아진다. 은행들 자신이 달러가 필요하기 때문에 좀 더 높은 금리를 주면서 국내 개인들의 자금을 끌어 모으려 하기 때문이다. 가령 2009년 2월 말엔 1년 만기 달러 정기예금금리는 연 5.5% 대였고, 엔 정기예금금리는 연 4% 초반이었다. 호주달러와 뉴질랜드 달러 예금은 각각 연 7% 수준을 넘기도 했다. 당시 3%대였던 은행 정기예금금리에 비해 매우 높은 수치인 셈이다. 2008년 말부터 외화예금도 예금자보호 대상이 됐기 때문에 안정성도 높아졌다.

그러나 모든 재테크 수단이 그렇듯 외화예금도 그냥 가만히 앉아서 님도 보고 뽕도 딸 수 있는 그런 상품이 아니다. 예상과 달리 원화가치가 올라가면(환율 하락) 그만큼 환차손이 발생하고 이 피해를 본인이 고스란히 감내해야 한다. 또한 이자소득세뿐만 아니라 수수료가 붙는다. 달러예금을 원화 또는 달러로 인출하려면 평균 1.6~2%대의 환전(현찰) 수수료를 물어야 하고, 외화예금 속 달러나 유로화 등을 그대로 외국에 있는 자녀나 친지에게 송금하려고 해도 해외송금 수수료를 부담해야 한다. 결국 외화예금 이용자는 환차익으로만 최소 2% 이상 먹을 수 있어야 은행이 제시한 금리를 온전하게 확보할 수 있다는 결론이 나온다.

이 때문에 어느 정도 경력이 쌓인 재테크 전문가들은 섣불리 외화예금을 추천하지 않는다. 외화예금이야말로 장기 적립식으로 접근해야 한다는 게 정석이라는 평가도 있다. 경기, 증시, 부동산 주기가 3~5년인 만큼 재테크 수단으로의 외화예금도 이 정도 기간을 두고 적립하여 저축해야 한다는 뜻이다. 이런 의미에서 보면 자녀들을 해외로 유학 보낸 기러기 아빠들에겐 외화예금은 필수다. 보통 5년 정도의 유학기간을 감안하면 통장을 개설해놓고 여유가 생길 때마다 조금씩 넣어두면 좋을 것 같기도 하다. 실제로 미국에 딸을 유학 보낸 기러기 아빠가 2005~2008년 초반까지 3~4년 정도 꾸준히 달러 외화예금에 적립저축했다면 이후 발생한 환율 급등시기에 남몰래 웃을 수 있었을 것이다.

단상 4 외화대출 방법도 있긴 한데

환율이 급상승할 때는 신문이나 각종 매스컴에서 '환테크'란 용어가 쏟아져 나온다. 그래서 재테크에 몰두하고 있는 여러분들은 종종 '혹시 나만 뒤처지고 있는 것 아닌가' 하는 걱정도 들 것이다.

'환테크'란 앞으로 펼쳐질 환율 변동 추이를 분석 및 예측하고, 이를 바탕으로 적절한 대응을 해 이익을 얻는 것을 말한다. 그런데 그리 거창한 것도 아니다. 환율 하락기엔 해외여행에서 신용카드를 쓰고, 환율 상승기엔 결제 후 3일 정도 후에 환율이 적용되는 카드 대신 현금을 쓰는 것이 좋다, 해외송금을 자주 하는 사람들은 해당 통화로 된 외화예금을 가입하는 것이 좋다는 충고 정도다.

물론 혹자는 "우리 삼촌은 노무현 정부 때부터 달러를 1억 원어치 사 모아서 3년여 만에 6000만 원 벌었다"는 말을 하기도 하지만 그건

"2008년 10월 말 세계 증시 폭락 때 중국펀드에 올인해 4달 만에 50% 수익률을 올렸다"는 것과 크게 다르지 않은 소리다. 2005~2007년 증시 및 부동산 급등시기에 나홀로 달러를 모았다는 사실이나, 세계 대공황이 온다는 공포의 시기에 가장 위험하다는 중국펀드에 자금을 올인했다는 것도 일반인들에겐 상당히 힘든 재테크 대응이기 때문이다.

이런 친구도 있다.

"엔 캐리 트레이드? 뭐 헤지펀드만 하는 줄 아니? 우리도 할 수 있어. 엔화가 쌀 땐 엔화 외화예금에 가입하는 거야. 대신 엔화가 비싸질 땐 엔화 대출을 받는 거야. 대출을 받아서 아파트를 사. 그리고 3년만 기다려봐. 엔화 곧 똥값 된다."

큰 틀에선 틀린 이야기가 아니다. 외화대출이란 방법, 괜찮은 환테크다. 가령 원/엔 환율이 고공행진을 하고 있을 때 엔화 대출을 받아놓으면 향후 엔화 값이 떨어질 때 대출 부담은 크게 줄게 된다. 100엔당 1500원대에서 1000만 엔(1억 5000만 원)을 대출받았다고 하자. 향후 환율 하락으로 100엔당 1000원으로 떨어지면 대출금은 가만히 앉아서 1억 원으로 줄게 된다. 5000만 원의 환차익이 발생하는 셈이다.

하지만 헤지펀드의 '엔 캐리 트레이드'와는 달리 일반인들이, 특히 20대 여러분들이 이런 테크닉을 구사하기는 좀 힘들다. 현재 엔화가 과대평가돼 있어 곧 원/엔 환율이 떨어질 것이라고 생각해도 재테

● 표 7_ 2009년 1월 초, 모 시중은행 엔화 대출상품 자격현황

대상 고객	만 23~70세로 사업자등록증을 소지하고 있는 개인사업자, 법인
대출 한도	신용등급에 따른 소요자금 규모(최소 1억 원 이상)
담보 종류	공장, 상가, 빌딩, 오피스텔, 신용보증서, 아파트, 주택 등
대출 기간	2년(연장 가능, 연장 시 조건 재조정)

크로 활용할 방법이 제한된다는 뜻이다. 일단 엔화 대출이 쉽지 않다. 일반 직장인들이 은행에서 엔화 대출을 받는다는 게 현실적으로 힘들다.

게다가 엔화가치가 급등했을 경우 금융기관에서는 기존 금리 외에 가산금리를 더 붙이게 된다. 부족한 엔화에 대한 일종의 프리미엄이다. 그래시 자격이 된다고 해도 2009년 초만 같은 경우엔 내출금리가 9%대까지 나왔다. 괜찮은 수단이긴 하지만 이처럼 현실적 제약이 따른다. 그래도 여러분은 외화대출의 구조를 이해하고 그 존재를 숙지하고 있도록 하자. 분명 한 번쯤 효율적으로 활용할 기회를 가질 수 있을 것이다.

단상 5 변하지 않는 게 최고다

'환(換)'에 대한 개념 정리를 위해서 빼놓을 수 없는 것 중 하나는 바로 환위험 관리, 즉 환헤지 과정이다. 누군가는 환투자와 관련해 무조건 환차익을 노리는 것만을 생각하겠지만 이는 사실과 다르다. 대부분의 경우 환에 대해서는 어떤 이익을 남기는 것보다 환율변동 위험을 막는 것을 더 우선시한다. 장사를 하는 사람들, 그리고 굴지의 대형 기업들은 급격한 환율 상승, 하락 대신 환율 고정을 더 선호한다. 이뿐만이 아니다. 개인 해외펀드 투자자들에게도 환율은 아주 중요한 관심사가 됐다. "해외펀드 투자 시 환위험을 헤지할 것인가, 열어둘 것인가?"에 대한 논쟁은 아직도 뜨겁다.

그래서 그간 많은 환헤지 기법이 개발됐고, 현실에서는 활발하게 이용되고 있다. 한 번쯤 들어봤을 법한데 선물환(Forward), 환변동보험, 통화선물(Currency Futures), 통화옵션(Currency Options) 및 외환옵션(FX Options) 등이 그것이다.

이들의 구조는 간단하다. 환헤지를 위해서는 먼저 자신이 원하는 목표환율을 정하고 거기에 해당하는 비용을 해당 금융기관에 지불하면 된다. 그리고 목표환율에 맞춰 자신의 활동을 펼치면 된다. 어떤 측면에서 환헤지 과정은 8장에서 살펴본 헤지거래와 비슷한 구조도 갖고 있다.

대재미 상사는 올해 목표 영업이익률을 5%로 잡았다. 그리고 이 목표를 맞추기 위해서는 원/달러 환율이 1010~1012원선에 있어야 한다는 분석을 내렸다. 그런데 현재 50만 달러 규모 수출 물건을 배에 실어 보낼 때 환율은 1050원에서 움직이고 있다. 전문가들은 환율이 앞으로 더 오를 것이라고 전망한다.

● 표 8_ 대재미 상사의 환변동보험을 통한 환헤지

기업 명	수출계약 금액	영업이익 목표환율	선적시점 기준환율	환변동 정산환율	환변동 보장환율
대재미 상사	US$500,000	1,010.00원	1,050.00원	1,053.00원	1,012.00원

자, 이제 여러분은 대재미 상사의 최고경영자(CEO)다. 어떻게 할 것인가. 분명 환율은 더 올라 수출업체인 대재미 상사에 유리한 환경(환차익)이 발생할 것이란 의견이 지배적이다. 하지만 여러분은 환변동보험에 가입해 환율변동위험을 막아야 한다. 환차익을 기대할 수 있지만 목표한 영업이익(률)을 정확하게 달성하기 위해서는 '변하지 않는 것'이 더 중요하다. 그래서 수출보험공사와 환변동보험 계약을 체결하고 올해 어떤 환변동이 있어도 1012원에 환율을 고정시키기로 했다.

계약 체결 이후 실제 환율은 예상대로 상승해 1053원까지 올랐다. 환율이 상승하면서 수출 계약금 50만 달러는 원화로 환산했을 때 $500,000 × (1053원−1010원), 즉 2150만 원의 환차익이 발생했다. 하지만 여러분은 이미 환변동보험 계약을 체결했기 때문에 환변동 보장 환율 1012원에 환율은 고정돼 있다. 따라서 오히려 여러분은 실제 만기시점에 얻은 환율에 따른 기회이익 $500,000 × (1053원−1012원), 즉 2050만 원을 수출보험공사에 환급해야 한다. 가만히 앉아서 2150만 원을 벌 상황인데 쓸데없이 환변동보험을 체결해 '운 좋게' 발생한 내 돈 중 2050만 원을 돌려주게 생겼다.

그러나 엄밀히 말해 바로 이런 것이 환헤지의 원칙이다. 환율의 변화를 통해 어떤 이익을 남기는 게 아니라 환율 변동을 최대한 억제한다는 데 그 의의가 있는 것이다. 대재미 상사가 환헤지를 했던 이유는 환변동과 상관없이 당초 목표인 영업이익률 5%를 실현하기 위해서였고, 결국 이를 달성했다. 게다가 여러분은 100만 원(2150만 원−2050만 원)의 보너스도 손에 쥘 수 있었다.

그래도 아깝다고 할지 모르겠다. 하지만 이번처럼 예상대로 환율이 움직여줘서 그렇지 갑자기 환율이 1달러당 950원으로 급락할 수도 있다. 2008년 말 발생했던 '키코(KIKO: Knock In Knock Out)옵션 사태'는 바로 이처럼 환율이 예상을 깨고 방향성을 바꿔버린 경우다. 특히 키코옵션은 환변동보험이나 선물환 계약과는 달리 복잡한 구조와 손실 레버리지가 큰 구조를 갖고 있었기 때문에 파급효과는 더욱 컸다.

KIKO란 무엇인가

KIKO는 은행과 기업 간 환헤지 수단으로 체결한 통화옵션 상품계약 중 하나였다. 일반적인 선물환 매도기법과 달리 키코옵션은 상한선~하한선 구간을 정해놓고 이에 따른 비용 부담을 다르게 정해놓았다. 가령 하한선 밑으로 내려가면 계약 자체가 무효이고, 반면 상한선 위로 환율이 상승하면 계약자(해당 기업)가 계약금액의 2배를 금융기관에 매도해야 한다는 구조였다. 쉽게 생각해 10만 원 이하병원비는 본인 부담, 11만 원부터 100만 원까지는 병원에서 공짜 치료, 그렇지만 100만 원이 넘을 경우는 본인이 치료비의 2배를 물어야 한다는 계약이다.

2007년에서 2008년 초까지만 해도 국내 수출업체들은 환율 상승이 아닌 환율하락을 걱정했다. 1달러당 1000원대 환율은 상상하지도 못했다. 그래서 대부분 1달러당 880~960원선의 구간을 정해놓고 키코옵션 계약을 했다. 그런데 문제가 터져버렸다. 2008년 3분기를 지나면서 환율이 뛰어오르기 시작했고 1000원선은 물론 아예 1500원 위로 솟아버린 것이다. 치료비는 아무리 많아야 100만 원은 넘지 않을 것이라고 예상했는데 막상 치료를 해보니 200만 원이 나와버렸다. 키코옵션에 계약했던 기업들은 1달러당 많게는 500원의 추가비용을 물면서 계약금액의 2배에 해당되는 규모의 달러를 은행에 팔아야만 했다. 가령 1460원하는 달러를 960원이란 낮은 가격에 팔아야 하는 부담을 져야 했다.

결과는 처참했다. 국내 중소기업 70% 이상이 키코옵션에 따른 손실을 입었으며 10여 개의 알짜 중견기업들이 이 상품계약만으로 부도가 났다. 과연 누구의 잘못이었을까. 이렇게 위험하고 어려운 상품을 팔아치운 금융기관? 잘 알지도 못하고 덥석 계약을 한 기업? 예상을 깨고 급등해버린 원/달러 환율?

단상 6   해외펀드 환헤지, 해? 말아?

아마도 현재 20대 여러분에게 가장 영향을 미치는 '환테크'는 해외펀드에 대한 환헤지가 될 것 같다. 바로 해외펀드 가입 시 환헤지를 해야 할 것인가, 말 것인가에 대한 고민이다. 결론부터 말하면 해외 주식형펀드의 경우 환헤지를 하지 않는 것이 정석투자다. 우리가 어떤 해외 증시에 투자한다는 건 그 나라 경제와 증시가 개선된다는 걸 기대하는 것이고, 그렇다면 당연히 그 나라 통화도 강세가 된다는 걸 고려하기 때문이다. 따라서 해외 주식형펀드를 가입할 때는 환율에 대해, 환위험에 대해 열어두는 것이 맞다.

양현규 기사노 분명 그렇게 생각하고 있었다. 하지만 2005년 2월, 뜻하지 않은 문제가 발생했다.

"야, 양현규. 너 기사 그따위로 쓸래?"

증권부 박 부장이 양 기자를 다그치기 시작했다. '해외펀드, 환헤지 안 하는 게 정석'이라는 기사 때문이었다.

해외펀드, 환헤지 안 하는 게 정석투자

장중 한때 원/달러 환율이 900원대로 떨어지며 원화 값이 급등하자 달러 기준 수익을 원화로 바꾸어 받는 국내 해외투자펀드(이하 해외펀드) 수익률에 비상등이 켜졌다.

해외펀드란 국내에서 외국 증시(채권 포함)에 투자하는 펀드로 환율 영향이 매우 크다. 심지어 달러를 자국 통화로 사용하지 않는 국가라 할지라도 실제 수익 발생 기준 환 흐름은 대부분 '자국 통화→달러화→원화'로 진행돼 국내 투자자는 결국 원화 환산 수익을 손에 쥐기 때문이다. 따라서 달러 자국 통화 사용 국가는 물론 유로화, 엔화 등을 자국 통화로 사용하는 증시(또는 채권시장)에서 수익률을 10% 넘게 기록했다고 할지라도 투자기간에 원화 값이 급등하면(환율 하락) 서로 상쇄되는 효과가 발생한다.

그러나 펀드 전문가들은 해외 주식형펀드 투자의 경우 환헤지를 하지 않는 것이 정석이라고 말한다. 특히 환헤지의 경우 추가비용(수수료)이 발생하기 때문에 나중에 문제가 발생할 수 있다는 우려도 있다. 또한 장기적 관점에서 접근하는 것이기 때문에 환율 하락(원화 값 강세)으로 원화 환산 수익률이 하락한 경우 환율이 정상 수준을 찾을 때까지 기다리는 것도 전략이라는 의견이다. 우재룡 한국펀드평가 사장은 "주식형 해외펀드는 어차피 3년가량 보는 것이기 때문에 수익률에는 환율변동위험보다 주가변동위험이 더 크다"며 "세계적인 추세도 주식형 해외투자펀드는 선물환 헤징을 하지 않는 게 관례"라고 말했다.

"아니, 제 기사가 어때서요?"

양 기자도 이번엔 참을 수가 없다.

"부장님. 틀린 말 한 거 아니잖아요. 해외 주식형은 환위험도 열어두는 거라고요. 왜 자꾸 무조건 환헤지 하라고만 그러세요?"

"야, 임마. 너 자신을 똑똑히 알아. 주제 파악을 하라구. 니가 전문가야? 넌 기자야, 기자. 트렌드를 반영해야지! 잘 봐, 지금 1000원 넘던 환율이 뚝뚝 떨어지면서 900원까지 왔고, 누군 800원대까지 내려간다는데 그럼 투자자들은 어떻게 하라구? 환차손으로만 20%씩 까먹으란 말이야? 당연히 환헤지 해야지. 빨리 기사 다시 써!"

부장도 기세등등했다. 박 부장의 말도 틀린 건 아니었고, 무엇보다 독자의 항의가 부담스러웠다. 양현규 기자는 이전에도 여러 차례 '해외펀드 환헤지 하지 말라'는 톤의 기사를 써왔는데 2005년 초반부터 원화 강세가 되고, 환율이 급락하면서 독자들의 항의가 쇄도했다. "쓰레기 같은 기사 보고, 환헤지 안 했다가 엄청 손실 봤다"는 식의 거친 비난이었다.

"다시 써 와. 싹 다시 써. 해외펀드 환헤지 하는 법 위주로 쓰고, 선물환 구조 같은 거 취재해서 가이드 성으로 독자들한테 알려줘."

논쟁은 20여 분 넘게 계속됐지만 결국 박 부장의 승리였다. 양 기자도 받아들일 수밖에 없었다. 펀드 전문가가 아니라 현실을 반영하는 기자였기 때문이다. 그렇게 기사를 다시 썼다.

해외펀드 환헤지 어떻게 하나요?

'○○○○ 해외 주식형펀드는 연초 이후 달러 기준으로 18.07% 수익률을 기록했지만 원화 기준으로는 10.61%(2월 20일 기준)에 불과하다. 특히 수익률 계산시점이 환율이 급락했던 22일 이전이기 때문에 원화 환산 수익률은 지금쯤 더 떨어졌다고 봐야 한다. 해외 주식형펀드의 경우 최근 6개월 이후 수익률이 상승하고 있는데 자칫 원화 값 급등이 이들 지역 투자매력을 반감시킬 수 있다. 게다가 지금 당장 자금을 회수해야 하는 상태라면 환차손으로 인한 수익률 감소를 막을 방법은 없다. 따라서 현재 해외펀드 투자에 존재하는 환위험은 선물환 헤징 계약을 통해 극복할 수 있다. 투자자들은 해외펀드 가입 시 판매 은행 또는 증권사 등에서 선물환 헤징 여부를 결정할 수 있다.

이처럼 해외 주식형펀드에 가입할 때 반드시 챙겨야 하는 부분 중 하나가 환헤지다. 펀드 운용 수익과 실제로 투자자가 손에 쥘 수 있는 수익은 환헤지 여부에 따라 크게 달라질 수 있기 때문이다. 환헤지는 투자국의 통화가 약세를 보일 것이라고 예상될 때 필요하다. 가령 일본 주식형펀드에 투자한다고 해보자. 엔화 약세가 이어질 것이라는 관측이 우세할 때는 헤지를 해둬야 한다. 일본펀드의 경우 원화를 엔화로 환전한 후 투자하기 때문에 원/엔 환율을 헤지하면 된다. 유럽펀드는 원/유로화 환율을 헤지하면 되고, 미국달러 통화

국가는 원/달러 환율을 헤지한다. 하지만 우크라이나, 파키스탄 등의 국가는 일단 달러를 바꾸고 다시 해당국 통화로 바뀌기 때문에 투자자는 달러까지만 커버할 수 있다. 달러화를 다시 투자지역 통화로 바꾼 부분에 대해서는 리스크를 헤지하지 못한다.

해외펀드 환헤지의 대표적인 방법은 '선물환 매도' 이다. 6개월, 1년 후 등 기간을 정해놓고 현재 가입시점 환율로 통화를 미리 팔아놓는 것이다. 가령 현재 1달러당 1000원이라고 하면 이 환율로 자신의 펀드투자금만큼 달러로 바꿔 미리 매도하는 약속을 한다. 그리고 정해진 기간 이후 다시 자신이 팔아놓은 환율에 달러를 되사게 된다. 그럼 해외펀드 수익률은 오직 해당국 증시 등락으로만 정해지게 된다. 현재 선물환 매도 계약은 편의상 1년으로 체결하는 것이 대부분이다. 비용은 약 투자원금의 1~2% 수준이다. 하지만 주의할 점도 있다. 가령 일본펀드에 가입한 투자자가 엔화 약세를 예상해 환헤지를 했는데 예상을 깨고 엔화가 강세를 보일 수 있기 때문이다.

이후 2006년, 2007년 말까지 대한민국 전 신문의 해외펀드 기사에는 '환헤지는 필수' 라는 내용이 단골 메뉴로 등장했다.

단상 7 버틸 수 있는 기회마저 빼앗겼다

도원이가 울고 있었다. 그 앞에서 양현규 기자는 고개를 들지 못했다.

2009년 1월 이도원 양은 ○○은행에서 한 통의 전화를 받았다. 2년 전 각각 500만 원씩 가입했던 자신의 중국과 인도 역외펀드에 대한 설명이었다. 2개 펀드에 투자했던 도원이의 원금 1000만 원은 약 310만 원이 돼 있었다. 증시 급락으로 인한 펀드 손실이 410만 원, 여기에 환차손이 280만 원 정도 발생한 상태인데 향후 추가 손실이 발생할 수 있단다. 그러고는 직원은 이렇게 말했다.

"이번에 또 환헤지 계약하려면 추가비용이 400만 원 정도 드는데요. 환헤지 안 하려면 펀드 환매하셔야 합니다."

모든 게 그 환헤지 때문이었다. 도원이는 보는 해외펀드는 환헤지를 해야 하는 것으로 알고 있었다. 모든 사람이 그랬으니까, 그리고 모든 언론이 그렇게 말했으니까. 그래서 1년 단위로 선물환 매도 방식의 환헤지를 해왔다. 그런데 문제가 터졌다. 중국과 인도 증시가 고꾸라지고, 원화가치도 함께 폭락하면서 양쪽에서 손실이 발생한 것이다. 당초 환헤지를 선택한 도원이가 환헤지 비용으로 돈을 추가 납입해야 하는 상황에까지 이르렀다.

예를 들면 이런 구조다. 달러화로 1만 달러 투자했을 때 1달러당 1000원에 환헤지 계약을 맺었다면 금융기관은 이 가격에 미리 달러를(선물환) 팔아놓게 된다(매도). 그리고 1년 후에 매도했던 선물환을 다시 찾게 되는데, 바로 이때 1달러당 환율 1000원이 500원이 됐다면 50%의 환차익이 발생한다. 반면 환율 1000원이 1500원으로 오르게 되면 이제 −50% 환차손이 발생한다. 도원이는 바로 이 환차손 발생의 경우다. 여기에 펀드 자체 수익률이 손실까지 겹치면서 투자금 1000만 원이 310만 원으로 쪼그라들었다.

"양 기자님, 어떡해요. 내 돈 1000만 원, 어떻게 모은 건데, 어떡해요. 환헤지 하라고 했잖아요. 그때 그 기사만 안 봤더라도 이런 일은 없었잖아요. 책임져요."

"…"

양현규 기자는 뭐라고 할 말이 없었다. 이 순간만큼은 자신이 펀드 전문가가 아니라 일개 기자에 불과하다고 변명할 수 없었다. 불과 1년 반 전만 해도 독자들이 "환헤지 하라는 말 왜 안 했냐"며 항의했다는 구차한 항변도 할 수 없었다. 자신은 분명 환헤지를 하라고 기사를 썼고, 그 방법도 소개했으며, 도원이는 그 기사를 보고 환헤지를 해서 큰 피해를 봤다.

혹시 누군가 지금 원화가치가 급락한 상태이니까 혹시 1~2년 정도 목표로 투자할 생각이라면 "이젠 정말 환헤지가 필요하다"고 말할 수도 있다. 하지만 잘 생각해야 한다. 환헤지는 파생상품거래의 일환이고 특정 기간이 지나면 확정돼버리는 특징을 갖고 있다. 가령 도원이가 환헤지를 하지 않았다면 투자손실 −40%는 버텨볼 수 있지만 환헤지를 통해 발생한 환손실은 확정돼서 사라져버렸다. 버틸 수 있는, 장기투자에 도전해볼 수 있는 기회 자체를 빼앗겨버린 것이다.

분명 1년, 2년, 3년 후 원화가치는 상승할 수 있다. 사람들은 또 "환헤지를 해야 했어…"라고 말할지 모른다. 하지만 그렇다고 그걸 노리고 비용과 위험을 감수하면서까지 환헤지를 하고, 또 해외펀드 투자에 나설 필요는 없다. 원하는 게 '환차익'이었다면 차라리 외환 거래에 도전하는 것이 정석이다.

10

재테크 삐딱이, 재테크 팔랑귀, 재테크 이기주의자

정말 대단한 경제학자가 "2025년까지 사상 최대의 불황이 올 것"이라고 말했다고 해보자. 또한 이때까지 한 번도 틀린 적 없는 증권 전문가가 "2025년까지 증시는 대폭락할 것"이라고 전망했다고 해보자. 여러분은 어떤 반응을 보일 것인가. 두려워할 필요도 없다. 그냥 여러분 자신만의 이기적인 재테크를 해나가면 된다. 이런 전망을 한 경제학자나 증권 전문가가 정말 제대로 된 사람들이라면 분명 이런 말도 함께 했을 테니까.

"2012~13년쯤에 한 번 정도 반등이 나올 수 있구요. 2017년쯤에도 베어마켓 랠리(약세장 속 반등)가 나올 수 있습니다. 2019년부터 2022년까지는 무조건 주식을 사야 합니다. 절호의 찬스입니다."

원래부터 삐딱한 사람들이 있다. 종종 '아웃사이더'와 착각하기도 하는데 본질적으로 다르다고 봐야 한다. 며칠씩 굶기도 하고 검은색 가죽점퍼에 쫄바지를 입고 다녀도 손엔 하이데거 책을 들고 다니는 아웃사이더들은 자신만의 세계를 구축한다. 그리고 그 자신만의 세계에서 편안함과 자유로움을 느낀다.

반면 삐딱이들은 세상과 사물과 기존 이론에 대한 모순점에 집중한다. 그리고 귀신같이 그것을 찾아낸다. 또한 이런 삐딱한 시선을 통해 때로는 엄청난 개혁을 이뤄내기도 한다. 그래서 아웃사이더와는 달리 주위 사람들에게 많은 영향을 미친다. 사람들은 삐딱이들의 정교한 논리에 완벽하게 빠져든다. 그들의 예리한, 면도날 같은 분석에 일종의 카타르시스를 느끼곤 한다.

재테크 삐딱이

재테크에도 삐딱한 시선을 가진 '재테크 삐딱이'들이 있다. 단순히 "집 사지 마, 곧 대한민국 부동산 폭락해"라는 식의 코멘트가 아니다. 심층적인 공부를 통해 자신만의 확고한 신념을 가진 사람들이다. 난 운 좋게도(?) 이런 재테크 삐딱이들을 정말 많이 만나봤다. 신문사로 걸려온 전화도 많았고, 수많은 메일을 통해 논쟁을 했다. 재테크 강의가 끝나고 찾아온 독자와 3시간 넘는 대화를 한 적도 있다. 첨엔 그냥 말꼬리 잡는가 보다 생각하기도 했지만 때로는 그들의 치밀함과 정교함에 나 스스로 흠뻑 매료되기도 했다. 정말 예리했다.

"그거 아시죠? 우량주 장기투자, 그거 사탕발림이란 거."

"네?"

"20년 전 시총 상위종목 50개하고, 지금 시총 상위종목 50개 비교해봐요. 우리뿐 아니라 미국 증시도 한번 보세요, 어떻게 됐나. 바뀐거 많잖아요. 그러니까 무조건 우량주 들고 20년 기다려도 망할 수 있습니다."

틀린 말은 아니다. 분명 몇몇 초대형 기업이나 금융기관은 문을 닫았고 사업성이나 성장성이 쇠퇴하기도 했다. 새로운 산업이 득세하면서 마이크로소프트, NHN 등과 같은 신종 우량주도 출현했다. 하지만 그렇다고 우량주 장기투자 이론은 틀린 것이라고 말할 수 있을까.

"아, 네. 선생님. 제 말씀은 그게 기본이라는 거죠. 몇 개 회사가 타격을 입었지만 그래도 안정성 대비 수익성이 높은 게 우량주입니다. 한편으론 그래서 주식 직접투자는 대응이 중요한 것이구요. '당할 땐 우량주가 더 크게 당한다'는 선생님의 생각에 동의도 하지만 그렇다고 우리가 돈 넣어두고 10년, 20년간 쳐다보지도 말라고 한 건 아니잖아요."

나도 나름의 반론을 펼쳐본다. 하지만 이 '재테크 삐딱이'는 씩 웃고 만다. 가볍게 목 인사를 하고는 저만치 사라진다.

'펀드 장기투자'는 정말 수많은 공격을 받은, 지금도 받고 있는 이론 중 하나다.

"미국 증시 한번 보세요. 1930년대 대공황 때 박살 나고 회복하는 데 10년 걸렸고요. 다우지수가 직전 고점까지 회복하는 데 20년 걸렸습니다. 근데 장기로 기다려요? 지금 중국펀드도 그렇게 되지 말란 보장이 어딨습니까. 누군 중국본토 증시 6000, 그리고 홍콩 H지수가 2만선 재돌파하는 데 10년 걸린다던데 그럼 내 중국펀드 10년간 두고 있으라고요? 그 사이 운용수수료 꼬박꼬박 빼먹어 가는 그 운용사 놈들만 배불리라는 소리 아닙니까?"

그러면서 이런 표(〈표 9〉)를 하나 보여준다.

"지금 반 토막 난 펀드 있잖아요. 수익률 −50%. 이거 원금 찾으려면 앞으로 50%만 오르면 되는 거 아닙니다. 100%가 올라야 한다구

손실률	평가액(단위: 만 원)	회복에 필요한 수익률
−10%	90	11.11%
−15%	85	17.65%
−20%	80	25.00%
−25%	75	33.33%
−30%	70	42.86%
−35%	65	53.85%
−40%	60	66.67%
−45%	55	81.82%
−50%	50	100.00%
−55%	45	122.22%
−60%	40	150.00%
−65%	35	185.71%
−70%	30	233.33%
−75%	25	300.00%

요, 100%!"

이럴 때 뭐라고 할 말이 없다. 할 말이 있지만 할 수가 없다는 게 정확한 표현이다. 지금 피 같은 돈 절반을 날린 투자자에게 뭐라고 이야기한들 통하지 않는 상황이다.

"그리고 말입니다. 그때 그 자료 있죠? 주식시장 상승기를 며칠 놓치면 얼마 수익률 날렸다, 이런 거(3부 4장 참조). 그거 되게 웃기는 겁니다. 왜냐하면 반대로 증시 폭락기 며칠만 피했다고 해도 비슷한 결과가 나오거든요. 무슨 말인지 아세요? 엄청난 급락장 30일만 피했다고 해보세요. 그럼 수익률 엄청 오른다니까요."

재테크고 뭐고 다 필요 없고 2000년 IT버블이나 2008년 서브프라임 모기지 사태 등과 같은 대형 악재만 피하면 성공할 수 있다는 주장이다.

복리에 대해서도 회의적인 반응이다. 투자는 기본적으로 '원금+수익'에 다시 수익이 붙는 복리의 특성을 갖고 있다. 하지만 이것도 수익이 연속적으로 발생하는 상황에서의 장밋빛 이야기라는 지적이다. 잘 나가다가 지난 2008년 하반기처럼 한 번만 고꾸라지면 복리고 뭐고 다 쓸데없는 논리가 된다.

부동산시장에 대해서도 '강남불패' 같은 용어에 알레르기 반응을 보인다. 난 부동산, 특히 상가나 빌딩이 아닌 아파트나 주택 관련 투자를 이야기할 때 '맨해튼을 노리라'는 주장을 한다. 미국 뉴욕의 맨해튼, 전 세계인의 선망지역, 누구든 돈을 벌면 그곳에서 살고 싶어 하는 곳, 돈 번 사람들이 돈 싸 들고 찾아와 20여 년간 꾸준한 가격 상승을 보인, 이런 맨해튼 같은 지역에 투자해야 한다. 성공한 사람들이, 돈 있는 사람들이 살고 싶어 하는 곳이기 때문에 역설적으로 성공한 사람들이, 돈 버는 사람들이 지속적으로 생겨나는, 그래서 수요도 계속 많아지는 곳, 바로 그런 곳이다.

그럼 재테크 삐딱이들은 이런 반론을 펼친다.

"강남 교통 얼마나 안 좋습니까. 차가 많아서 늘 막혀 있어요. 강남 학군이요? 옛날 이야기죠. 이제 특목고 나오고, 인터넷 강의가 판칠 텐데 학군은 무슨. 그리고 백화점 많고 할인마트 많은 데가 강남뿐입니까. 경기도에도 살기 좋은 곳 널려 있다구요. 거 되게 강남 감싸고 도는데 그러지 마세요. 한 방에 날아가니까."

강남을 말한 것이 절대로 아닌데 갑자기 부동산투자 문제가 지역 문제로 바뀌어버린다. 이뿐만이 아니다. 부동산경매를 이야기할라치면 곧바로 손사래를 친다.

"아무나 하는 거 아닌데 자꾸 환상을 심어주지 맙시다. 물건 내역,

부동산경매 관련 공부 – 자금 확보 – 투자지역 선정 – 물건 종류 선정(주택, 빌라, 아파트, 상가 등) – 구체적 물건 선택 및 현장 조사(인근 중개업소, 동사무소 등) – 예상 낙찰가액 추산 – 경매 참여 – 입찰(보증금 및 신분증, 도장 준비) – 낙찰 여부 확인 – 낙찰 확인서 수령 후 잔금 납부(45일 이내) – 명도 – 임대 또는 매매수익 통한 수익실현

감정평가, 물건 명세, 등기부등본, 건축물대장 등 자료 분석해야지 관할 동사무소에서 전입세대 조사해야지, 임차인이 대항력이 있는지 봐야지. 또 숨어 있는 임차인이 얼마나 많은 줄 아쇼?"

대박을 터뜨리긴 어렵지만 6개월 정도 연습하고 시뮬레이션도 해보고 3~4개월 정도 경매물건 확인하고, 유료 경매사이트 전문가들 활용하면 적어도 실패는 없을 것이라고 하면 코웃음을 친다.

"명도(낙찰 받은 집을 점유하고 있는 사람을 내보내는 일)에서 안 당해봤구만? 법원 인도명령? 웃기는 소리야. 한번 질 나쁜 놈한테 당해봐. 그리고 생각 좀 해봐. 그 경매물건이 그렇게 좋다면 다른 전문가들이 왜 그냥 놔두겠어. 뭔가 문제가 있으니까 그런 거지, 안 그래?"

재개발아파트 투자에 대해서도 기다렸다는 듯 비아냥이 터져 나온다.

"재개발아파트 투자해놓고 한 10년 기다리면 정말 잘된 거예요. 아이쿠, 10년간 애태웠던 거 생각하면 은행금리 이자 수준이지. 조합장이란 놈들 돈 먹고 도망가기 일쑤고, 그런 거 왜 합니까. 스트레스만 받고."

재테크 팔랑귀

　그래서인지 혹시 주위에 이런 재테크 삐딱이들과 꽤 친밀한 관계를 갖고 있는 사람들은 종종 재테크 무용론에 빠져든다. 특히 '재테크 팔랑귀'들은 정도가 더 심하다. 다 포기하고 하다못해 은행 적금이나 꼬박꼬박 들려고 해보지민 이깃도 쉽지 않다. 이디선가 "지금 은행이자가 몇 %인데 적금을 들어? 물가상승률을 생각하면 마이너스 금리야"라는 또 누군가의 '비판'이 들려오기 때문이다.

　그나마 재테크 삐딱이들처럼 자신의 신념대로 이것도 저것도 안 하면 다행이다. 재테크 팔랑귀는 꾹꾹 눌러 참고 있다가 어느 날 갑자기 더 이상 버티지 못하고 터져버리면서 사건을 만든다. 보통 재테크 팔랑귀들이 재테크 삐딱이들의 논리를 버리고 투자를 감행하기 위해선 온 동네 사람들이 다 그 투자를 하고 있어야 하는 수준이 돼야 한다. TV 9시 뉴스나 신문, 그리고 재테크 전문가들조차 1%의 투자 위험성도 말하지 않을 때 재테크 팔랑귀들은 비로소 재테크 삐딱이들의 충고를 어길 용기를 갖는다. 그리고 그런 자신들의 행동에 편안함을 느끼면서 투자를 시작한다.

　바로 '꼭지'의 시기이고 재테크 팔랑귀들의 처절한 투자실패가 시작되는 시점이기도 하다. 그러고는 이렇게들 말한다.

　"그래, 내가 그 말을 들었어야 했어. 개미들은 주식 안 돼."

　"그래, 내가 그 말을 들었어야 했어. 집은 더 기다렸다 사는 건데."

　"그래, 내가 그 말을 들었어야 했어. 장기투자는 무슨. 7% 났을 때 바로 환매할걸."

　"그래, 내가 그 말을 들었어야 했어. 괜히 그 뉴스 믿었다가 완전히 망했다. 흑흑."

그렇게 재테크 팔랑귀들은 다시 재테크 삐딱이들을 전적으로 신뢰하게 된다. 그리고 꽤 오랜 기간 이것도 저것도 안 하는 재테크 무용론자로 살아간다. 세상이, 대한민국 경제가, 전 세계 경기가 완전히 시뻘겋게 달아오를 그 절정의 때까지.

재테크 이기주의자

20대 여러분도 한 10년 정도 더 세상을 살아보면 알겠지만, 주위에서 재테크로 성공했다는 사람들 중에 재테크 삐딱이나 재테크 팔랑귀들을 찾아보기는 매우 힘들다. 성공한 사람들의 10명 중 8~9명은 바로 재테크 이기주의자들이다. 이들은 그야말로 이기주의자들이다. 모든 것을 자기중심적으로 생각한다.

누군가 요즘 상가투자로 연 5%도 벌기 힘들다고 말하면 '상가투자하지 말아야지'라고 접근하지 않고 '이번 기회에 가격을 한번 후려쳐서 싸게 상가 하나 장만해봐?'라는 생각을 한다. 재테크 삐딱이들이 장기투자 무용론이나 적립식펀드의 함정 같은 말을 할 때 이 재테크 이기주의자들은 꼼꼼하게 메모를 하면서 그 이야기를 경청한다. 그리고 이렇게 대응한다.

"오케이, 일단 목돈 없을 땐 적립식으로 가다가 목돈 생길 땐 거치식으로 투자하되 시기를 살펴야겠구만. 거치식도 나누면 좋고, 안전마진 개념(3부 2장 참조) 이것도 중요하네. 그래, 뭐든지 쌀 때 사야해. 단기, 중기 목표로 운용하는 자금은 15%대 수익률 선에서는 차익실현 하자. 장기주택마련펀드는 어차피 7년은 들고 가야 하니까, 요건 장기로 갈 수밖에 없네."

재테크 이기주의자들은 남들이 돈을 벌었네, 잃었네 하는 것에 동요하지 않는다. 증시가 대세 상승기에 접어들었는지, 아니면 2025년까지 대폭락이 지속될 것이란 말들에도 큰 흔들림이 없다. 그들은 그 사실들을 놓고 과연 자신은 어떻게 할 것인가를 최우선에 놓는다. 그래서 연 120% 수익률이 발생한 중국펀드를 놓고는 재테크 삐딱이들의 말을 경청하지만, 홍콩 H지수가 5000대로 폭락했을 땐 "지금이 일생일대의 투자기회"라고 말했던 긍정론자의 말을 듣는다. 그 누구에 대한, 그 어떤 전문가에 대한 충성심도 없지만 그렇다고 맹목적인 비난도 없다. 그냥 자신이 안전하게, 효율적으로, 계획에 맞춰 돈을 모으는 행위를 이뤄나가는 것뿐이다.

2008년을 기점으로 대한민국 30대 중에서 부동산경매를 통해 급작스럽게 부를 축적한 사람들이 많아졌다. 부동산경매가 무슨 황금알을 낳는 거위 같은 대단한 재테크 수단이어서가 아니다. 경제가 흔들리고, 한 번씩 경제 사이클이 저점을 향해 치달을 때면 망해나가는 사람이 속출하고, 바로 이때 부동산경매의 매력이 극대화되기 때문이다.

물론 너무나 가슴 아픈 일이다. 어렵게 절약하고, 저축하고, 투자해서 마련한 집을 잃게 된 사람, 그리고 '경매물건'이 됐다는 소식에 전세보증금 날릴까봐 가슴이 콩닥거리고 있는 임차인들. 하지만 재테크 이기주의자들은 그냥 묵묵히 투자 기대수익률만을 계산할 뿐이다. 이 사람들에게 명도 같은 건 진짜 하찮은 문제다. 재테크 삐딱이들이 뭐라고 해도 "대항력 있는 임차인? 그냥 전세자로 두면 되지 뭐"라면서 가볍게 넘긴다. 자신에게 중요한 건 수익률이기 때문이다. 이들은 부동산경매의 생명은 낙찰 받은 물건을 어떻게 활용하느냐에 달려 있다는 것을 정확하게 인식하고 있다. 5000만 원 규모 빌라를 3000만 원에 낙찰 받았으면 먼저 1000만 원 정도는 바로 보증금으로 회수하고, 월세 25만 원 혹은 30만 원으로 어서 빨리 투자금을 거둬들이는 일이 더 중요한 문제다.

폭락기? 대공황? 블랙스완? 그래서 어쩌란 말인가? '모든 백조는 흰색'이라는 통념이 깨졌다고 해서 앞으로 코끼리 코는 짧고, 바나나는 빨간색이고, 기린의 목이 짧을 수 있다는 식으로 생각을 바꿔야만 할까. 물론 정말 중요하고 치명적인 사건은 예측하지 못한 곳에서 터진다. 그리고 치명적인 상처를 남긴다. 리먼 브라더스 같은 세계적인 투자은행(IB)이 망할 줄 아무도 몰랐고, 1997년 김영삼 정부가 IMF 구제금융을 받게 될 것이라고 예상하기란 정말 힘들었다. 건강하시던 아버지가 쓰러진다는 건 상상도 못 할 일이다.

때문에 우린 이런 '검은 백조'를 대비하기 위해 여러 가지 대응책을 마련해야 한다. 40대 가장이라면 유동성도 든든하게 확보해야 하고, 보험도 들어야 한다. 투자 비중을 축소하고 안전자산 비중을 높여야 한다. 그러나 이것도 엄밀히 말해 모순이다. 눈앞에 갑자기 나타난 검은 백조 정도의 충격이라면 대응책 운운하는 자체가 모순이라는 뜻이다. 대응을 했다면 그건 이미 블랙스완이라고 할 수 없다.

그래서 재테크 삐딱이들이 "모든 경제이론은 틀렸고, 재테크도 한방에 날아갈 수 있고, 집값은 반 토막이 되고, 중국 증시는 향후 5년간 반등하기 힘들고, 그리고 인생은 돈이 전부가 아니다"라고 말할 때 '재테크 이기주의자'들은 행동에 나선다. 그 순간 뭐라도 한다. 1000만 원이 500만 원이 됐다면, 다시 새로운 500만 원으로 도전한다. 그리고 반 토막이 됐던 첫 번째 500만 원이 1000만 원이 됐을 때

두 번째 500만 원을 1000만 원으로 만드는 성공을 이뤄낸다. 장담하건대 이런 사람들에게는 이번엔 긍정적인 '블루스완'이 찾아올 것이다. 연 4%도 힘들 것 같지만 연 40%가 일상화되는, 아니 연 100%를 다시 만나게 되는 그런 푸른색 백조를 만날 수 있다는 뜻이다.

정말 20대 여러분들은 재테크 이기주의자들이 돼야 한다. 수많은 이론들, 주상들, 학설들, 예측들, 가설들, 비관돈과 긍정돈들, ㅗ선 ㄱ 자체로 받아들여야 한다. 열심히 공부하고 습득해 자기 것으로 만들어야 하지만, 그렇다고 이것도 저것도 하지 않고 속만 앓거나 망상에 사로잡혀 있어선 안 된다. 쫄 필요 없다. 들뜰 필요도 없다.

1년여에 걸친 여정 속에 아서왕은 여자들이 정말로 원하는 것은 바로 '자신의 삶을 자신이 주도하는 것, 곧 자신의 일에 대한 결정을 남의 간섭 없이 자신이 내리는 것(What women really want is to be in charge of her own life)'이라는 수수께끼를 풀었다. 여러분도 마찬가지다. 투자의 손실은 언제나 투자자 자신의 몫이다. 그건 곧 투자 결과에 대한 자신만의 명백한 권리도 있다는 뜻이다. 사람마다 100만 원, 1000만 원, 1억 원의 비중이 다르고 −10%, −30%, −50%의 충격이 다르듯, 연 10%, 20%, 50% 수익률이 갖는 의미도 다를 것이다. 그래서 누군가는 버틸 수 있지만, 누군가는 바로 현금화를 시켜야 한다. 억울해할 필요 없다. 그냥 냉철하게 받아들이자. 어설픈 재테크 팔랑귀나 깝죽대는 재테크 삐딱이들보다는 그런 재테크 이기주의자들이 더 멋지다. 그게 바로 재테크 실전에서 펼쳐지는 가장 중요한 기본 원칙일지도 모르겠다.

neverending story
for young wealth

Part 4
여정

재테크 실탄의 현장에서

'재테크 실탄'을 벌어들이는 그 현장 이야기를 해보려고 한다. 더 정확하게 말하면 기업조직에 대한 이야기다. 재테크와는 동떨어졌다고 지적할지 몰라도 재테크 실탄을 꾸준히 확보하려면 조직에서 잘 버텨나가야 한다는 관점에서 어쩌면 조직생활도 중요한 재테크 활동의 일부분이다.

20대 후배들에게 참 미안했던

게 있다. 너무 중요하고 기본 전제가 되는 부분에 대해 침묵했다는 사실이
다. 바로 '재테크 실탄'에 대한 부분이었다. 뭔가를 해보려면 분명 일정 부
분 소득이란 게 있어야 한다. 자산관리업계에서 일하는 사람 10명 중 9명은
"성공적 자산관리 엔진은 바로 직업(월급)에서 나온다"고 말한다. 만약 60세
까지 꼬박꼬박 월급 받아가면서 일할 수 있다면, 혹은 억대 고액 연봉자의
반열에 오른다면 그만큼 재테크와 자산관리는 더 쉬워질 수 있다.

하지만 난 재테크란 돈을 버는 게 아니라 모으는 것이란 말을 강조하면
서 이 명제의 전제가 되는 '돈을 버는 것'에 대해서는 모른 척했다. "수중
에 돈이 없는데 무슨 재테크냐"는 냉소에 찬 비판이 나오는 것도, 취업대
란이니 88만원 세대니 하는 말이 범람하는 시대상황을 생각해보면 당연한
일일 수도 있다.

솔직히 말해 난 지금도 이러한 비판에서 자유롭지 못하다. 그리고 이번
에도 '돈 버는 방법'은 소개할 수 없다는 것을 미리 밝힌다. 물론 입사면접
테크닉이나 스펙 올리는 법, 이력서 섹시하게 쓰는 법, 인터넷 쇼핑몰 창업
방법 등을 소개할 수도 있지만 어떤 면에서 그건 여러분에 대한 기만행위
에 가깝다. 이런저런 방법으로 10억은 거뜬히 만들 수 있다는 '재테크 판
타지'에 다름 아니기 때문이다.

그러나 한 가지 명확하게 할 말은 있다. 현재의 문제를 풀 수 있는 방법
은 바로 여러분 자신에게서 나와야 한다는 것이다. 그리고 그 해법은 여러
분 자신이 가장 잘 알고 있다는 사실이다. 강점도, 부족한 점도, 성격도, 집

안도, 건강도, 잘난 점과 못난 점도 여러분 스스로만큼 잘 아는 사람은 없기 때문이다.

　4부에서는 '재테크 실탄'을 벌어늘이는 그 현장 이야기를 해보려고 한다. 더 정확하게 말하면 기업조직에 대한 이야기다. 재테크와는 동떨어졌다고 지적할지 몰라도 재테크 실탄을 꾸준히 확보하려면 조직에서 잘 버텨나가야 한다는 관점에서 어쩌면 조직생활도 중요한 재테크 활동의 일부분이다.

　다시 한 번 말하지만 '100% 취업에 성공하는 법'이나 '면접관 맘을 설레게 하는 테크닉'을 말해주고 싶다. 하지만 그건 역부족이다. 내 영역 밖의 일이다. 그러나 12년 넘게 샐러리맨 생활을 해본 선배로서, 그리고 지금 창업을 준비하고 있는 한 명의 기성세대로서 여러분에게 그곳이 어떤 생리를 가진 곳이란 건 냉정하게 말해줄 수 있다. 아니, 꼭 말해주고 싶다. 조직사회 속에서 펼쳐지는 일들에 대한 이 이야기를 통해 조금이나마 여러분이 마음을 다잡고 인생 여정의 방향을 잡아가는 데 도움을 주고 싶다. 여러분이 곧 떠나게 될, 그리고 누군가는 이미 항해를 막 시작한 그 사회 속으로의 여정에 대한 이야기들이다.

01

조직형 인간 vs 오너형 인간

<u>어떤 그룹 회장은 자기 회사 직 원들을 '머슴'이라고 했다.</u> 매우 솔직하고도 담백한 표현이라고 생각한다. 연봉 10억 원을 받는 대기업 전무? 직원 수천 명을 거느리고 있 는 월급쟁이 사장? 솔직히 '머슴'과 크게 다를 바 없 다. 회장 딸 새 차 뽑는 일 차질 없게 하려고 일주일을 노심초사하고, 20대의 새파란 로열패밀리 앞에서 고 개를 90도로 숙이는 50대 계열사 사장도 숱하게 봤다.

'취업'이라는 이름으로 한 번 조직에 들어가면 우 린 자연스럽게 '조직형 인간'으로 변해간다. 그 조직 을 만든 오너가 만들어놓은 특정한 문화와 규칙에 맞 춰 조금씩 조금씩 재단돼 간다. 그리고 월급쟁이 사 장이라는 최종 목표를 두고 치열한 경쟁을 벌인다. 직장생활 5년차가 지나면 '사내정치'라는 것도 알게 되고, 누구누구 밑에 줄도 선다.

조금만 관조적으로 바라볼 수 있다면 그게 얼마나 유치한 일인가를 알 수 있으련만 막상 그 현장에선 느낄 수 없다. 그렇게 하루 평균 12시간 정도를 직장 이란 곳에 올인해 15~20년 정도 시간을 바치면 그 누구도 예외 없이 쫓겨나게 된다. 그럼 그제야 정신을 차린다. 내가 뭐 하려고 그렇게 거기서 아등바등했었나, 뭘 더 먹 겠다고 그렇게 동료를 미워하고 후배를 갈궜나, 왜 가족을 그렇게 멀 리했나 등과 같은 회한이다. 무엇보다 우리 인생의 가장 찬란하고 화 려한 시기에 대한 희생이었기에 안타까움의 강도는 더욱 크다. 하지 만 그렇다고 무조건 내 사업을 할 수도 없다. 주위를 봐도 샐러리맨 중에서 크게 망한 사람은 드물지만 사기 사업 하겠다고 나섰나 쪽박 찬 사람은 쉽게 발견된다.

누군가는 이런 대안을 내놓을 수도 있다.

"그러니까 자기 몸값을 높여야지. 지금 조직이 그렇게 싫으면 열심 히 자기계발해서 더 좋은 직장으로 옮겨. 그럼 행복해지는 거야."

그러나 자기계발이란 것도 그리 호락호락하지 않다. 하루 10~12시 간씩 회사에서 죽어라 일하고 여기에 남는 시간을 활용해 업그레이드 된 조직원이 되려는 노력이란 게 거의 고3 수험생 수준이다. 때문에 결국은 조직에 순응하게 된다. 조직이 주는 안락함에 중독돼버린다. '머슴인생'이란 게 원래 그렇다. 꼬박꼬박 세 끼 밥 먹고, 뜨끈한 온돌 방에서 하루의 피곤함을 지지는 데 익숙해지면 그 힘든 농사일이 천 직이라고 느끼게 된다. 본능적으로 주인 어르신 안색과 심기를 살피 게 되고, 또 어떻게 하면 어르신에게 예쁘게 보일까 안달을 낸다. 더 안타까운 것은 머슴으로 태어난 자신의 삶을 그냥 하늘이 준 것으로 체념해버린다는 점이다. 보석과도 같은 능력이 있으면서도 그걸 찾아 내지 못한 채 살아간다.

그래서 지금 이 순간 아주 냉철하게 생각해볼 필요가 있다. 진정 자신이 조직형 인간인지에 대해서 말이다. "지금 취직도 못 하고 있 는데 무슨 배부른 소리냐?"고 할 수도 있다. 분명 386세대나 X세대들

● 20대 취업은 사회구조적으로 어려워지고 있다

① 인구 구조적 약점, 고령화 사회 진입에 따른 고용창출 능력 둔화
② 학력구조 고도화, 대학진학률 60% 돌파
③ 노동시장 유연화의 불이익 집중(기존 정규직의 비정규직 전환은 사실상 불가능)
④ 1960년대 말에서 1970년대 초에 태어난 2차 베이비붐 세대의 자녀가 신 소비주체로 성장하는 2020년까지 고착화

에겐 배부른 소리였다. 하지만 지금 20대 여러분들에겐 그렇지 않다. 세계경제가 아무리 좋아져도 취업 문제는 지속적으로 힘들 수밖에 없는 상황이 돼버렸기 때문이다. 구조적인 문제가 돼버린 것이다. 그래서 앞으로 조직은 더 혹독해지고 가혹해질 것이다. 취업도 어렵거니와 어렵게 취업을 해도 버티지 못하는 상황이 더 자연스러워지게 될 전망이다. 누군가는 이런 혹독함을 1~2년 만에 경험할 수 있지만 또 누구는 10년 가까이 다니다 만날 수 있다. '직장' 하나만 믿고 살아왔는데 갑자기 무너져버린다면 재테크가 아니라 이젠 생존의 문제가 다가온다.

그래서 여러분들은 자신이 진정 조직에 걸맞은 유형의 사람인지를 고민해볼 필요가 있다. 도대체 조직형 인간이란, 조직이 원하는 인간형이란, 조직 발전과 자신의 행복을 동시에 이루는 게 가능한 사람들은 어떤 특성을 갖고 있을까에 대한 고민이다. 특히 지금 자신이 속해 있는 직장이 정말 'X같다' 고 느끼는 5년차 대리들이라면 반드시 이 문제를 직시해야 한다. 사회에 첫발을 조직원으로 내딛었던 사람들이 이직 또는 오너(창업)의 길로 갈아탈 수 있는 마지막 시기이기 때문이다.

조직형 인간의 5요소

조직형 인간의 첫 번째 요건은 '10점 만점에 7점'이다. 혹시 여러분이 회사에서 지금 10점 만점에 10점이나 9점을 받고 있다면 어서 빨리 그 조직을 탈출해야 한다. 오너는 1등이 돼야 하지만 조직원은 절대로 1등이 되면 안 된다. "긴 과장, 일 '괜찮게' 해" 정도의 평가가 최적이다. 그래야만 20년 후 수많은 뛰어난 경쟁자들을 제치고 사장이 될 수 있다.

두 번째 생각해볼 사안은 바로 충성도와 관련된 부분이다. 진심으로 우러나오든, 아니면 억지로 이끌어내든 그건 중요한 게 아니다. "캐나다에서 유학하고 있는 박 상무님 고등학생 아들 에세이 써줄 사람?"이라는 오더에 본능적으로 "저요, 저요"가 튀어나오는 캐릭터여야 한다. 적어도 "우리 박 상무님 부성애가 정말 강하시구나" 하는 정도의 공감은 나와야 한다. 반면 "그런 일을 왜 회사 직원들이 해야 합니까" 등의 반론을 제기하는 쪽이라면 어서 당장 조직 밖으로 튀어나오라. 있으면 있을수록 본인만 더욱 괴로워진다.

세 번째 척도는 바로 정치력이다. 크든 작든 한 조직에서 '머슴(?)'으로 월급쟁이 사장까지 올랐다면 그는 분명 그 조직에서 가장 정치력이 뛰어난 사람일 것이다. '가장 능력이 뛰어난 사람'이 절대로 아니다. 혼동해선 안 된다.

자신이 과연 조직에서 제대로 성공할 수 있느냐 없느냐를 알아보는 네 번째 기준은 바로 '갈굼의 리더십' 소유 여부다. 오너라면 어떤 형태의 리더십이건 그 완성도에 따라 하나의 트레이드마크로 자리매김할 수 있다. 정주영식 리더십, 이병철식 리더십 등 다양성이 확보된다. 하지만 조직에서 필요한 리더십은 한 가지다. 밑에 사람을 갈구고 조져서 원하는 성과를 빼내는 것뿐이다. 만약 이걸 할 수 없다면 결코 조직원으로 행복할 수 없다. 후배들을 혹독하게 다뤄 뛰어난 리포트를 빼낸 다음 거기 맨 앞에 자신의 이름을 올릴 수 있어야 한다.

인간성 좋은 부장님? 후배들 사이에서 인기 많은 선배? 융통성 많은 직장상사? 다 헛소리다. 이런 사람들치고 결국 조직에서 '팽(烹)' 당하지 않은 사람을 본 적 없다. 아니, 우리 스스로가 그렇다. 인간이란 게 참 요상해서 어떻게 된 게 막판에는 꼭 사람 좋은 선배 등에다 칼을 꽂기 때문이다. 웃으면서 출근 빨리 하라고 말하는 선배보다 대놓고 창피를 주는 상사의 말에 더 껌뻑 죽는 게 조직원들이다.

다섯 번째는 창의력과 자신감이다. 이것이 있어야 한다는 게 아니다. 이런 덕목이 부족할수록 조직 내에서 성공할 확률은 높아진다. 종종 오너들은 창조적인 아이디어를 내라고, 그런 아이디어를 가진 사람에게 더 많은 기회를 줄 것이라고 말한다. 실제로 그렇다. 그런 사람들에게 참 많은 일들이 돌아간다. 부려먹을 만큼 부려먹는다. 그러나 그뿐이다. 임원으로 승진하는 것과 창의력은 별 관계가 없다. 자신감도 마찬가지다. 혹시 자신이 정말 자신감 넘치는 정력맨 스타일이라면 굳이 조직에 남아 안타까운 시간을 보낼 필요가 없다. 조직에서 자신감은 곧 건방짐을 의미한다. 좀 더 잘해보려고 여기저기 바쁘게 뛰어다니고 이것저것 해보려고 하면 이런 소리가 나온다.

"걔 왜 그렇게 설치냐? 그럼 아예 사업하지. 같은 월급 받는 주제에 잘난 척하기는….'

이 밖에도 더 많은 사안들이 있겠지만 일단 이 5개 정도만 심각하게 고민해봐도 과연 스스로가 조직에 적합한 인간인지 충분하게 깨달을 수 있을 것이다. 자신이 조직형 인간이 아니라고 해서 바로 조직을 때려치우고 나오라는 뜻은 아니다. 하지만 어쩔 수 없이 고민과 번뇌는 커질 수밖에 없다. 그래서 어서 빨리 이 문제에 대해 심각하게 생각해봐야 한다. 대응책을 마련해야 한다. 조직의 등에 비수를 꽂을 생각이라면 무조건 사표를 낼 게 아니라 거래처를 쟁기면서 창업의 틈을 만들어야 한다. 이직이라면 MBA 등과 같은 또 다른 준비가 필요하다. 하지만 이 모든 게 스스로에 대한 분석, 그 다음의 일이다. 조직형 인간인지, 아니면 오너형 인간인지.

02

직장 내 정치학의 법칙

회사생활에 대해 너무 회의적으로 접근한다는 느낌을 받을 수도 있겠다. 샐러리맨 인생을 너무 냉소적으로 바라보는 것 아니냐는 반감을 가질 수도 있다. "우리 회사는 너무 좋은데"라든가 "비정규직의 고통을 몰라서 조직형 인간 타령을 하지" "그럼 남의 돈 꼬박꼬박 받는 게 쉬운 줄 알았어?" 등의 입장일 수도 있다. 만약 정말로 이런 심정이라면 더 열심히 회사생활을 하면 된다. 재테크도 독하게 하고 또 조직에 충성도 하면서.

하지만 20대 여러분이 겪어야 할 조직은 앞서 말한 것보다 더 혹독하면 혹독했지 덜하지는 않다. 당장에 취업만 하면 인생도 행복하고 재테크도 잘하고 모든 문제가 쑥쑥 해결될 것 같지만 절대로 그렇지 않다. 겁주려는 게 아니다. 현실을 정확하게 알려주려는 것이다.

그래서 어떤 사람들은 잘 다니던 직장에 사표를 내고 공무원 시험 공부를 한다. 하지만 '도피'를 위한 공무원 준비라면 해법이 될 수 없다. 한번은 이런 내용을 담은 글을 썼다가 호되게 당한 적이 있다.

"재테크 규모가 아니라 효율성으로만 본다면 공무원이란 직업은 매력적이다. 벌어들일 수입과 수입 증가분, 그리고 그 기간에 대해 20년 이전에 미리 예측할 수 있기 때문이다. 재무관리적으로만 보면 최선…."

당시 정말 많은 비판을 받았는데 그중에는 이런 메일이 있었다.

"당신 공무원 해봤어? 안 해봤으면 밀을 하지 마. 넌 아마 6개월도 못 버텨."

오늘도 수많은 샐러리맨들이 안쪽 주머니에 사표를 품고 회사로 향한다. 출근길에만 해도 도착하자마자 자신 있게 사표를 날릴 것이라고 결심하지만 막상 쉽지는 않다. 눈앞에 아침에 자신을 배웅해준 아들이 어른거리기도 하고 또 '백수'라는 공포의 강도도 엄청나다. 그리고 막상 사표를 낸다고 생각하면 자신을 그렇게 괴롭혔던 상사가 그리 대단하게 나쁜 놈이라는 생각도 들지 않는다. 그래서 대부분은 다시 사표를 찢어버리고 그날 밤 직장동료들과 찐한 소주파티와 함께 생각을 정리한다. 그러다 한 달 후 다시 사표를 품고 출근을 하고 또 소주를 마신다. 그렇게 3년이 가고, 5년이 가고, 10년이 넘는 세월이 흐른다.

그래서 어떤 사람들은 이 과정에서 스스로를 조직형 인간으로 탈바꿈시키려는 노력도 한다. 굳이 오너의 길로 나섰다 망하기보다 있는 조직에서 누릴 만큼 누려보겠다는 생각인 것 같다. 정말로 이처럼 조직에서 크고 싶다는 맘을 확실하게 굳혔다면 입사 초기부터 체질을 바꿔나갈 필요는 있다. 몸을 만들어나가는 것이다.

이런 '몸 만들기'에 필요한 딱 세 가지 준비만 꼽으라면 첫째는 정치력, 둘째는 영어, 셋째는 건강이다. 그런데 만약 딱 한 가지만을 골라야 한다면 그건 바로 정치력이다. 월급쟁이 사장이 되려면, 적어도 임원이 되려면 정치를 해야 한다. 그것도 잘해야 한다.

내 편과 남의 편

《손자병법》을 독파하거나 온갖 처세서를 다 읽을 필요는 없다. 크게 두 가지만 정확하게 구분하면 된다. 이 두 가지만 지속적으로 연습하고 몸에 익힌다면 다른 정치력은 좀 부족해도 큰 영향은 미치지 않을 것이다. 하나는 내 편과 남의 편을 구분하는 능력이고, 다른 하나는 '못된 놈'과 '사악한 놈'에 각각 대응하는 테크닉이다.

먼저 내 편과 남의 편, 곧 아군과 적군을 구별하는 정치력에 대해 살펴보자. 이걸 못 하면 정말 조직은 매번 뒤통수만 맞는 불행한 장소로 전락해버린다. 분명 잘못은 뒤통수를 때린 사람에게 있지만 그걸 눈치 채지 못했거나 대비하지 못한 잘못도 결코 부인할 수 없다. 특히 조직형 인간으로 성공하려는 사람에겐 용납할 수 없는 실수다. 이뿐만이 아니다. 만약 아군과 적군을 구분할 수 있다면 한 차원 더 높은 정치도 펼칠 수 있다. 적군 중 일부를 경우에 따라 든든한 후원군으로 활용할 수도 있기 때문이다.

자신을 좋아하는 사람과 싫어하는 사람, 자신의 능력을 인정해주는 인간과 무시하는 인간은 누구나 구분할 줄 안다. 중요한 건 자신을 좋아하는 줄 알았던 사람, 그리고 자신의 능력을 인정해주는 줄 알았던 사람들 중에서 '적군'을 찾아내야만 한다. 그리고 머릿속에, 마음속에 꼭 새겨두고 있어야 한다. 조직 내에서 뒤통수를 치는 사람들이 가장 많이 사용하는 정치는 정상적인 것을 비정상적인 것으로 판단하게 만드는 일명 '양성 오류(false positive)' 테크닉이다. 분명 칭찬을 한 것 같은데 가만히 생각해보면 정말 최악의 비판을 하는 식이다.

오너 앞에서 여러 명의 임원들이 현재 1등인 A를 욕하는 상황을 가정해보자. 공교롭게도 이날 A는 회식자리에 참가하지 못했다. 이때 B는 조직 내 정치를 한탄시고 A에 대해 노골적으로 비난한다. 이런저런 비리를 오너에게 일러바치고 인신공격도 한다. 이번 기회에 아예 A를 밟아놓으려고 혈안이 돼 있다.

반면 C는 이렇게 말한다.

"우리 A 말입니다. 정말 대단합니다. 일도 열심히 하고, 능력도 좋고, 리더십도 뛰어납니다. 우리 회사에 정말 필요한 사람입니다. 그런데 말입니다, 그 사람… 여자관계가 좀 복잡해요. 하긴 얼굴 잘생겼겠다, 능력 좋겠다, 뭐 당연한 거죠."

분명 C는 A에 대한 칭찬을 했다. 하지만 그 자리에서 오너의 머릿속에는 A에 대해 '능력은 좋을지 몰라도 여자만 밝히는 놈'으로 각인된다.

그리고 다음 날, 어제 저녁 회식자리에 있었던 사람 중 누군가는 A에게 이렇게 말한다.

"B 말이야, 정말 조심해라. 너를 못 잡아먹어서 안달이야. 사장한테 이것저것 일러바치고. 그런데 C는 네 편이더라. 너를 정말 아껴주고, 칭찬도 많이 하고, 앞으로 가까이해."

과연 C는 A의 아군일까. A를 아껴주는 '같은 편'일까. 대답은 'No'다. 만약 여러분이 이걸 구분하지 못하고 C를 믿기 시작하면 이제 엄청난 불행이 찾아올 것이다.

또 한 가지, 조직 내 우유부단한, 능력은 뛰어나지 않지만 착하고 부지런한, 그냥 중간 정도를 달리는 사람들을 자기 편으로 생각해선 절대 안 된다. 이 사람들은 본성이 착하고, 대단한 도전을 하지 않고 현실에 만족하면서 살아가는 것뿐이다. 위급한 순간 여러분의 편이 돼줄 것이란 오해를 버려야 한다. 내가 이렇게 올바르니까, 떳떳하니까, 열심히 했으니까 저들은 결국 내 편이 돼줄 것이라고 기대한다면 오산이다. 여러분보다 더 힘세고, 더 안정적인 현실을 제공해줄 사람이 있다면 그들에게 더 '착하게' 대해줄 사람들이기 때문이다. 종종 이런 말을 하면서.

"영민 씨, 미안해. 못 도와줘서. 정말 영민 씨가 옳다는 거 잘 알고 있어. 그래도 어떡해. 우리 꼬마 이번에 초등학교 들어가잖아. 나 같은 놈은 그냥 이렇게 적응하면서 살게. 영민 씨는 똑똑하니까 앞으로 뭐든 잘할 거야. 힘내."

반면 신입사원인 여러분을 오전 7시까지 출근시키는 직속선배는 바로 여러분 편이다. "이런 돌대가리야, 이것도 못 해?"라면서 호되게 꾸짖는 사수는 진짜 고마운 분이다. 입사해 첫 5년까지는 무조건 이런 선배들을 따라다녀야 한다. 그리고 배워야 한다. 이런 사람들이 진정한 '내 편'이다. 입사한 지 3년도 안 된 친구들이 "선배가 나한테 일을 다 떠넘겨. 정말 짜증나"라는 푸념을 늘어놓는 경우가 있다. 구체적인 상황에 따라 다르겠지만 결코 부정적인 일만은 아니다. 조직에선 일을 빨리 배울수록 좋다. 이건 진리에 가깝다. 일을 잘하라는, 이를 악물고 하라는 말이 아니다. 일에 대해, 그 흐름에 대해 빠른 시간 안에 파악하고 있으란 이야기다. 그래야 회사생활이 편해진다.

"내 직속선배 너무 좋아. 일도 별로 안 시키고. 만날 일찍 퇴근하라고만 해. 유머러스하고 인간성도 좋아."

과연 그럴까. 이런 선배가 여러분의 아군일까. 혹시 변장을 하고 조용히 선배들끼리 벌이는 회식자리에서 벌어지는 이야기를 엿들어 보라. 아마도 그 '좋은 선배'는 이런 말을 할지도 모른다.

"아이, 부장님. 그 새끼 일 정말 못해요. 만날 빤질거리기만 하고. 정말 힘듭니다. 이건 뭐 똥오줌도 못 가리니까 제가 모든 걸 다 해야 하잖아요."

"알았어, 자네 힘든 거 다 알아. 그래도 능력 있으니까 신입 부사수도 받은 거 아니겠나?"

"휴, 알겠습니다. 하지만 부장님, 저 봄 인사 때는 미국 연수 가는 거 책임져 주셔야 합니다. 이렇게 고생하는데, 저 진짜로 우리 회사에 충성하고 있지 않습니까?"

"그래, 그래!"

못된 놈과 사악한 놈에 대응하라

직장 내에서 요긴하게 활용되는 정치력 중 두 번째는 '못된 놈'과 '사악한 놈'을 구별해 적절하게 대응하는 기술이다.

어떤 조직이든 10명 중 6명은 괜찮은 사람들이다. 사심 없고, 조직에 대한 큰 불만 없이 그럭저럭 잘 살아간다. 이 중 1명은 아주 뛰어난 천재, 또 1명은 아주 뛰어나지는 않지만 수준급인 능력과 리더십, 거기다 성격도 좋다. 반면 못된 사람 1명, 또 사악한 사람 1명이 존재한다. 이런 식으로 조직은 구성돼 있다.

보통 1명의 천재들은 조직에서 성공하지 못한다. 스스로 도태되거나 자신들이 알아서 살길을 찾는다. 그래서 보통 조직은 못된 사람, 사악한 사람, 그리고 어느 정도 능력과 리더십을 겸비한 사람, 이렇게 3명이 주로 목소리를 낸다. 그리고 나머지 6명은 그들에게 휘둘리면서 함께 따라가게 된다. 그런데 문제는 이 중 못된 놈과 사악한 놈이 조직을 휘어잡게 되는 경우다. 아니, 휘어잡지는 않더라도 여러분에게 직간접적으로 영향을 미쳐 인생을 괴롭게 만드는 상황이다. 그래서 이들에겐 여러분만의 확실한 대응책을 갖고 있어야 한다. 몇 번은 당할 수 있지만 매번 당할 수는 없는 노릇 아닌가.

못된 놈과 사악한 놈. 비슷비슷한 말로 들릴 수 있다. 하지만 굳이 이렇게 구분한 건 그들 사이에 미묘한 차이가 있기 때문이다. 먼저 못된 사람들에 대한 이야기다. 이들은 정말 못되게 군다. 뭘 해도 까칠하고, 남에 대한 배려도 없다. 표독스럽고 싸가지 없고 이기주의자에다 함께 일하는 사람들에게 노골적으로 상처를 준다. 그래서 사람들은 다 이 못된 사람들을 싫어한다. 겉으로 확연하게 못됐다는 게 드러나기 때문이다. 함께 일하기도 꺼린다.

그러나 사악한 사람들은 좀 다르다. 한 번 크게 당해보기 전까지는 '사악한 놈'인지 잘 알아챌 수가 없다. 어떨 땐 너무나 부드럽고 가끔은 조직에 희생도 한다. 그러나 중요한 건 그럴 때마다 결국엔 자기 몫을 몇 배씩 챙겨간다는 것이다. 함께 일도 잘한다. 하지만 본능적으로 먹잇감을 찾아내고 그 사람을 철저하게 이용해 먹는다. 노골적으로 상처를 주거나 비판을 하지는 않지만 느닷없이 뒤통수를 친다. 추종자도 많다. 이 사악한 사람들은 누군가에게는 너무나 좋은 사람으로 각인돼 있다. 그리고 이 사악한 사람들은 '갈등'을 즐긴다. 갈등을 만들면서 자신의 기회를 만들어간다.

못된 놈에게 가장 좋은 대응책은 '떠벌리기'다. 못된 놈에게 당한 게 있으면 어떤 식으로든 세상에 알려야 한다. '희생양'의 지위를 철저하게 활용하라는 이야기다. 여러분이 당한 아픔을 조직원들이 함께 공유하게 만들어야 한다. 그래서 못된 놈을 공공의 적으로 몰아가야 한다. 혹시 무서움 때문에 이런 일이 힘들 수 있다. 그러나 걱정하시 않아도 된나. 시금 어러분을 괴롭히고 있는 건 '못된 놈'이고 모든 조직원들은 그 사람이 못된 놈이란 걸 잘 알고 있다. 그래서 어떤 상황이 발생하더라도 여러분에게만 화살을 돌리지 않을 것이다. 여러분은 동기들이나 선배들과 술자리를 만들고 작심하면서 쏟아내야 한다. 함께 화내고 함께 괴로워하는 자리를 만들어야 한다. 최선의 방법은 합심해서 이 못된 놈을 몰아내는 것이겠지만, 이렇게 하면 적어도 다시 그 못된 놈과 함께 프로젝트를 하지 않게 되는 정도의 수확은 올릴 수 있다.

"그 재무팀 박 대리 있잖아. 이번에 어떤 식으로든 챙겨줍시다. 마 부장 밑에서 진짜 거의 1년간 숨도 못 쉬었잖아."

"그러게. 박 대리 정말 불쌍해 죽겠더라고. 하여튼 마 부장은 진짜 정말 너무해. 악질이야. 박 대리는 1년간 고생했으니까 한 1년간 좀 편하게 해줍시다."

"그럽시다. 박 대리는 이번 인사에서 미리 따로 빼내서 먼저 결정합시다."

반면 사악한 놈에 대한 대응책은 '피해가기' 밖에 없다. 어떤 식으로든 연을 맺지 말아야 한다. 성경책에도 나와 있다. 악인의 길에는 아예 들어가지도 말라고. 물론 처음 정체 파악이 안 됐을 때는 어쩔 수 없이 몇 차례 당할 수도 있다. 하지만 그렇다고 분을 삭이지 못하고 덤벼들면 안 된다. 다시는 그런 상황 자체를 안 만드는 쪽으로 문제를 해결해가야 한다. 다시 한 번 말하지만, 이 사악한 놈들은 조직 내 누군가에겐 똑똑한 사람, 마음씨 좋은 선배, 조직을 위해 희생할 줄 아는 사람으로 각인돼 있다. 그렇기 때문에 혹시라도 "○○○, 알고 봤더니 진짜 사악한 놈이더만"으로 시작되는 뒷담화를 해선 안 된다. 여러분의 이런 비난은 곧바로 그 사악한 놈의 귀에 들어갈 것이고 기상천외한 방법으로, 상상할 수도 없는 방식으로 보복이 가해질 것이다. 그래서 이런 욕구가 생겨도 꾹꾹 참아야 한다.

모 통신 관련 회사에 다니는 윤미경 과장은 전형적인 '사악한 년'이다. 그리 예쁘진 않지만 그렇다고 못생기지도 않은 외모에, 샤프하진 않지만 맡은 일은 똑 소리 나게 처리한다는 평가를 받고 있다. 후배 여사원들에겐 거친 남자 동료들에 맞서는 든든한 방패막이 역할도 하고, 남자 선배들에겐 편안하게 속내를 털어놓으며 술 한잔할 수 있는 유일한 여자 후배이기도 하다. 10명 중 6명은 그렇게 알고 있다. 하지만 윤 과장을 제외한 나머지 3명은 잘 알고 있다. 얼마나 나쁜 사람인지를 말이다.

매년 인사 시즌이 되면 윤 과장은 알 수 없는 흥분을 느낀다. 이때마다 항상 절호의 찬스가 오기 때문이다. 이러저리 돌아다니면서 정보를 흘리고 그렇게 여론을 조작해간다. 윤 과장은 사내 정보창구 역할을 하고 있어 이런 여론 조작이 그렇게 어렵지 않다. 10명 중 6명을 사로잡고 있기 때문에 각종 정보가 그녀에게 몰려들기 때문이다. 그래서 사람들은 정보를 가진 윤 과장에게 몰리고, 그녀는 또 더 보태진 정보를 갖고 자신만의 정치를 시작한다.

"우리 콘텐츠 관리 부서엔 무조건 김 부장님이 오셔야 해. 만약 마 부장 오면 끝이야. 알겠지? 우리 다 죽는 거야."

이렇게 말하는 윤 과장은 정말 진심일까. 천만의 말씀이다. 그녀는 이미 악덕한 마 부장이 올 것이란 정보를 알고 있다. 알면서도 이런 공포 분위기를 만들어내는 것이다. 그래서 자신은 능력 있고 사람 좋은 김 부장 라인임을 상조하고 마 부장이 올 경우 부서 내 최악의 사태가 펼쳐질 것이라고 사람들에게 겁을 준다. 갈등 구도를 만들어내는 수법이다. 그런데 그녀는 이런 기회를 통해 마 부장과 자신의 경쟁자라고 생각하는 사람과의 갈등 구도를 더 크게 부각시킨다.

"잘들 알지? 마 부장, 거래처 다 자기가 직접 관리한다는 거. 그 쪼끔 떨어지는 커미션 지가 다 챙기려고 그런대, 참 나. 게다가 프레젠테이션 할 땐 부서원들 2주일간 모두 야간작업 시킨단다. 이뿐인 줄 알아? 똑똑한 후배 있다 싶으면 그냥 짓밟아. 그러니까 똑똑한 독고 과장도 조심해. 자기가 마 부장의 타깃 1순위가 될 거야."

윤 과장은 갑자기 창의력 좋고, 슈퍼급 인재라는 평가를 받고 있는 독고 과장을 이야기 화제로 떠올린다. 정작 아무 일도 벌어지지 않았고 독고 과장 역시 지금까지 마 부장과 아무런 관련도 없었는데 말이다. 그러고는 이제 마 부장이 이 부서로 발령이 난다. 이후 모든 상황은 윤 과장의 말대로 펼쳐진다.

그런데 놀라운 점은 악덕 마 부장은 오히려 윤 과장을 인정하고 좋아하게 된다는 점이다. 자신을 가장 많이 욕하고 다니는 사람이 바로 윤 과장인데 정작 마 부장은 그런 사실을 전혀 모르고 있다. 그게 바로 '사악한 사람'들의 놀라운 기술이기도 하다. 마 부장을 공공의 적으로 만들어 조직원들의 회피대상으로 만들어놓고서는 자기 혼자만

마 부장을 상대하면서 독점적 지위를 활용하는 테크닉이다. 마 부장과의 의사소통 채널을 자기 혼자만 독점하는 방식이다.

오늘도 마 부장은 윤 과장에 대한 칭찬이 마르지 않는다.

"독고 과장, 자네가 잘나면 얼마나 잘났어? 윤 과장한테 좀 배워라. 겸손한 거."

"여러분들, 이번에 콘텐츠 제공업체 관리는 윤 과장이 총괄합니다. 불만 갖지 마. 똑 부러지게 일 잘하니까 그런 거야."

"윤 과장은 오늘 그냥 퇴근해. 아버지 허리 다치셨다면서. 야, 이 뺀질이 박 대리야. 네가 책임지고 남은 일 다 정리해."

안타깝지만 이런 윤 과장 같은 사람에겐 당해낼 방법이 없다. 최대한 거리를 두는 것뿐이다. 무조건 피해야 한다. 이것밖에는 방법이 없다. 그 사람에게만큼은 이용가치가 전혀 없는, 좀 아둔한 사람처럼 보이는 것도 좋다. 혹시 누가 대놓고 윤 과장 욕을 하더라도, 그리고 그 실체를 여러분이 잘 알고 있더라도 절대로 동참하지 말라. 바로 다음 날 윤 과장의 귀에 들어갈 테니까. 지금도 10명 중 6명은 그녀의 실체를 파악하지 못하고 있다. 그녀가 의도적으로 만들어낸 갈등 속에서 우왕좌왕하고 있으면서도 힘들 땐 다시 그녀에게 찾아가 하소연을 하고 있다.

03

영어에 대한 편견

직장에서는 일주일에 영어 한 마디 사용할 필요가 없는 사람인데도 영어학원을 열심히 다닌다. 재테크에는 월 50만 원도 할애하지 못하는데 영어 실력을 높이기 위해서는 20~30만 원이 전혀 아깝지 않다. 시간의 기회비용까지 따지면 월 100만 원어치 노력을 하는 셈이다.

이런 질문을 받은 적이 있다.

"대학 졸업을 앞둔 27살 남학생입니다. 영어와 재테크 중에서 지금 저한테 더 필요한 것은 과연 무엇일까요?"

짧은 질문이지만 난 그 의미를 정확하게 알 수 있었다. 취업을 위해 자신의 스펙을 올리기 위해선 영어가 필수적이기 때문에 '한가하게' 재테크에 미칠 수 없다는 뜻이었다. 그 학생 역시 답은 이미 알고 있는 것 같기도 했다. 사실이다. 만약 누군가가 "20대에게 영어 잘하는 것이 바로 가장 좋은 재테크"라고 강조하고 있다면 결코 틀린 말이 아니다. 90% 이상은 맞아떨어지는 이야기다.

가령 전국 거주 만 20~35세 남녀를 대상으로 "왜

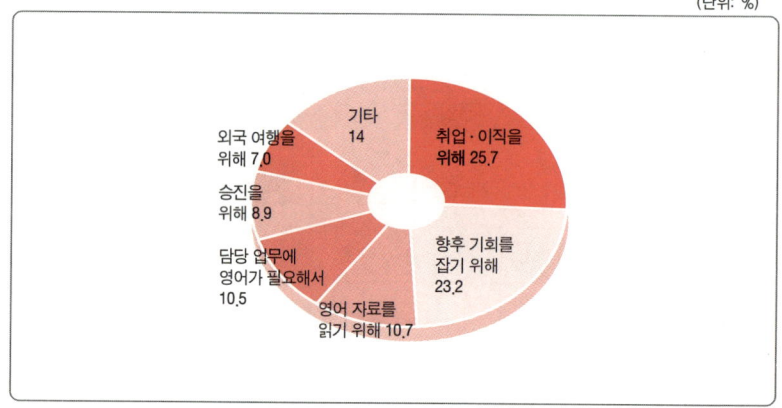

● 그림 15_ 영어를 공부하는 이유는

(단위: %)

기타
14

외국 여행을
위해 7.0

취업·이직을
위해 25.7

승진을
위해 8.9

담당 업무에
영어가 필요해서
10.5

향후 기회를
잡기 위해
23.2

영어 자료를
읽기 위해 10.7

영어공부를 하는가?"라는 질문을 던지면 오차는 있겠지만 이런 비중으로, 이런 답변들이 나온다. 취업, 이직, 승진, 향후 기회, 창업과 관련된 자료 학습, 업무에 필요한 영어 능력…. 주로 직업 및 조직생활과 관련된 이유들이다. 그래서 결국 "영어는 돈이다"라는 말까지 나온 것 같다.

사회생활 일선에서 영어는 정말 엄청난 경쟁력이다. 그렇기 때문에 여러분도 영어를 해야 한다. 그것도 잘해야 한다. 하지만 좀 더 들어가 보면 우리가 생각하는 영어에는 꽤 많은 '편견'이 포함돼 있다. 가령 '영어회화'를 잘하는 게 곧 영어 경쟁력이라고는 할 수 없다. 취업에는 취업 여건에 맞는 영어 준비가 있고, 괜찮은 MBA 스쿨에 입학하려면 여하튼 GMAT 고득점을 받아야 한다. 그리고 외국계 회사에 들어갈 때 필요한 영어 수준은 또 따로 있다.

영어공부에 대한 편견도 존재한다. 영어 어학연수 못 간 게 절대로 큰 약점이 아니다. "어학연수 못 가서 영어가 약해"라고 말하는 건 정말 웃기는 일이다. 단어장 만들고, 단어와 문장 외우고, AP통신 뉴스 받아쓰는 전통적 방법은 아직도 영어를 잘하는 데 최선의 길로 손꼽히고 있다. 언제든 영어공부를 할 수 있다는 건 사실이다. 하지만 영어공부를 열심히 했다고 해서 똑같은 효과를 얻을 수 있다는 건 편견이다.

영어는 재테크와 참 많이 닮아 있다. 가령 똑같이 1만 시간을 공부한다고 했을 때 대학교 1학년 때 매일 12시간씩 공부하다 4학년 때 1시간 한 사람이 있다. 또한 대학교 1학년 때는 1시간만 영어공부를 하다가 4학년 때 16시간씩 한 사람이 있다. 누가 영어를 더 잘할까. 시간 변수로만 보면 당연히 전자가 잘한다. 영어도 재테크처럼 초반의 커다란 몇 단계 장벽을 넘어서야 한다. 힘겹게 고생해서 그 장벽을 넘을 때 실력은 쭉 성장해 있다. 그래서 영어는 할 때 몰아쳐서 해야 하고, 그것도 좀 더 빨리 시작해야 한다.

잘못된 편견은 빨리 깨야 한다. '영어는 돈이다' 라는 것만 빼고는 한 번쯤 차가운 마음으로 따지고 들어가 보자.

첫째, 취업영어는 수준 체크다. 토플, 토익 시험에서 일정 수준대 점수를 받았다면 오케이다. 토익 만점, 토플 만점이 아니라면 다 거기서 거기다. 아니, 토익도 2000년 만점과 2009년 만점은 전혀 다른 의미를 갖게 돼버렸다. 그 어떤 인사 담당자도 시험성적 30점 더 높다고 해서 '대단하다' 고 평가하지 않는다.

둘째, 유학영어에 대한 고민이다. 종종 3~4년차 샐러리맨들이 범하는 오류인데 MBA를 노린다고 하면서 회화강의를 듣는다. 잘못됐다. 입학영어는 그야말로 테크닉이다. 합격권의 GMAT나 GRE 점수를 빨리 받아내는 것이 관건이다. 따라서 전략적인 영어공부나 시험 테크닉이 더 요긴하다.

최근에는 회사에서 직원 중 충성도(?) 높은 직원에게 해외유학을 보내주는 경우가 급증하고 있다. 이 경우 종종 "난 그 녀석보다 영어를 훨씬 더 잘하는데 왜 탈락했지?"라는 불만을 갖는 사람들이 나온다. 이건 정말 뭘 몰라도 한참 모르는 상황이다. 조직은 앞으로 조직에 더 몸 바쳐 일할 사람에게 기회를 주는 것이지 단순히 영어만 잘하는 직원에게 1억 원 넘는 돈을 들여가며 유학비용을 대주지 않는다. 따라서 혹시 사내 MBA 프로그램 같은 것에 도전하려고 한다면 먼저 철저한 조직형 인간이 돼야 한다. 턱없이 낮은 점수만 아니라면 누구도 여러분의 발탁에 토를 달지 않을 것이다.

셋째, 이직과 관련된 영어다. 이는 다시 크게 두 가지로 나뉜다. 하나는 업무 자체가 영어를 써야만, 그것도 아주 잘 써야만 하는 경우이고, 다른 하나는 외국계 회사들이 한국 시장에서 활동하기 위해 여러분을 활용하는 경우다.

후자의 경우에는 극단적으로 말해 영어를 못해도 상관이 없다고 본다. 이때 외국계 회사들은 한국 내 영업을 위한 여러분의 능력을 필요로 한다. 그래서 단순한 의사소통만 되면 영어 능력에 크게 신경을 쓰지 않는다.

반면 전자의 경우에는 영어를 잘해야 한다. 선배들의 "영어만 잘했으면 더 좋은 회사에 다녔을 텐데"라는 한탄이 바로 이 경우에 해당되는데, 이때는 영어를 정말 잘해야 한다. 굳이 외국계 회사로 한정되지 않는다. 국내 회사에서도 직접 수출입 업무를 담당하는 경우는 말할 것도 없고 마케팅 업무나 기획 업무 등 부분으로의 이직에선 영어 능력이 중요하다. 이때의 영어 능력은 시험성적을 가리키는 게 아니다. 회화 능력은 물론이고 독해 능력은 그야말로 중요한 자격요건

이 된다. 생각해보라. 한국어로 된 서류와 자료를 분석하는 것도 힘든 일인데 영어로 된 각종 자료를 정확히 이해하고 이를 바탕으로 다시 경영 계획과 전략을 수립하는 일이 얼마나 힘들지. 그래서 이 경우를 대비해 영어를 활용하려고 한다면 정말 죽도록 해야 한다. 새벽엔 CNN 뉴스를 청취하고, 점심시간엔 인터넷판 〈뉴욕타임스〉를 읽고, 일주일에 3번씩은 외국인과 특정 주제를 놓고 1시간 이상 심도 있는 토론 연습도 해야 한다.

넷째, 업무와 관련된 영어다. 앞서 말한 이직영어 중 전자의 경우를 생각하면 될 것 같다. 해당 업무에 있어 영어 비중이 일 처리 능력을 압도한다면 당연히 영어를 잘해야 한다. 하지만 이때 영어는 우리가 흔히 말하는 영어 능력과 조금 다른 측면도 갖고 있다. 예를 들어 공학 분야의 전문적 업무라고 하면 여기서 사용되는 영어에는 일정한 틀이 존재한다. 세계 톱10 MBA를 취득하고서도 미국이나 홍콩, 싱가포르에서도 직업을 찾지 못하는 경우가 많지만, 흔히 '공돌이'라고 부르는 이공계에선 해외 취업이 훨씬 수월할 때가 많다. 따라서 죽자 살자 영어에만 몰두할 필요는 없다. 업무에 영어가 필요하지만 그것보다 개인적 능력이 더 크게 부각되기 때문이다.

영어 편견이 깨지고 있다

오리지널 미국식 정통 버터발음으로 외국인과 스스럼없이 대화하는 게 영어 능력이라고 착각했던 시기가 있었다. "〈타임〉지 읽을 줄 알면 뭐 해? 영어 한마디도 못 하면서"라는 비판이 힘을 얻었고 슬랭(slang) 투성이인 시트콤을 보고 웃을 줄 아는 게 영어 실력으로 평가받기도 했다. MBA만 따 오면 억대 연봉이 보장되기도 했고 외국 대학 박사라면 너도나도 사위, 며느리 삼으려고 안달 내던 시기도 있었다. 불과 2000년대 초반만 해도 그랬다.

그러나 지금 기업들 내부에선 이런 영어에 대한 잘못된 인식들이 깨지고 있다. IMF 외환위기 이후 약 10년 정도의 시간이 지나면서, 직접 경험하고 당해보면서 그간 많은 부분에서 대한민국 기업과 조직들이 영어에 대한 편견에 사로잡혀 있었다는 것을 알기 시작했다.

국제 컨퍼런스 개최를 전담하는 모 컨벤션 업체 홍국영 사장은 지금도 '자넷' 이야기를 하면 치를 떤다. 물론 자넷이 남기고 미친 긍정적인 영향도 있었다. 직원들의 '영어 능력' 이란 것에 대해 사고의 대전환을 하는 계기가 됐기 때문이다.

"회사 문 닫는 줄 알았어요. 하긴 내 잘못이죠. 내가 결정했던 일이니까."

1년 전 모 신문사가 개최하는 국제 컨퍼런스 계약을 따냈던 홍국영 사장은 당시 컨퍼런스에 참가하는 연사에 관련된 모든 사안을 자넷에게 맡겼다. 강사료부터 호텔 및 식사 문제, 기타 의전 관련 전체 업무를 자넷 책임 하에 진행하도록 한 것이다.

"늘 밝은데다 영어가 기가 막혔어요. 얼굴도 귀엽고, 전화로 그 대단한 학자들하고 연락하는 거 듣고 있으면 내가 다 웃음이 나왔다니까요. 자넷은 토종인데도 어떻게 이렇게 영어를 잘하는지 정말 놀랐죠. 고생한다고 자넷만 따로 특별수당도 지급했었는데…."

그런데 행사를 3주일 앞두고 해당 컨퍼런스의 개최자였던 신문사로부터 강력한 항의가 들어왔다. 강사들이 주장하는 강사료, 기타 의전 부분이 당초 계획했던 것과는 큰 차이가 있다는 것이다. 많게는 1명당

2만 달러 정도 차이가 나는 경우도 있었다.

　범인은 바로 자넷이었다. 자넷은 뛰어난 영어 실력(?)으로 연사들과 즐거운 농담을 주고받으면서 그들의 기분을 좋게 만들었을지는 모르지만 정작 중요한 일을 하나도 하지 않았던 것이다. 가령 강사료 부분에 대한 마지막 컨펌, 호텔과 기타 교통수단 제공 등에 있어 그들의 의견을 무차별직으로 수용했다. 딩시 신문사는 몇몇 깅연자들에 대해서는 일정한 수준을 확정하고 이것이 해결되지 않을 경우 취소할 것을 명백하게 요구했는데 자넷은 이 문제에 대해서는 은근슬쩍 넘어가 버렸다.

　"처음엔 저도 그랬고, 신문사도 자넷 실력에 놀라워했어요. 힘든 요구도 있었는데 잡음 하나 나오지 않았으니까. 그런데 이게 웬걸요. 이 자넷이라는 아이는 일이라는 걸 하나도 안 했던 거예요. 협상을 하는 게 자신의 임무인데 자넷은 매일 전화와 이메일, 화상채팅으로 회화연습을 하고 있었던 것이죠. 이미 프로그램까지 다 짜져 있고, 팸플릿도 나오고 신문에서 광고도 몇 차례 나왔는데…."

　일이 커지기 시작했다. 1만 달러 비용을 책정했던 강사 10여 명은 자신들은 3만 달러를 받는 줄 알고 있었다며 "1만 달러로는 참가할 수 없다"는 통보를 해왔다. 일부 강연자들은 호텔 체인지나 업그레이드가 된다고 들었는데 왜 숙소가 전혀 바뀌지 않았느냐며 강한 불쾌감을 나타내기도 했다. 이력 수정에 대해서도 이미 오래전에 통보했는데 실제 팸플릿에서는 반영되지 않았다는 항의도 나왔다.

　홍국영 사장은 자넷으로 인해 결국 8000만 원 가까운 비용을 자신의 회사가 부담했다. 이번 프로젝트를 통해 신문사로부터 받을 금액이 1억 2000만 원이었던 점을 감안하면 절반 이상이 없어진 셈이었다. 그나마 자녓으로 인해 꼬일 대로 꼬였던 문제를 풀 수 있었던 건 이은경 과장 때문이었다.

"구관이 명관인데, 내가 그 영어라는 것 때문에 홀렸나 봐요. 결국 우리 팀 에이스였던 이은경 과장에게 사정사정했어요. 강하게 나갈 땐 강하게, 안 될 땐 돈으로 막고, 숙소 핸들링하는 거 하며 이 과장이 다 처리했어요. 눈물 나게 고마웠죠."

홍국영 사장은 이 사건 이후로 만나는 사람들마다 "영어 잘하는 애들 무조건 믿지 말고, 영어 못한다고 무조건 배제하지 말라"고 강조한다. 허울뿐인 영어가 얼마나 조직에선 덧없는 편견이었는지 뼛속 깊이 깨닫게 된 것이다.

그런데 그로부터 반년이 지났을 때 홍 사장은 더 놀라운 사실을 알게 됐다. 자녓이 세계적인 외국계 기업에 입사하게 됐다는 사실이다. 자녓은 그때 컨퍼런스에 참가했던 세계적인 학자들로부터 추천서를 받았었고 그중 한 명의 강력 추천으로 그 기업에 들어갈 수 있었다고 한다.

"고등학생인 우리 딸이 그러더라구요. 뻔뻔해야 영어 잘한다고. 자녓을 보면 그런 것도 같아요. 근데 그 반대는 아닐까요. 뻔뻔해야 영어를 잘하는 게 아니라, 영어를 잘해서 뻔뻔해졌을 수도…."

영어는 자신감이다

우리는 종종 영어를 실무 능력으로만 한정하는 편견도 갖고 있다. 물론 영어는 구체적인 능력이다. 그런데 어떤 사람들에게 영어는 능력 이상의 것이다.

국내와 외국 지분 구성이 51:49로 구성돼 있는 한 합작금융회사에서 마케팅을 담당하고 있는 '그'는 키가 채 165센티미터가 되지 않는다. 거기에 얼굴은 일명 '큰 바위 얼굴'이고 대학 역시 명문대와는 거리가 멀다. 홀어머니와 여동생이 전부였던 가족, 평범 그 자체였던 학창시절, 그는 스스로에 대해 "들러리 인생이었다"고 했다.

　　하지만 그의 인생은 대민에 있는 한 MBA 스쿨에 입학하면서부터 변하기 시작했다. 아니, 엄밀히 말해 그를 바꾼 것은 바로 '토익'이었다. 취직도 안 됐고, 딱히 하고 싶은 일도 없었던 시절 그는 지도교수로부터 '대만의 ○○ MBA에 가보라'는 추천을 받았다. 직장경력이 없어도 되고, 입학도 별 어려움이 없다는 설명도 들었다. 고득점은 아니더라도 영어시험 스코어만 있으면 된다고 했다.

　　결정에는 오랜 시간이 걸리지 않았고, 그는 이제 평균 정도의 토플과 GMAT 점수를 내기 위해 영어학원을 다니기 시작했다. 그러던 와중에 그는 자연스럽게 토익 강의까지 함께 듣기 시작했다. 이후 적당한 토플과 GMAT 점수를 획득했던 그는 대만 MBA 스쿨에 입학원서를 보내면서부터는 토익 공부만 했다. 새벽부터 일명 '찍찍이'라 불리는 영어 카세트를 돌려대면서 청취를 했고 영자지를 읽어댔다. 단어장을 만들어 버스에 타고 다니면서 영어단어를 외웠고, 어려운 독해는 공원 벤치에 앉아서 수십 번, 수백 번 큰소리로 읽어댔다.

　　생각해보면 굳이 토익 공부를 할 필요는 전혀 없었다. 대단한 시험도 아니다. 토익 점수 높다고 영어 잘하는 것도 아니다. 하지만 그에게 토익 시험공부는 좋은 친구가 됐다. 한 문장이, 한 단락이 통째로 자신의 귀에 들릴 때쯤엔 극한의 자신감을 맛볼 수 있었다. 그리고 이런 과정 속에서 그는 자신의 나약함을 달랬다. '들러리 인생'에서 자신도 주인공이 될 수 있다는 가능성을 얻을 수 있었다. 11개월 동안 하루에 12시간을, 15시간을 토익 시험공부만 했다. 그건 분명 영어공부가 아니었다. 악에 바친 울분이었고 자신에 대한 열등감의 표출이었다. 그리고 그는 결국 이를 통해 자신의 인생을 바꾸었다. 1999년 봄, 그는 MBA 유학을 떠나기 직전 마지막 토익시험에서 990점 만점을 받았고, 그것은 그에게 지금까지 살아오면서 한 번도 맛보지 못했던 '자신감'이란 걸 줬다.

"지금이야 토익 만점이 대단한 거 아니지만, 그때만 해도 의미는 있었거든요. 모 잡지에서 토익 만점자 4명을 묶어서 인터뷰도 했는데 정말 기분 좋더라구요. 내가 인터뷰를 할 수 있다니, 나도 할 수 있다니."

이후 대만 MBA 과정에서 그는 완전히 물 만난 고기였다. 열등감에 사로잡혀 늘 주변만 맴돌았던 땅꼬마인 자신을 아는 사람은 그곳에 아무도 없었고, 그는 새로운 인생을 살았다. 그의 영어는 어느덧 시험영어에서 영어 실력으로 바뀌어 있었고 프레젠테이션을 도맡아 하는 적극적인 리더로 변해 있었다.

"취직요? 아, 그때는 골드만삭스에도 들어갈 수 있었는데 국가경쟁력을 위해서 한국으로 돌아왔어요."

이런 농담까지 자연스럽게 던지는 그는 2009년 현재도 펀드상품 개발과 새로운 자산관리 전략을 구축하기 위한 치열한 삶을 살고 있다. 작은 키에 여기저기 뛰어다니는 그에 대해 뜻 모를 비웃음을 보내는 사람도 있지만 그는 전혀 개의치 않는다. 그는 한 번 '해본 놈'이기 때문이다. 그에게 영어는 그걸 가능케 해줬던 그런 존재였다.

04

인맥 재테크

효과성으로 본다면 조직생활은 재테크에 다양한 도움을 준다. 일단 샐러리맨이 되면 일반적으로 점심이 해결된다. 독하게 맘먹으면 하루 세 끼를 공짜(?)로 해결할 수도 있다. 소득이 국세청에 투명하게 노출된다고 해서 '유리지갑'이란 별칭도 붙었지만 전략만 잘 짜면 세금도 꽤 많이 환급받을 수 있다. 20대 여러분의 경우 연말정산을 해보면 알겠지만 임금이 상대적으로 적어 어떤 때엔 세금을 한 푼도 안 낼 경우도 생겨난다. 또한 보너스 시기도 정해져 있어 전략적 돈 쓰기도 가능하다. 현금흐름이 확실하기 때문이다. 어떤 회사에 다니느냐에 따라 다를 수 있지만 대출에 있어서도 중간 이상은 간다.

"은행을 떠나라"는 말도 샐러리맨에게나 가능한 이야기다. 태생적으로 부채를 지고, 남의 돈을 대출받아야 하는 오너들은 은행을 떠나려야 떠날 수 없다. 그래서 주위를 보면 알겠지만 사업가들은 대부분 은행 저축상품만을 애용한다. 점심시간에 공모주 청약하러 가는 직장인은 많아도 사업하는 사람 중에선 공모주가 뭔지 모르는 사람이 태반이다. 치열한 전투에서 승리해 부장이나 임원 자리에 오르면 자식들 교육비도 지원받을 수 있다. 절약이란 것도 샐러리맨들만이 할 수 있다. 자기 사업을 하게 되면 결과에 치중을 하기 때문에 절약의 과정을 중시하지 않는다. 중요한 사업 파트너와 5000원짜리 된장찌개를 먹을 순 없는 노릇이다.

그러나 이 모든 것도 "월급이 턱없이 작다"는 말 한마디에 무너져 버린다. 백날 절약하고, 저축하고, 투자하고, 노력해 재테크 해봤자 기본적인 소득이 작다면 큰 의미를 갖지 못하기 때문이다.

하지만 그래도 샐러리맨으로 살아가고 있다면 조직 내에서 인맥 재테크만큼은 꼭 챙기길 바란다. '인맥 재테크'란 우리가 흔히 말하는 인맥관리를 좀 더 재테크 차원으로 압축하자는 의미다. 분명 직장 속 선배, 후배가 여러분에게 돈을 직접 주지는 않는다. 그렇지만 수많은 사람들이 함께 생활하는 그 조직 속에서는 수많은 기회를 만날 수 있다. 어떤 경우에는 그런 기회들이 수천만 원의 현찰보다 더 값진 가치를 가질 수도 있다.

가장 먼저 할 일은 여러분 주위의 사람들을 크게 세 가지 기준으로 나누어 살펴보는 것이다. 첫째는 말 그대로 재테크를 알토란같이 잘하는 '재테크 독사'들이고, 둘째 카테고리에는 항상 기회를 엿보면서 이직 준비를 하는 '꿈꾸는 이직자'들을 넣어보자. 마지막 세 번째는 해당 기업과 조직에서 뼈를 묻을 생각으로 인생을 바치고 있는 '미래의 CEO' 유형이다. 어떤 조직에서든 이런 세 가지 부류의 사람들은 존재한다. 여러분이 어디에 속하는지는 알 수 없지만 반드시 이런 부류의 사람 중 최고들에게는 무언가를 배워내야 한다. 그리고 그걸 여러분의 것으로 만들어야 한다. 이건 샐러리맨들의 특권 같은 것이기도 하다.

혹 인맥관리를 "나 그 사람하고 잘 알아"라는 식으로 착각하면 곤란하다. 인맥은 절대로 알고 모르고의 인간관계가 아니다. 인맥을 맺는다는 것은 나와 그 사람이 모두 '윈-윈' 할 수 있는 생산적인 관계를 만든다는 것이다. 주고받는 것이다. 주고받을 수 있어야 한다. 이런 인맥을 맺게 되면 1년이 걸려야 할 일을 한 달 만에 할 수도 있게된다. 죽어도 안 될 것 같은 일이 바로 그 사람 때문에 불과 며칠 만에 해결되기도 한다.

'재테크 독사'들에겐 여러분도 잠재적인 재테크 독사로 포지셔닝해야 한다. 그래야 배울 수 있다. "이 달 월급도 다 카드 값으로 나갔어"라고 말하는 후배에게 이것저것 재테크 정보를 알려주면서 시간 낭비할 '재테크 독사'는 없다. 여러분도 정말 죽도록 재테크를 하고 싶다고, 그것도 잘하고 싶다고, 그럴 준비가 돼 있다는 것을 인식시켜 줘야 한다. 그래야 이야기가 터지고 대화가 된다. 그래야 '재테크 독사'들이 여러분에게 입을 열 것이다.

만약 '재테크 독사' 3명만 만나서 멘토로 삼을 수 있다면 여러분은 직장생활에서 정말 편한 재테크를 할 수 있게 된다. 어느 저축은행이 안전하고 금리가 높은지, 어느 신용카드를 쓰면 어떤 혜택이 있는지, 혹은 이번 경매에 8000만 원대 연립주택이 나왔는데 쓸 만하다든지, 이쯤에서 주식형펀드 절반은 차익실현 할 것이라든지 이미 일상화돼 있는 그들의 재테크에 무임승차할 수 있게 된다. 시간도 절약되고 다양한 의견도 챙길 수 있다. 그리고 한 걸음 더 나아가 여러분은 자신의 재테크를 그들과 교류하는 단계까지 도달해야 한다. 그래서 그들로부터 날카로운 충고도 받고 또 여기에 여러분의 통찰력을 더해가면서 재테크 마라톤을 완성시켜 가는 것이다.

무엇보다 이 '재테크 독사'들은 여러분과 처지가 크게 다르지 않다는 최대 강점이 있다. 비슷비슷한 처지다. 쉽게 말해 그들은 여러 분도 충분히 구사할 수 있는 재테크 방법들을 시도하고 있다는 뜻이다. 그래서 조직 내 '재테크 독사'들과의 인맥은 늘 효과적이다.

꿈꾸는 이직자가 말해주는 경력관리

'꿈꾸는 이직자'들도 너무나 필요한 사람들이다. 혹시 지금 막 이직을 생각하게 됐다면 정말로 '꿈꾸는 이직자'들의 중요성은 더 커진다. 그들은 이미 너무 많은 것을 알고 있기 때문이다. 어디로 가려면 뭘 준비해야 하는지, 어느 직장 무슨 부서에선 어떤 능력을 가진 사람을 찾고 있는지 잘 알고 있다. 이미 교류해본 헤드헌팅업체 사람들만도 최소 5명이 넘는다. 하다못해 이들 중 괜찮은 헤드헌터가 누군지만 조언 받아도 여러분의 이직은 한결 수월하게 될 것이다.

'꿈꾸는 이직자'들은 조직생활 초기에 만나게 된다면 그야말로 축복 중 축복이다. 그들을 통해 여러분의 경력관리를 할 수 있기 때문이다. 조직사회는 늘 검증하고 싶어 한다. 그리고 어떤 식으로든 객관적 데이터를 갖고 싶어 한다. 잠재력 같은 것은 절대로 믿지 않는다. 눈에 보이는 '물증'을 원한다. 가령 여러분의 회사가 전통적으로 마케팅 팀이 강한 것으로 유명하다면 이직을 위해선 그 부서에서 최소 2~3년은 근무한 경력을 갖고 있어야 한다. 그래야 이직을 하려는 그 회사도 여러분을 인재로 인정한다. 모 중견기업 재무팀으로 이직하려면 지금 다니는 회사에서 어떤 식으로든 재무업무를 해봐야 한다. 그 경력을 보여줘야 한다. 지금까지 배운 일은 영업이고, 영업부서에만 있었는데 이직하려는 회사 담당자에게 아무리 "저 실은 재무관리 아주 잘하거든요"라고 말해봐야 아무도 믿어주지 않는다. 진짜로 여러분이 재무관리에 탁월한 능력이 있을 수도 있다. 하지만 그건 이직과는 아무 상관없는 이야기일 뿐이다.

그런데 종종 이런 '꿈꾸는 이직자'들에 대해 "아니, 그렇게 빠삭하면서 왜 자신들은 이 회사에 남아 있는 거야?"라면서 무시하는 사람들이 있다. 그러고는 오히려 이런 선배들이나 후배들을 멀리한다. 하지만 이건 절대로 올바른 자세가 아니다. 이 사람들이 아직 회사에 남아 있기 때문에 여러분에게 축복이 된다. 만약 이런 사람들이 모두 이직에 성공해버렸다면 여러분은 정말 저 밑바닥 기초에서부터 스스로 시작해야만 한다. 또한 앞서 '재테크 독사'와 마찬가지로 '꿈꾸는 이직자'들에게도 여러분은 준비된 이직자의 모습을 갖춰야 한다. 진짜로 이직을 통해 더 좋은 직장으로 옮겨가려면 말이다. 그런 진정성과 노력이 어필했을 때 '꿈꾸는 이직자'들은 스쳐가듯 여러분에게 이런 말을 건넬지 모른다.

"성수 씨, 이번에 제이콥 브라더스에서 금융상품 디렉터 급으로 뽑는다는데, 한번 도전해봐. 내가 봤을 땐 성수 씨 지금 정도라면 경쟁력은 충분해. 여기 헤드헌터 핸드폰 번호야. 연락해봐. 레쥬메도 헤드헌터랑 꼭 함께 업데이트해보고."

미래의 CEO와 친해져라

조직에서 '미래의 CEO' 유형과는 반드시 같은 편이 돼야 한다. 최소한 적은 되지 말아야 한다. 혹시 3~4년만 다니고 때려치우고 나와서 장사하겠다고 생각해도 적대적 관계는 금물이다. 인생이 정말 피곤해진다.

이 '미래의 CEO'들은 어떤 이유인지 몰라도 타고난 주인의식으로 똘똘 뭉친 사람들이다. 그래서 조직 일이라면 자신의 충성도를 전체 직원의 평균 잣대로 삼는다. 이 때문에 종종 다른 게으른 직원들의 느슨한 행동을 이해하지 못한다. 마치 자신이 이미 사장이라도 된 것처럼 동료에게 명령하기도 하고 후배들을 닦달한다. 반면 선배나 상사 일이라면 아주 끔뻑 죽는다. 그래서 '미래의 CEO'들과 같은 부서에 있는 사람들은 항상 힘들어하고 부담스러워한다.

그래도 여러분은 이런 사람들과 적절한 인맥 재테크를 해야 한다. 조금 비겁하다고 생각할지 몰라도, 쉽게 말해 보험 든다고 생각하면 된다. 앞서도 말했지만 오너들은 똑똑한 사람보다 충성스런 사람을 더 좋아한다. 창의력 넘치는 인재를 절대로 인정하지 않는다. 자신 밑에서 일하고 있다는 자체가 이미 자신보다는 한 수 아래라는 것을 증명한다고 생각하기 때문이다. 그래서 언제나 오너들은 조직에 혼신을 바치는 '미래의 CEO' 유형을 가까이하고 귀여워해준다.

그렇기 때문에 여러분은 늘 이런 사람들에게 아군으로 비쳐야 한다. 그래야 조직 내에서 매일 펼쳐지는 일명 '여론정치'에서 '괜찮은 사람'으로 자리매김 될 수 있다. 믿기지 않겠지만 어느 조직이든, 어떤 회사든 여러분의 일거수일투족을 상사에게 보고하는 사람들이 있고, 또 그 상사들 중 누군가는 오너에게 그것을 다시 보고하는 일들이 벌어진다. 그런데 이들은 대부분 '미래의 CEO' 유형이다. 잘못된 일도 아니다. 오너는 어떤 식으로든 조직 내 이야기를 듣고 싶어 하는데 그런 욕구를 충족시키는 하나의 방법이기 때문이다. 오히려 여러분이 조심하거나 분개해야 할 일은 누군가가 여러분을 '곧 사표 쓸 녀석' '카드빚이 2000만 원 되는 놈' '지각쟁이' '일 진짜 못하는 직원’ 등으로 왜곡되거나 폄하된 소문으로 인해 피해를 입는 일이다. 그래서 ‘미래의 CEO’ 들과의 관계는 늘 중요한 의미를 갖는다. 조금 역겨워도 최소한 이들과 적이 돼서는 안 된다.

지속적으로 ‘재테크 실탄’ 을 공급하는 활동이 필요하다면 샐러리맨들은 급여가 더 많고, 더 오래 근무힐 수 있는 회사와 조직을 백해야만 한다. 아니면 지금 다니는 직장에서 최대한 오래 버텨내야 한다. 그래야 재테크도 확률적으로 성공할 가능성이 더 높아진다. 그러기 위해선 결국 조직생활을 잘해야 하고 이는 곧 사람관리로 귀결된다.

인맥관리에 전전긍긍하는 자신의 모습이 초라해질 수도 있다. 종종 왜 이렇게 살아야만 하는지 한심하다는 생각도 들 것이다. 그럴 때마다 이게 재테크다, 이게 돈이다 생각하면서 버텨내길 바란다. ‘조직형 인간’ 으로 살기로 맘먹었다면 어떤 면에서 즐길 필요도 있다.

물론 이런 인맥 재테크 따위는 안 해도 된다. 묵묵히 소처럼 일하면서 회사에서 시키는 대로 살아가면 된다. 마치 근검절약하면서 꼬박꼬박 적금으로 목돈을 만들어가는 경우와 비슷하다. 만약 여러분이 그렇게 맘을 굳혔다면 그렇게 하면 된다.

하지만 곧 알게 될 것이다. 이것도 결코 쉬운 일이 아니란 것을. 말도 안 되는 한심한 녀석이 ‘노력사원’ 이나 ‘우수사원’ 으로 엄청난 성과급을 받고, 해외연수 기회를 꿰차는 순간 여러분의 가슴은 찢어지는 억울함을 참아내야 한다. 집 몇 번 사고팔아서 2억 원을 남겼다는 친구 이야기를 들었을 때와 비슷한 억울함이다. 그래서 아니꼽지만 인맥관리도 해보고, 또 무섭지만 투자도 해봐야 한다. 그것도 빨리, 그리고 열심히, 또 잘하면 더 좋다.

neverending story
for young wealth

Part 5
끝의 시작

재테크 마라톤의 출발점에서

인생이 마라톤이라고 하면 재테크도 마라톤이다. 인생 마라톤이 달릴 수밖에 없는 것처럼 재테크 마라톤도 달릴 수밖에 없다. 그래서 여러분의 재테크는 이제 피할 수 없이 '자산관리' '재무설계' '라이프사이클 설계' '노후관리' 등과 같은 또 한 영역을 만나게 된다. 인생이란 시간의 흐름과 자신이 벌어들이는 현금흐름에 맞춰서 단기, 중기, 중장기, 장기 등과 같은 수많은 시작과 끝을 반복하면서 달리는 재테크 마라톤이다.

"괜찮아요. 인생은 언제나 새로운
시작이잖아요." 중학교 때 어떤 만화에서 본 여자 주인공은 환하게 웃으면서 이렇게 말했다. 만화 제목이 무엇인지, 어떤 상황에서 그 여주인공이 이런 말을 했는지는 기억나지 않지만 이 한마디는 내게 정말 큰 힘이 됐다. 언제나 새로운 시작이라는 것. 끝난 것 같지만 그게 시작이고, 너무나 힘들게 시작했지만 분명 끝은 존재한다는 뜻이었다. 고통스럽던 순간, 모든 걸 포기하고 싶었던 순간, 비겁하게 돌아서고 싶은 인생 고비의 순간마다 이 한마디는 나를 붙잡아줬다.

10년간 홀로 주식을 독파해 10억 원을 번 사람이 있다. 게임 개발 대박으로 30대 초반에 시가 1000억 원대 빌딩을 구매한 사람도 있다. 이런 사람을 볼 때마다 지금 적립식이냐, 거치식이냐를 따지며 월 얼마짜리 보험료를 내야 하며, 대출 부담을 처절한 절약으로 커버하며 살아가는 자신의 재테크는 정말 초라해진다. 어차피 인생 한 번 사는 건데 다 때려치우고도 싶다. 하지만 어차피 한 번 사는 그 인생을 산다고 하면, 좋든 싫든 마라톤을 하는 상황은 시작된 것이다. 단기, 중기, 장기에 걸쳐 다양한 문제가 터지고 그것을 해결하면서 여러분의 인생 마라톤은 무조건 계속된다.

인생이 마라톤이라고 하면 재테크도 마라톤이다. 인생 마라톤이 달릴 수밖에 없는 것처럼 재테크 마라톤도 달릴 수밖에 없다. 그래서 여러분의 재테크는 이제 피할 수 없이 '자산관리' '재무설계' '라이프사이클 설계' '노후관리' 등과 같은 또 한 영역을 만나게 된다. 인생이란 시간의 흐름과 자신이 벌어들이는 현금흐름에 맞춰서 단기, 중기, 중장기, 장기 등과 같은 수많은 시작과 끝을 반복하면서 달리는 재테크 마라톤이다.

물론 달리지 않아도 되는 사람들이 있다. 부모님이 이미 뛸 만큼 뛰어서 본인은 뛸 필요가 없는가 하면 단거리 경주에서 큰 수익을 올려 충분한 자금을 확보한 경우 등이다. 부럽다. 부러운 게 당연한 일이다. 하지만 그건 그 사람들의 인생이고, 재테크다. 나만의 인생이 있는 것처럼 재테크 마라톤 역시 내가 달리는 것이다.

재테크 마라톤이 지겹다고 느껴질 때가 많을 것이다. 순간순간이 너무 힘들고, 때로는 막막함에 한껏 울고 싶을 때도 있을 것이다. 돈이 없어 사랑하는 여자와 결혼을 할 수 없을 때, "아빠, 왜 우린 동그라미 4개 그려진 저 차 못 타요?"라는 아들의 질문을 받을 때, 후두암에 걸린 어머님을 두고 오히려 갑자기 병원비 부담이 먼저 떠오를 때 인생이 참 '뭣 같다'고 느껴질지도 모른다. 하지만 그래도 살아야 하고 달려야 한다. 달릴 수밖에 없다는 표현이 더 정확한 것 같기도 하다.

5부에서는 인생과 재테크의 마라톤 속에서, 이 시작과 끝이 반복되는 그 순간 속에서 힘차게 달려가는 법에 대한 이야기를 해보려고 한다. 누구는 재테크의 완성이라고 말하는 바로 그 '재무설계'에 대한 이야기다. 이제 막 목돈을 모으는 과정인 20대 여러분에게는 낯선 설명들이 될 수도 있겠지만 '투자 계획'이란 측면에서는 분명 의미를 찾을 수 있을 것이라고 생각한다.

01

정답은 네 이웃을 사랑하라

<u>강 소장은 국내 재무설계 및 노후설계,</u> 은퇴자금설계, 자산관리, 기타 재테크 관련 강사로 활동하고 있다. 나이도 상당히 많아 업계에선 이 분야의 원로로 모시는 분이다. 특히 강 소장은 강사료가 10만 원이든 5만 원이든 그를 찾기만 하면 어디든지 달려가는 것으로도 유명하다. 그만큼 자신의 일에 사명감으로 똘똘 뭉쳐 있다. 사석에서도, 농담을 하면서도 자산관리에 대한 중요성을 늘 강조한다.

난 강 소장의 강의를 지난 2003년 처음으로 들었다. 그런데 솔직히 말해 지겨워서 죽는 줄 알았다. 듣다 보면 결국 단기, 중기, 장기로 계획을 세우고, 거기에 맞는 현금흐름을 파악/생성하고, 분산투자하고, 목표(기대)수익률을 세우고 차익실현을 하고, 복리흐름을 타는 데 주력하고, 부채를 줄이고, 나아가 절약하고…. 너무나 뻔한 설명들이었다.

'재무설계 ABC' 라고나 할까.

강의가 끝났다. 나에게 먼저 말을 건넨 건 강 소장이었다.

"정 기자, 지겹지?"

아마도 연신 하품을 해대며 지루해하던 내 모습을 눈여겨본 모양이었다.

"아, 아뇨. 우리 소장님이 워낙 정확히 맞는 말씀만 하셔서… 하하하."

난 이런 식으로 '지겹다'는 대답을 둘러댔다. 솔직히 너무나 정석만을 말하는 것 같기도 했다. 그런데 강 소장은 모든 것을 알고 있다는 듯 내게 이런 말을 했다.

"근데 말이야. 진짜로 정답은 하나거든. 계획 세우고, 나누고, 쪼개고, 오버하지 않고, 투기를 생각하지 말고, 헛된 꿈 꾸지 말고…."

"…"

"100년 전에도 '이웃을 사랑하라'고 설교했던 목사님들이 아직까지도 이 말씀을 전하고 있잖아. 그렇게 말해도 아직 안 지켜지니까. 비법? 글쎄. 자산관리 방법은 정말 단순하고 명확한 거야. '이웃을 사랑하라'는 말씀처럼. 난 늘 내 강의를 들은 사람 중 과연 몇 명이 그걸 실천에 옮길까 그런 걱정을 해. 더 좋은 방법? 그런 거 없어. 정 기자는 어때? 잘 지키고 있어?"

할 말이 없었다. 강 소장은 그 뻔한 이야기를 1년에 200번도 넘게 할 때도 있다고 했다.

"이렇게 고지식하게, 아주 지겹도록 말하면 말이야, 누군가는 지겨워서라도 한 번쯤 실천에 옮겨보지 않겠어? 이게 바로 내 강의전략이야. 하하하."

재무설계란 무엇인가

재무설계(financial planning)란 본인의 라이프사이클에 따라 필요한 자금 목표(수요)를 파악하고 이와 관련 단기, 중기, 장기로 시기를 구분해 재테크 계획을 짜고 이를 실천해나가는 것을 말한다.

가령 1년 후에 필요한 자금, 3~5년 후에 필요한 자금, 10년 정도 기간을 두고 모아야 할 자금, 30년 이상의 기간을 가지고 마련해야 할 자금을 현시점에서 구체적으로 파악해 실천하는 것이다. 자산관리라고도 하고, 결국 핵심은 은퇴 이후나 나이가 먹었을 때 필요한 자금을 마련하는 것이기 때문에 은퇴설계, 노후설계라고도 불린다.

물론 이 계획은 인생을 살아감에 있어 바뀔 가능성이 많다. 하지만 그렇다고 계획을 짜지 않는 건 곤란하다. 우리가 잘 알고 있는 '통장 쪼개기'란 것도 바로 이런 재무설계 계획에서 비롯된 것이다. 단기로 관리할 자금과 장기에 필요한 자금을 구분하고, 재테크 수단 또한 각각 다르게 활용하라는 뜻이기 때문이다. 6개월에서 1년 내에 반드시 지출할 돈을 갖고 주식형펀드에 투자하는 것은 곤란하다. 반대로 30년 후에 필요한 자금을 모으는 과정에서 은행적금이나 저축성 보험을 활용하는 것도 난센스다. 물가상승률로 인해 돈의 가치가 급락하기 때문이다. 물가상승률 연 3.5%를 감안하면 현재 8억 원의 가치는 50년 후에 1억 원 정도에 불과하다. 그렇기 때문에 초장기에 걸쳐 재테크를 펼친다면 투자위험이 있더라도 인플레이션 리스크를 막아낼 수 있는 상품을 이용해야 한다.

재무설계 업무를 담당하는 재무설계사, 자산관리사들은 보통 결혼과 함께 본격적인 재무설계를 시작하는 것이 좋다고 한다. 30대 후반, 늦어도 40대 초반부터는 반드시 은퇴설계를 해야 한다고도 강조한다. 하지만 이 말은 20대는 재무설계에 전혀 해당되지 않는다는 뜻이 아니다. 재무설계란 것은 재테크와 마찬가지로 빠르면 빠를수록 이점이 많아진다. 그만큼 준비할 시간과 힘이 충분해지기 때문이다.

재무설계에는 반드시 익혀두어야 할 기본 원칙들이 있다. 앞서 말한 '네 이웃을 사랑하라'는 것처럼 모든 테크닉과 다양한 응용방법의 기초가 되는 기본 과정이다. 100억 원대 이상의 자산가들은 '절세'를 재무설계의 첫째로 손꼽는다고 한다. 하지만 이런 자산가들도 기본 원칙들은 기본직으로 지켜야 한다.

동시성의 원칙

첫째, 재무설계에서는 '동시성'의 원칙을 중요시한다.

예를 들어 결혼자금(단기), 주택자금(중기), 자녀교육자금(중장기), 노후자금(장기) 등의 수요가 있다고 하면 결혼자금→주택자금→교육자금→노후자금 등으로 단선적인 재테크를 펼치면 안 된다. 가장 빠른 시기에 필요한 결혼자금을 마련하는 데 집중하면서도 이와 함께 주택자금, 노후자금 등에 대한 재테크를 동시에 펼쳐야 한다는 이론이다.

● 표 10_ 재무설계 '동시성'의 원칙

단선형 재테크

결혼자금	주택마련자금	자녀교육자금	노후자금

20대   60대

동시/병행 재테크

결혼자금	자녀교육자금		
	주택마련자금		노후자금

20대   60대

그렇다면 왜 이렇게 동시/병행 재테크를 해야 하는 것일까. 딱 한 가지만 꼽으라면 그것은 바로 여러분이 너무도 잘 알고 있는 복리효과다. 5년 이후에 필요한 자금을 모을 때는 좀 더 빨리 시작해 '시간'이 주는 매력을 충분히 이용하라는 뜻이다. 물론 20대 여러분의 경우에는 5년에 1억, 5년에 5000만 원 등 미치도록 집중하는 편이 좋다. 그래서 본격적인 재무설계는 어느 정도 종자돈을 확보한, 결혼 이후라고 말하는 건지도 모른다. 하지만 여러분도 30년 이후에 필요한 은퇴자금(노후자금)은 한시라도 빨리 시작하는 게 좋다. 아주 작은 규모의 돈이라도 연금상품은 동시/병행 투자하는 게 효율적이다.

● 표 11_ 연금 3총사

연금상품의 종류 및 특징			
구분	연금저축펀드	연금저축신탁	연금저축보험
가입 대상	만 18세 이상의 국내 거주자		
세제 혜택	• 연 300만 원 한도 내에서 매년 적립액의 100%까지 소득공제 • 10년 이상 납입한 후 연금 수령 시 연금소득세 5.5% 부과 • 소득공제는 각 300만 원이 아닌 합산하여 300만 원 한도로 적용		
가입 금액	분기당 300만 원 한도(연 1200만 원 한도)		
상품 유형	성장형: 주식 70% 이상 안정성장: 주식 40~70% 안정형: 주식 40% 미만 채권형: 채권 100%	채권형: 채권 100% 안정형: 주식 10% 이하	저축형 상품
연금 수령	55세 이후부터 5년 이상 연금형태로 수령		55세 이후
특징	고수익 추구	원금보장, 예금자보호	원금보장
중도해지 시	5년 이내 해지 시 기타소득세(22%), 가산세(2.2%)		
가입처	증권사	은행, 증권사	보험사

근로소득, 사업소득, 불로소득

둘째는 자신의 현금흐름에 대한 점검이다. '재테크 실탄'에 대해 살펴보는 과정이다. 샐러리맨이라면 자신의 근로소득은 현재 얼마이고, 앞으로 몇 년 정도에 어느 선까지 유지될 수 있는지 미리 체크해보는 것이다. 그래야 이 재테크 실탄에 맞춰 자금수요 계획이 정교하게 만들어질 수 있다. 하지만 사업하는 사람들의 사업소득은 이런 분석이 쉽지 않다. 그래서 사업가들의 재무설계는 절세나 보험상품에 많이 치중된다. 소득이 꾸준하다는 보장이 없기 때문이다.

근로소득자나 사업소득자 모두에게 불로(不勞)소득은 재무설계에서 큰 의미를 갖는다. 직장근무나 사업활동을 통해 벌어들이는 수입 외에 노동 없이 올리는 소득에 관한 부분이다. 규모는 천차만별이겠지만 불로소득의 비중을 전체 현금흐름의 30% 정도까지 끌어올려야 한다. 지금 당장 그렇게 하라는 뜻은 아니다. 40~50대로 나이를 먹어가면서 근로소득, 사업소득이 정점을 찍는 시점의 불로소득 비중 목표다. 불로소득은 크게 금융소득과 임대소득으로 나눠볼 수 있는데, 상가투자를 한다든지 세금감면 혜택을 받는 금융상품 투자 등이 여기에 속한다.

무엇보다 불로소득은 재테크에 큰 강점이 된다. 잘 알다시피 경제(경기)와 재테크는 사이클을 갖고 움직이고 최악의 상황도 반드시 오게 되는데, 이때 불로소득은 버티는 힘을 제공한다. 그리고 한 걸음 더 나아가 부를 증식시키는 기회를 만들어준다.

또한 재무설계에서는 '빚'에 대해 상당한 반감을 갖고 있는데 이역시 현금흐름과 관련이 깊다. 혹자는 "부채 없는 빌딩 주인이 어디

있느냐?"고 반문할지 모르겠지만 그런 빌딩 주인은 임대료로 대출이
자를 갚고도 남는다는 것을 기억해야 한다. 그래서 "정기예금 5000만
원이 있고, 대출이 4000만 원 있는데요…" 등과 같은 유형의 상담이
들어오면 무조건 "정기예금을 찾아서 대출을 갚도록 하라"는 결론을
내린다. 예외가 없다. 안정된 현금흐름을 만들기 위한 어쩔 수 없는
선택이다. 위와 같은 상황에선 예금이자가 대출이자보다 적기 때문
에 마이너스의 현금흐름이 계속 이어지게 된다. 이런 악순환의 고리
는 빨리 끊어내야 한다.

쪼개고, 쪼개고, 또 쪼개고

셋째는 재테크 수단에 대한 고민이다. 포트폴리오, 분산투자라고
도 하는데 어떤 방식으로 돈을 모을까에 대한 문제다. 웬만한 자산관
리사를 만나면 아마도 수십 번 이상 듣는 말이 '분산투자' 란 단어가
아닐까 싶다. 단기, 중기, 장기 등 시간을 쪼개야 하고, 각 시기에 활
용하는 재테크 수단도 또 쪼개야 한다.

재테크 수단과 관련해서는 총자산을 부동산과 금융상품으로 나누
고, 다시 금융상품을 주식(펀드)·채권(펀드)·예금·보험·단기 유동
성 등으로 나눠 비중을 조절하는 방식을 생각해볼 수 있다. 그리고
이 중 주식을 가치주와 성장주로 다시 쪼개고, 주식형펀드도 국내 및
해외, 성장형펀드 및 가치형펀드, 선진국과 이머징마켓 등으로 또다
시 쪼갠다.

물론 이렇게 시간과 상품을 쪼개야 하는 가장 큰 이유는 위험을 쪼
갠다는 데 있다는 사실은 인식하고 있어야 한다.

어떤 전문가는 "진짜 울트라 슈퍼 부자들은 달걀을 모두 한 바구니에 담는다"는 말로 여러분을 현혹시키기도 한다. 하지만 이건 한 우물만 파서 대박을 터뜨린 일부 부자들의 결과론적 이야기다. 확률적으로 달걀을 한 바구니에 때려 넣어서 성공한 사람보다 실패한 사람이 훨씬 더 많다. 속지 말자. 재테크는 시간과 확률의 싸움이란 것을 분명히 기억해야 한다.

총자산이 9억 800만 원인 사람이 있다. 그런데 이 중 아파트 가격이 9억 원이고 여기에 묶인 대출이 3억 원이다. 그리고 CMA에 들어 있는 단기 유동성 800만 원이 전부라고 한다. 그야말로 집 한 채에 올인한 경우다. 또한 대출금 비중이 30%를 넘은 상태로 대출이자를 갚기 위해 1년에 1700만 원 정도를 할애한다. 과연 이 사람은 재무설계 측면에서 성공한 경우일까?

절대로 그렇지 않다. 운 좋게도 집값이 12억, 13억 원으로 뛰어오르면 그나마 다행이겠지만(이것도 팔고 자유롭게 떠날 수 있을 때만), 만약 8억, 7억 원으로 하락하게 된다면 뭘 어떻게 손써볼 방도가 없게 된다. 여기에 급전이라도 필요한 상황이 겹치면 처참한 상황이 발생하게 된다. 특히 9억짜리 집이 12억, 13억 원으로 올랐다는 상황도 그 전후 과정을 살펴보면 분명 주식도 한 번쯤 급등을 했을 것이고, 조금 있다가는 금리도 뛰어오르는 일이 생길 것이란 추론이 가능해진다(2부 2장 참조). 모든 건 가만히 있는데 집값 하나만 40%씩 급등한다는 건 지극히 예외적인 상황이기 때문이다.

그래서 재무설계 관점에선 이런 경우 3억 규모의 전세를 살면서 3억 원의 자금을 금융상품으로 활용하라는 조언을 한다. 집값 상승의 기회를 놓치겠지만 금융상품을 통해 어느 정도 커버가 가능하고, 반면 집값 하락기엔 금융상품 손실이 있더라도 상대적으로 버틸 수 있는 능력을 가질 수 있다. 2008년 하반기에서 2009년 상반기에 나타났던 전세금 급락의 보너스를 누릴 수도 있다.

목표수익률 이야기

넷째는 기대수익률과 목표수익률에 대한 설정이다. 어떤 재테크로는 얼마큼의 기대수익률을 설정하고, 또 이번 주택자금을 마련하기 위해서는 적어도 연 15%의 수익률을 목표로 정해야 한다는 등 사전에 수익률을 예측해보는 것이다.

이런 기대(목표)수익률은 위험과 정확히 반비례하게 된다. 위험이 전혀 없는 은행상품의 경우에는 세후 연 4%대 이상을 얻기는 힘들다. 반면 재개발 지역 딱지에 투자했을 경우 잘못하면 10년 넘게 기다려야 하지만, 경우에 따라 3년 만에 50% 이상 수익률도 올릴 수 있다. 상가투자의 경우 시세차익과 임대료에 권리금이 엄청 높아지는 보너스까지 얻을 경우 초대박이 터진다. 하지만 공실에 안타까워하면서 임대소득이 연 3%도 안 되는 애물단지가 될 수도 있다. 그만큼 투자위험이 높다는 뜻이다. 주식형펀드의 평균적인 목표수익률은 연 10%라고 한다. 주식 직접투자를 할 경우에는 '10% 손절매의 원칙'을 따르면서도 연 30%의 수익률을 노려볼 만하다. 투자목적으로 구입한 소형 아파트의 경우 보통 5년 주기로 매매타이밍을 엿보는데 연 8~15%의 목표수익률로 접근하는 게 좋다.

목표수익률과 관련해서는 이런 점도 고려해보자. 만약 30~50% 크기로 급등락을 반복하는 투자처와 연 10%씩 꾸준히 발생하는 투자처가 있다면 반드시 후자를 택해야 한다는 것이다. 1000만 원을 투자했는데 어떤 투자수단은 첫해 50% 수익이 났지만, 다음 해 −30%의 손실이 났다고 해보자. 이 경우 원금은 첫해엔 1500만 원, 그리고 다음 해엔 1050만 원이 된다. 반면 연 10%씩 2년간 발생했다고 하면 첫해엔 1100만 원, 그리고 다음 해엔 1210만 원이 된다. 분명 2년간 목표수익률은 똑같이 20%이지만 후자의 경우 수익이 훨씬 크나. 특히 이런 상황이 한 번 더 반복된다면 4년 후에 전자는 1102만 원, 후자는 1464만 원으로 격차는 더 커진다.

종종 '복리'에 대해 너무나 잘들 안다고 자신한다. '72법칙' 이야기엔 하품을 한다. 하지만 아무리 잘 알아도 이런 유혹 앞에선 영락없이 무너지곤 한다.

"이거 잘만 하면 1년에 50%는 충분히 떨어져요. 물론 안 될 때는 1년에 30% 정도 손해도 보지만 무슨 걱정입니까. 그 다음에 또 50% 오르면 되는데 안 그래요?"

멀쩡하게 눈뜨고 당하는 게 바로 이런 기대수익률의 함정이다. 그래서 기대(목표)수익률도 제대로 분석해보는 연습을 해야 한다. 연 10%씩 4년간 수익을 올려 얻는 40%가 50%와 −30%를 반복해 얻는 40% 수익률보다 훨씬 더 값진 것이란 사실을 명심하자.

● 표 12_ 기대수익률의 함정

구분	투자금 1000만 원은 어떻게 돼 있을까			
	1년 후	2년 후	3년 후	4년 후
50%, −30% 반복	1500만 원	1050만 원	1575만 원	1102만 5000원
연 10% 수익률	1100만 원	1210만 원	1331만 원	1464만 1000원

리스크 관리는 깐깐하게

다섯째는 리스크(위험) 관리다. 재무설계에선 투자원금을 날릴 수 있는 투자위험과 함께 대출 리스크, 유동성 리스크 등도 주요 고려대상이다. 가령 일종의 빚인 대출을 받았을 경우 과연 얼마큼의 효과성이 있는지 사전에 철저하게 분석해야 한다. 보통 '대출 30%'의 원칙이라고 해서 집이나 상가 투자에 있어 대출 비중이 자산가치의 30%를 넘지 않고, 대출이자가 소득의 30%를 넘어선 안 된다는 충고를 많이 한다. 통계적으로, 경험적으로 봤을 때 이 원칙을 지키지 않았을 경우 부채 부담으로 인해 재테크 전체가 망가지는 사례가 많았기 때문이다.

'유동성 리스크'도 꼭 챙겨야 한다. 20대와 달리 40~50대 가장이 준비할 유동성은 규모가 꽤 크다. 한 가정을 이끄는 가장의 위치에 있게 되면 눈앞에 보이는 확실한 투자기회를 포기해야 하는 경우도 많다. 자칫 유동성 위험에 빠질 수 있기 때문이다. 자식 대학 학비로 매년 800만 원 넘게 꼬박꼬박 준비해야 하는 상황인데 이 돈은 단기로 굴릴 수밖에 없는 것이다. 그래서 자산관리사들은 상담과정에서 아주 세세한 부분까지 대화를 나눈다. 그 고객의 생활을 충분하게 이해해야 제대로 된 재무설계를 짤 수 있기 때문이다.

보험도 리스크 관리의 중요한 수단이 된다. 전형적인 리스크 관리 장치다. 이처럼 재무설계에서는 질병이나 불의의 사고, 그리고 죽음으로 발생하는 위험에 대한 대응책도 염두에 두고 있어야 한다.

일반적으로 한 개인의 일생을 대상으로 펼치는 재무설계는 융통성이 참 많다. 워낙 변수가 많은 우리네 일상 때문이다. 그러나 이 '리스크 관리' 부분만큼은 융통성을 절대로 부리지 않는다. 작은 틈도 허용하지 않는다. 유능한, 출중한 재무설계사일수록 유독 이 리스크 관리 부분에 대해서는 답답하고 깐깐하게 군다. 혹시 50대 고객에게 "드디어 때가 왔습니다. 지금부터 1년간은 주식에 집중하십시오"라고 말하는 자산관리사가 있다면 절대적으로 피해야 한다. 대출 비중이 높다면 아무리 경기 호황기, 대세 상승기에도 빚부터 갚는 게 급선무다.

시중 증권사 프라이빗 뱅커(PB)들 사이에서는 이런 말이 공공연하게 돈다.

"1000만 원 벌게 해주면 '선생님'이라고 하다가, 500만 원 손실 보면 가차 없이 '이 새끼'라고 한다. 그런데 남들 다 손실 볼 때 50만 원만 남겨주면 사돈의 팔촌까지 데리고 온다."

그래서 잘나가는 PB들은 비정상적인, 평균을 훌쩍 뛰어넘는 수익률에 가차 없이 차익실현 조언을 한다. 재테크는 사이클이란 것을 알고 있고, 돈을 벌게 해준 것보다 지켜준 것에 대해 더 많은 고마움과 신뢰를 부여하는 것이 대중이란 걸 더 잘 알고 있기 때문이다.

02

네가 끊을래, 내가 끊어줄까 ?

"손실이 났다면 무조건 기계처럼 행동하라"고 역설하는 주식 재야고수가 있었다.

20년 가까이 주식을 했고, 집도 날리고, 이혼도 당하고 그런 아픔을 겪다가 노력 끝에 도를 터서 주식으로 다시 일어섰다는, 재야고수들이 갖고 있는 그런 일반적인 히스토리를 갖고 있는 인물이었다. 이 재야고수의 말이 무조건 정답이라고 말하는 건 아니지만 분명 새겨들을 부분은 있었다.

"손절매를 왜 못 해요? 돈 날려서? 아닙니다. 해보니까 돈 때문이 아니더라고요. 자존심이에요, 자존심. 자신이 당했다는 것을 인정하지 못하는 겁니다. 여기에 '혹시나' 하는 맘이 더해지면서 손절매는 영원히 물 건너가는 것이죠. 그러니까 여러분은 손절매만큼은 기계처럼 하세요. 내가 기계다, 이렇게. 화낼 필요도, 망설일 필요도 없어요. 기계가 무슨 감정이 있답니까. −5%? −10%? −20%? 손절매 기준을 정했으면 기계처럼 끊어버려요!"

기계처럼, 컴퓨터처럼 실전에 활용하는 로스컷. 재무설계에도 이런 기계적인 관리법이 존재한다. 일명

'포뮬러 플랜(fomular plan)' 이라고 하는 방법인데, 미리 자신의 자산 중 재테크 수단들의 비중을 정해놓고 일정 기간 후 최초 정해놓았던 비중에 맞춰 재배정하는 것이다. 매매가 쉽지 않은 부동산자산을 제외한 금융자산만의 자산관리법인데 최근 들어 꽤 인기를 얻고 있다.

기계적인 자산관리법

모 보험회사에서 근무하는 재무설계사 양철준 씨는 포뮬러 플랜을 이렇게 설명한다.

"전 1년마다 고객의 금융자산 포트폴리오를 점검합니다. 주식·채권·예금·단기 유동성 등 고객과 사전에 협의해놓은 비중에 맞춰 불어난 부분의 자산을 빼서 비중이 축소된 쪽에 기계적으로 옮겨 넣게 되죠. 물론 고객의 신규자금이 들어올 수 있습니다. 이때도 비중대로 나누어 넣게 됩니다."

예를 들어 주식 50%, 채권 20%, 예금 10%, 단기 유동성 20% 비중으로 금융자산 1억 원을 관리한다고 해보자. 주식 및 주식형펀드 5000만 원, 채권 및 채권형펀드 2000만 원, 은행상품 1000만 원, 그리고 CMA나 MMF에 2000만 원을 갖고 있는 상태다.

그런데 1년이 지난 시점에 주식시장 활황으로 주식 쪽 금융자산이 크게 증가하게 됐다. 연 20%(1000만 원)의 수익이 발생해 5000만 원이 6000만 원으로 불어난 것이다. 이럴 경우 이 고객의 자산은 1억 1000만 원이 됐고, 주식 비중은 당초 정한 목표치보다 높아졌다. 반면 나머지 금융자산의 비중은 축소된다.

그럼 이제 비중 조절이 시작된다. 당초 주식 비중은 50%였으므로

1000만 원 수익 중 500만 원 차익실현을 한다. 그럼 주식자산은 5500만 원이 되고 이제 차익실현을 한 500만 원을 채권, 예금, 단기 유동성에 20%(200만 원), 10%(100만 원), 20%(200만 원) 비중으로 쪼개어 각각 집어 넣는다.

반면 1년이 지난 시점에 증시가 급락했을 때도 기계적으로 자산관리 및 배분을 한다. 주식자산에서 연 −20%가 발생했다면 전체 금융자산은 9000만 원이 되고, 이를 50%, 20%, 10%, 20% 비중으로 다시 재배정한다.

"처음엔 시황전망을 많이 반영해서 고객 자산을 관리했는데요, 잘 안 맞더라고요. 오히려 그냥 기간을 명확하게 정해놓고 포트폴리오를 점검하는 게 훨씬 좋아요. 고객들이 이런 기계적인 방식을 더 신뢰해요. 주식 좋을 땐 대단한 수익 낼 것 같지만 비중에 맞춰서 부분 환매하고요, 증시가 붕괴될 것처럼 폭락해도 전체 금융자산 비중에 맞춰 자금을 투자합니다. 이젠 습관이 돼서 오히려 편해요."

물론 이런 기계적인 자산관리법은 기본적으로 나이별 포트폴리오 구성과 단기, 중기, 장기적인 자금수요 계획, 그리고 현금흐름 분석과 병행돼야 한다. 1년 후 전세 재계약 기간이 있다면 유동성 비중을

● 표 13_ 포뮬러 플랜 : 1년 후 주식자산에서 −20% 손실이 났을 때

최초(금융자산 1억 원)			
주식 및 주식형펀드 (5000만 원, 50%)	채권 및 채권형펀드 (2000만 원, 20%)	은행저축상품 (1000만 원, 10%)	CMA, MMF 등 단기 유동성 (2000만 원, 20%)
1년 후(금융자산 9000만 원)−주식형 상품에 500만 원 신규투자			
주식 및 주식형펀드 (4500만 원, 50%)	채권 및 채권형펀드 (1800만 원, 20%)	은행저축상품 (900만 원, 10%)	CMA, MMF 등 단기 유동성 (1800만 원, 20%)

이에 맞춰서 높여야 한다. 채권형펀드 부분은 저축은행 정기예금상품으로 통합할 수도 있다. 그리고 주식 및 주식형펀드 부분은 다시 직접투자와 간접(펀드)투자, 국내와 해외 주식형펀드 등으로 또 한 번의 배분이 필요하다.

"어떤 분은 3개월마다 하고 싶어 하는 분도 계세요. 그래서 전 주식형 상품을 무조건 인덱스펀드로만 배치했습니다. 수수료 때문이죠. 그리고 공격적인 위험선호형 투자자들에겐 채권 부분 대신 파생상품을 끼워놓습니다. 파생 비중을 30%까지 올리고 싶다는 분들도 꽤 있어요. ELS나 금 투자상품, 원자재펀드 등으로 채워놓습니다."

이런 기계적인 자산관리법이 언제나 좋은 것만은 아니다. 포뮬러플랜을 활용할 경우 기본적으로 1년 이내에 자산 재배치를 해야 하는데 경기 활황기나 대세 상승장에선 종종 많은 기회를 놓치게 된다.

"차익실현을 하고 2주 만에 15%를 손해 본 적이 있어요. 그럴 땐 고객들이 먼저 전화가 와요. 당분간 자기가 알아서 할 테니까 자기 돈에 손대지 말라고. 그냥 두라고. 그럴 땐 저도 어쩔 수 없죠. 뭐라고 말하고는 싶지만요….."

그는 또 이런 기계적인 자산 재배분을 '단타'나 '물타기'로 오해하는 것을 안타까워했다.

"어떤 분은 저한테 '펀드로 단타 치냐?'고도 하시고, 장기투자 하라면서 왜 이렇게 촐랑대냐고도 하세요. 지금 -30% 손실이 났는데 왜 여기에 대고 자금을 더 넣느냐면서 불같이 화도 내고요. 그런데 이건 펀드 단타와 다릅니다. 비중 조절하면서 장기투자 하라는 거예요. 물타기도 아니죠. 기준이 있잖아요. 대부분 시장이 급락하면 들어갈 여유가 있어도 못 들어가요. 그런데 기계적인 관리법을 활용하면 그런 공포를 이겨낼 수 있습니다."

재무설계사 양철준 씨는 2009년 현재 행복한 하루하루를 살고 있다. 그를 향해 '유능하다' '고맙다' '귀신같다' 는 평이 쏟아지고 있으며 고객 수도 크게 늘었다.

"2007년 주식 꼭지 때 가차 없이 환매를 했어요. 그 도움이 컸죠. 남들 다 놓쳤다는 차익실현 기회를 제 고객들은 대부분 누렸으니까요. 반면 2008년 말에는 또 가차 없이 주식 비중을 늘렸어요. 일부 고객들은 유동성으로 갖고 계시길 원해서서 그렇게 했지만 그때 주식 비중 늘렸던 분들은 '잘했다' 는 말 많이 하세요. 올해요? 봐야죠. 아하, 시장을 본다는 게 아니라, 고객 자산 비중이 어떻게 바뀌었나를 본다고요. 그러고는 또 관리해야죠. 아주 기계적으로."

03

목표가 이끄는 삶

대학시절 회계학과 재무관리를 담당했던, 봄이 좀 불편하셨던 교수님이 있었다. 선천적인 소아마비였는지, 아니면 사고였는지 잘 기억나지는 않지만 '불편함'이 단박에 표가 나는 모습이었다. 난 이 교수님이 들려주셨던 '인생 대차대조표'에 대한 설명을 아직도 기억하고 있다. 난봉꾼이었던, '그리스인 조르바'처럼 자유로웠던 자신의 카사노바 친구에 대한 이야기였다. 이 친구에게 넘어가지 않은 여자는 보지 못했을 정도로 젊은 시절 그 친구는 정말 여성편력이 대단했다고 했다. 그렇게 이 교수님도, 또 그 친구도 나이를 먹었고 50대의 문턱에 들어섰다.

그러던 어느 날 교수님은 동향 친구들로부터 이 친구에 대한 소식을 들었다. 사업은 하는 족족 망했고, 당뇨병으로 그 수려했던 용모는 50킬로그램의 '프랑켄슈타인'으로 변해버렸다고 했다. 그러면서 동향 친구들은 자신을 너무도 부러워했단다. 장애의 역경을 딛고 당당히 대학교수로 성공한 친구에게 보내는 찬사였다. 하지만 교수님은 솔직히 그 카사노바 친구가 너무도 부러웠단다. 아직도 그의 삶이 참 멋지게 보인다고도 했다. 그러고는 이런 말을 전했다.

"대차대조표에서 대변과 차변은 늘 일치하잖아. 남자 나이 50세, 인생 대차대조표는 누구나 다 똑같은 거 같아. 지금 그 친구는 고생하고, 난 교수님 소리 들으면서 살아가지만 말이야. 내가 못해본 거 그 친구는 실컷 해봤잖아. 과연 뭐가 자산이고, 뭐가 부채일까."

세계적인 베스트셀러 중 《목적이 이끄는 삶》이란 책이 있다. 내가 세상에 태어난 이유는 무엇일까에 대한 고민을 시작으로 삶의 목적, 그리고 그 목적이 다시 나의 삶을 이끌어간다는 내용이 담겨 있다.

난 이런 책의 내용을 재무설계에 연결시켜 보았다. 재무설계의 목적, 그리고 그 목적이 앞서가며 끌어주는, 그런 재무설계에 대한 생각이었다. 하지만 쉽지 않았다. 재무설계를 하는 이유를 구체적으로 꼽아갈수록 뭔가 '이건 아닌데…' 하는 회의가 앞선다. 재무설계의 목적은 정말 무엇일까. 다 늙어서 편하게 살려고? 자식들한테 아쉬운 소리 하지 않고 살기 위해서? 조금만 걸어도 숨이 차고, 허리가 아파 죽겠는데 그때 가서 필리핀에서 마누라와 골프 치려고? 70세에 벤츠 타고 '야타족' 행세 하려고? 솔직히 재무설계의 목적을 따져보면 볼수록 별거 없다는 생각도 든다. 60세에 5억 원을 갖고 있으면 행복하고, 3억 원이 있으면 불행할 거란 것도 인정할 수 없다.

정말로 이런 상황에선 재무설계라는 자체가 무의미해진다. 은퇴와 늙어감을 기본으로 하고, 그때 경제적 여유를 갖겠다는 데서 시작된 노후설계, 자산관리인데 돈 없어도 충분히 행복할 수 있다거나, 다 늙어서 돈이 무슨 소용이냐고 해버리면 대전제가 무너져버리기 때문이다. 이렇게 되면 더 이상 재테크 마라톤을 할 수 없다. 그리고 보면 꼭 재무설계에만 해당되는 것도 아니다. 20대 여러분도 '5년에 1억 원'을 목표로 처절하게 느끼고, 구체적인 계획도 세우고, 3개월, 6개월, 1년 열심히 살아가다 비슷한 이유로 그냥 멈춰버릴 수 있다. 젊음이란 건 분명 1억, 2억 등과 같은 돈으로 평가받을 수 없다.

그런데 이게 또 그런 것만도 아니다. 솔로로 영원히 즐기면서 살겠다는 다짐이 갑자기 능장한 '그'로 인해 바뀌어 결혼을 하게 되면 상황은 슬슬 바뀐다. 여기에 자녀가 생기고, 또 이들이 학교를 가게 되면 상황은 극적 전환국면에 빠지게 된다. 이게 장난이 아니다. 순간 닥치는 생활고에 돈이라는 게 그 어떤 고통보다 더 무거운 짐이 되고 만다. 더 안타까운 것은 이때부터 뭘 시작하겠다고 해보면 이미 10년이란 시간을 날렸다는 점이다. 확률적으로 재테크 마라톤은 숨이 더 막히며, 더 힘들어질 수밖에 없다. 그리고 이제 만약 경제적 여유가 있다면 더 행복할 수 있을 것 같다는 생각이 든다.

목적과 목표를 혼동해선 안 된다

우린 왜 이런 시행착오를 겪는 것일까. 재무설계의 필요성을 인정하지만 왜 또 그것을 부인하고 경시하게 되는 것일까. 그것은 바로 재무설계의 '목적'과 재무설계의 '목표'를 혼동하고 있기 때문이다. 재무설계에 대해 거창한 삶의 목적이란 잣대를 들이대기 때문이다. 결론부터 말하면, 재무설계는 목적이 아닌 목표이고 이 목표에 따라 움직여야 한다. '목적이 이끄는 삶'이 될 순 있어도 '목적이 이끄는 재무설계'는 필연적으로 실패할 수밖에 없다. 재무설계는 그냥 단순한 목표일 뿐이다.

피터 드러커와 맥그리거가 말한 목표관리경영(MBO: Management By Objectives)이란 개념을 한번 생각해보자. 가령 이런 것이다. '국민소득 3만 달러'라는 목표가 우리나라 국민의 행복이나 부의 균등을 보장해주지는 않는다. 하지만 평균적으로 우리나라 국민이 연봉 4000만 원을 받는다면 그만큼 더 풍요로워지고 더 나은 삶의 기반이 만들어질 수 있다고 가정하는 것이다. 그래서 목표를 세울 때는 '모든 국민이 행복해지자'라고 하지 않고 '국민소득 3만 달러를 만들자'라고 한다. 이렇게 구체적인 목표를 세워야 그 본래 목적을 비슷하게라도 이뤄낼 수 있기 때문이다. 그것이 바로 MBO의 장점인 것이고, 어떤 의미에서 재무설계가 추구하는 성과이기도 하다.

재무설계의 목표를 세우는 것은 단순하다. 은퇴할 때까지 얼마를 모을 것인지 정하면 된다. 구체적인 수치다. 노후시기의 월 필요자금을 정하고, 얼마나 더 살 수 있는지 기대수명을 따지고, 은퇴 이후 생존기간을 고려해서 본인이 정하는 것이다. 국민연금이나 사학연금, 공무원연금 등과 같은 공적 연금을 수령하는 사람이라면 월 필요자금에서 이 공적 연금 추정치를 빼놓고 계산하면 된다. 그리고 여기에 노후의 가장 필수 항목인 의료비와 기존 보장성 보험 보험금들의 차액을 계산해 이를 기초로 은퇴 이후 필요자금을 뽑아내면 된다. 이 정도면 단순하지만, 그렇다고 어디에 내놓아도 뒤지지 않는 재무설계의 최종 목표가 정해진다.

물론 이 필요자금은 인플레이션을 감안한 미래가치로 환산돼야 한다. 지금 3억 원과 20년 후 3억 원은 다르니까. 아마도 필수 노후자금의 20년 후 그 가치를 감안하면 여러분은 훨씬 더 많은 돈을 재무설계 목표액으로 잡아야 할 것이다.

● 일반적인 필수 노후자금 계산법

[{(월 필요자금−공적 연금)×12개월×은퇴 이후 생존기간(연수)}+(의료비−보험금)]×미래가치 승수

이렇게 정했으면 이걸 목표로 재무설계를 하나씩 해나가고, 계획하고 실행하면 된다.

50대 남성의 대차대조표, 60대 남녀의 인생 대차대조표, 정말 다 똑같고, 거기서 거기일 수 있다. 삶이란 원래 그런 것이니까. 하지만 재무설계 목표와 재테크 목표는 사람마다 차이가 존재한다. 여기서 말하는 차이는 5000만 원과 1억 원의 차이가 아니다. 목표를 정하고 그것을 달성했는지, 더욱 뼈를 깎는 노력을 통해 이뤄냈는지 여부에 대한 차이다. 이걸 혼동하면 안 된다. 암 전문의가 자신의 영역에서 최고가 되겠다는 목적을 세우고 노력하는 것과 부인을 암보험에 가입시키는 것은 전혀 별개의 문제다.

● 표 14_ 인플레이션 감안한 미래가치 승수

물가상승률 년수	2.5%	3%	3.5%	4%
10년 후	1.397	1.404	1.411	1.417
15년 후	1.659	1.667	1.675	1.683
20년 후	1.971	1.980	1.990	1.999
25년 후	2.340	2.352	2.363	2.375
30년 후	2.780	2.793	2.807	2.820

04

20대를 위한 재무설계의 몇 가지 상식

<u>연봉이 수억 원대에 달하는 운동선수나</u> 회당 출연료가 500~600만 원 하는 초특급 연예인들은 주식을 재테크 수단으로 하지 않는다. 아니, 해서는 안 된다는 표현이 옳을 것 같다. 그들은 일반인이 감히 생각할 수도 없는 목돈을 짧은 시간에 접하지만, 반면 그들의 현금흐름은 예측 불가능이다. 그래서 이들에겐 안전성이 최우선 과제이며 은행상품과 보험상품이 재테크 수단의 주를 이룬다. 유독 연예인들에게 '저축왕'이 많이 나오는 것도 이 때문이다. 그리고 이들은 정말 큰 목돈을 만들면 이제 건물을 산다. 자신들의 근로소득이 예측 불가능하기 때문에 하루라도 빨리 불로소득 비중을 높여서 노후(은퇴) 때까지 안정적인 현금흐름을 만들어놓는 행위다. 이건 재무설계에서 거의 상식과 같은 방식이다. 연예인에게 주식 비중을 30% 이상 권하는 것은 비상식적이라고 볼 수밖에 없다.

재무설계, 자산관리와 관련한 몇 가지 상식들이 있다. 그야말로 상식적인 행위들이다. 우리가 그냥 삶 속에서 체득하고 있거나, 수십 년에 걸쳐 그렇게 실행해왔기 때문에 그러려니 하고 있는 사안들이지만

한 번쯤 돌아보는 것도 의미가 있을 것 같다. 기본적인 상식들을 통해 그 속내를 정확하게 음미함으로써 자산을 성공적으로 관리하는 데 탄탄한 기본기를 쌓을 수 있을 것이라고 생각한다.

정말 찢어지게 가난한, 4명의 자녀를 둔 가장이 있다면 그는 보장성 보험에 많이 의존해야 한다. 이 사람에겐 보험만 한 효과성을 가진 재테크 수단은 없다. 확률적으로 그렇다. 그런데 현실은 정반대다. 이런 사람일수록 보험은 돈 낭비라고 피한다. 오히려 유동성이 넘치는 부자들이 꽤 큰 보장을 제공하는 보험상품에 상당 부분 돈을 할애한다.

수많은 보험설계사들이 시장에서 장사하는 사람들을 '집중 공략' 하는 것도 비슷한 이치다. 어떤 창의적인 능력보다 육체적 노동을 기본으로 하고 있는 이들에게 가장 큰 변수는 바로 자신이나 부인의 건강이다. 그래서 보험을 통해 이런 위험을 차단시켜 놓는 대응을 하라고 권유하는 것이다. 재무설계 관점에서 봤을 때 현명한 행위라고 할 수 있다.

재무설계의 핵심은 '돈 지키기'

"황소(활황)는 계단으로 올라오지만 곰(불황)은 창문으로 나간다."

증시가 오르는 데는 정말 많은 시간이 걸리지만 하락하는 시간은 상승기의 절반도 안 된다는 뜻이다. 그런데 앞서 나온 '재테크 삐딱이'의 날카로운 지적처럼 자칫 창문으로 도망치는 곰에게 걸려들면 재무설계는 큰 타격을 받게 된다. 그래서 재무설계에선 '자산 지키기'에 가장 많은 노력을 한다. 급등기의 기쁨을 누리기보다 급락기의 충격을 피하는 데 최선을 다한다. 유능한 재무설계사일수록 연 20~30%의 수익이 발생했을 때 차익실현을 강조하는 것도 이 때문이다. 역사적으로 폭등의 꼬리는 언제나 폭락이 물었다.

'±20%의 원칙'을 정하기도 한다. 꼭지 대비 20% 낮게, 저점 대비 20% 높은 수익률을 올리는 데 주력한다는 원칙이다. 최대 20%의 이익이 날 수 있는 가능성이 높다고 해도 일단 16% 정도 수익으로 차익실현을 하고, 반대로 −20% 손실이 발생한다면 어떻게 해서든 −16% 미만으로 손실을 축소시켜야 한다는 이야기다. 이처럼 돈 벌기, 돈 모으기, 돈 굴리기, 돈 빌리기, 돈 쓰기, 돈 갚기 중 재무설계에서 최고로 치는 것은 바로 '돈 지키기'다.

매몰비용 오류(sunk cost fallacy)도 참 많이 나오는 용어다. 매몰비용이란 이미 지출되고 잃어버려 회수가 불가능한 비용을 말한다. 하지만 사람들은 이 매몰비용에 연연한다. 자신이 그간 들인 시간과 노력, 그리고 돈 때문에 알면서도 어쩔 수 없이 잘못된 선택을 한다. 돈을 주고 티켓을 샀다는 이유만으로 태풍이 몰아치는데도 차를 몰고 콘서트장을 찾아가며 5년 이상 된 고시생들은 쉽게 시험을 포기하지 못한다. 프로야구 구단은 컨디션이 안 좋더라도 고액연봉 선수를 어떻게 해서든 기용하려고 끊임없이 기회를 준다. 재무설계에서는 이런 매몰비용 오류를 가장 많이 경계한다. 재무설계에 있어서는 현재와 미래만이 존재하기 때문이다. 물론 과거의 상황은 재무설계 일지를 통해 경로를 남겨둬야 한다. 어떤 상황이 발생했는지, 어떤 변수가 있었고, 이를 어떤 방식으로 대응했는지를 구체적으로 기록해놓아야 한다. 하지만 이건 결코 과거를 추억하고 있으란 뜻은 아니다.

한편 20년 이상 유지할 초장기적인 재테크 수단은 전체 자산 중

15% 비중을 넘지 않도록 한다는 것도 상식으로 알아둬야 한다. 초보 샐러리맨들이 이런 실수를 종종 겪는데 월급의 대부분을 10년 이상 묶어둬야 하는 상품들로 채워버린다. 부유한 부모님을 둔 상황이라면 이야기는 다르겠지만 평균적으로 이런 재테크는 실패할 확률이 높다.

우리는 모두 늙고, 은퇴한다, 그리고 안 바뀐다

마지막으로, 재무설계는 기본적으로 '우리는 모두 늙는다' 와 '우리는 모두 은퇴하게 된다' 는 노후와 은퇴를 밑바닥에 깔고 있다. 이런 노후와 은퇴라는 개념 속에서 생애주기(라이프사이클) 설계가 도입된 것이고 은퇴 이후에 대한 준비가 최종 목표로 떠오르게 된 것이다. 그야말로 재무설계의 대표 상식이다. 왜 20대는 주식 비중을 90%로 가져가도 되지만 50대에는 20%를 절대로 넘지 말라고 하는 것일까? 결국 은퇴하고 늙어가기 때문이다. 왜 40대 이후부터는 불로소득 확보에 집중하라고 다그칠까? 은퇴로 인해 근로소득이 결국 0원으로 수렴할 것을 가정하기 때문이다.

이런 노후나 은퇴 개념을 인정하지 않으면 재무설계는 참으로 답답하고 무익한 것이 된다. 실제로도 그렇다. 만약 65세까지 확실하게 일할 수 있다면 이런 사람들은 40대 넘어서까지도 공격적인 주식투자를 해도 된다. 또한 죽었다 깨어나도 결혼을 하지 않고 혼자 살아갈 것이라면 노후설계는 일반인들과 크게 달라진다. 자녀 양육비 걱정도 없고, 굳이 집을 장만할 필요도 없이 본인 1명의 소비패턴에 따라 현금흐름을 맞추면 된다. 부자 아버지, 부자 할아버지를 둔 사람들의 재무설계 역시 또 다르다. 어떻게 하면 세금을 한 푼이라도 덜 낼지에 모든 자산관리가 집중된다.

한편 '라이프스타일은 쉽게 바뀌지 않는다'는 것도 재무설계의 기본 가정 중 하나다. 재무설계사들은 노후자금 마련 기준으로 고객의 전성기 평균소득 및 소비수준의 70% 미만을 책정하지 않는다. 월평균 400만 원대 소득 및 소비수준에 적응됐던 사람의 경우 은퇴자금은 최소 월 280만 원 밑으로는 계산하지 않는다는 이야기다. 왜일까? 설계사들은 이렇게 말한다.

"40년간 몸에 밴 생활패턴이 은퇴했다고 바뀔 것 같아요? 말도 안 돼요. 바꿀 거면 진작에 바꿨겠지. 늙으면 집 팔고 시골 내려가 살면서 그 돈으로 노후자금 한다구요? 글쎄요, 옛날 부모님들이라면 모를까, 요즘에 다 버리고 떠날 사람 몇 명이나 될까요. 허리 아파도 골프는 꼭 쳐야 되는 세상인데."

재무설계는 인간 본성에 대한 성찰이다. 이것도 알아둬야 할 기초상식이다.

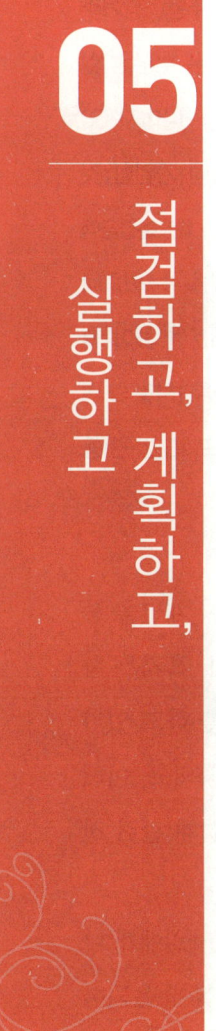

05

점검하고, 계획하고,
실행하고

Q 올해 31살의 직장인입니다. 미혼이고 매달 급여는 200만 원 정도 됩니다. 생활비와 기타 비용으로 80만 원은 필요하구요, 현재 종신보험 6만 원 외에는 특별한 재테크를 하지 않고 있습니다. 은행 정기예금에 1000만 원 정도를 모아뒀고요. 보증금 2500만 원의 원룸에 살고 있습니다. 일단 결혼자금 마련이 목표입니다. 35살 이전엔 반드시 결혼하려고 합니다. 포트폴리오를 어떻게 짜야 할지 도움말 부탁 드립니다.

A 그간 체계적인 자산관리가 없었다는 점이 안타깝습니다. 결혼자금 마련이 단기 목표라고 했지만 지금부터라도 은퇴 이후를 고민하는 장기 계획 관련 상품이 필요합니다. 또한 결혼자금 마련에는 필연적으로 집에 대한 문제가 포함되기 때문에 좀 더 구체적인 목표가 필요할 것 같습니다. 예를 들면 전세를 언제, 어느 정도 금액의 아파트로 옮길 것이며 최초 주택 구입은 몇 평대, 몇 억 원 아파트를 마련하겠다는 식입니다.

현재 님의 현금흐름을 보면 생활비, 보험, 기타 등 약 90만 원의 금액을 사용하고 있습니다. 이 부분의 금액은 물가 상황을 고려할 때 최소한의 비용이라고 판단됩니다.

현재의 사용금액을 줄인다는 것은 무리가 있을 것이라 생각됩니다. 그래서 결국 나머지 110만 원의 금액을 갖고 포트폴리오를 작성해야 합니다. 우선 개인연금상품과 장기주택마련저축상품 가입을 추천해 드립니다. 그러나 님은 4~5년 안에 결혼을 계획하고 있습니다. 결국 중기 유동성 확보도 수익률만큼이나 중요한 부분입니다. 그래서 개인연금(55세 이후 연금으로 수령), 장기주택마련저축(소득공제 5년 이상 불입, 비과세 7년 이상 불입) 등에 많은 부분을 할애하기 힘듭니다. 그래서 50만 원선에서 결정하기를 추천합니다. 나머지 60만 원은 물가상승률과 금리 인하 등의 상황을 고려해 펀드상품에 가입할 것을 추천해 드립니다. 특히 장기 주식형펀드는 세액공제 혜택(최초 1년 불입금액의 20%, 2년 15%, 3년 10%)과 절세 효과라는 두 마리 토끼를 잡을 수 있습니다. 펀드 가입 시 인덱스펀드, 가치주, 성장주 펀드의 적절한 배분을 해야 합니다. 필요에 따라 해외펀드나 원자재 관련 상품 펀드도 함께 투자하길 조언합니다. 국내 인덱스펀드 30만 원, 중국펀드 10만 원, 원자재펀드 10만 원 등으로 투자하는 것도 고려해볼 만한 포트폴리오입니다.

　최근 들어 재무설계에 대한 관심이 부쩍 늘면서 다양한 채널을 통해 다양한 방식으로 재무설계, 자산관리가 진행되고 있다. 혹자는 향후 10년간 재무설계사란 직업이 꽤 유망할 것이란 전망을 하고 있기도 하다. 자본시장통합법 이후 이제 다양한 상품들이 출시되고, 이해하기 힘든 구조를 가진 투자상품들이 나오게 되면 재무설계 관련 전문성의 영역은 더 넓어질 수 있을 것이다.
　일반적으로 재무설계를 한다고 해서 이제 28살인 신입사원에게 다짜고짜 자녀 교육은 무슨 돈으로 시킬 거냐, 당신은 몇 살에 은퇴하고 몇 년을 더 살 것이니 몇 억이 필요하다는 식으로 진행되지는 않는다. 젊은이들에겐 자신의 인생에서 반드시 터질 수밖에 없는 이벤트를 인식시키고, 장기 연금상품을 권유하지만 주로 단기 목표 수립과 달성에 초점을 맞춘다. 또한 정년퇴직한 60대가 평생 모은 돈이라면서 2억 원을 내놓았는데 여기에 대고 부족하니 돈을 한 번 더 불리자고 제안하는 것은 난센스다. 이때 필요한 재무설계는 2억 원을 갖고 최대한 잘 쓸 수 있는 방식을 찾아가게 된다.

재무설계의 과정은 크게 점검(see)하고, 계획(plan)하고, 실행(do)하는 3단계 과정으로 이루어진다. 이 과정은 순환구조다. 실행이 끝났으면 다시 점검하고, 다시 계획하고, 다시 실행에 들어가게 된다. 그래서 크게는 'plan-do-see'의 과정이라고 할 수 있다.

● 표 15_ 재무상태표

자산		부채와 순자산	
계정 과목	금액	단기 부채	금액
유동성 자산 현금 MMF/보통/저축예금		**단기 부채** 마이너스 통장 신용카드	
투자자산 정기예금 채권형펀드 주식형펀드 부동산 등		**중·장기 부채** 개인 신용대출 자동차 대출 주택담보대출/모기지 임대보증금	
은퇴자산 개인연금저축/보험 변액연금보험		**순자산** (총 자산-부채)	
사용자산 주거용 부동산 임차보증금/회원권 자동차 기타 사용자산			
자산 합계		부채와 순자산 합계	

이 중 첫 번째 점검 과정은 바로 자신의 나이, 자산과 부채, 그리고 현금흐름에 대한 점검이다. 현재 얼마큼의 자산이 있는지, 대출은 얼마인지를 파악하고 이와 함께 1개월 혹은 분기별로 들어오는 수입과 매월 또는 매주 나가는 지출을 구체적인 수치로 파악하는 과정이다.

가장 널리 활용되는 방법은 개인의 재무상태표와 현금흐름표 작성이다. 재무상태표는 기업들의 대차대조표를 떠올리면 되는데 총자산과 부채, 순자산 항목으로 구성된다. 이 중 순자산의 증가 여부에 따라 건전성을 평가할 수 있다.

먼저 재무상태표의 자산 항목을 투자와 은퇴, 그리고 사용 목적에 따라 나누면 좀 더 여러분의 재테크가 명확해질 수 있다. 부채 항목에서는 단기와 중·장기 부채를 나누어 파악하면 본인의 단기, 중기, 장기 재테크 계획을 실행하는 데도 큰 도움이 된다. 앞서 말했듯 점검의 핵심은 순자산 증가다. 순자산은 '총자산-부채'이기 때문에 투자가 제대로 이뤄지고 있는지도 알 수 있다. 과연 순자산이 어떻게 하면 증가할 수 있는지 점검해야 한다.

현금흐름표는 일정 기간에 걸친 현금의 유입과 유출을 보여준다. 이를 통해 여러분의 절약과 소비패턴도 알 수 있고, 저축과 투자의 패턴도 점검해볼 수 있다. 종종 혼동하기도 하는데 저축이나 투자, 보험료 등은 모두 지출 항목에 기록해야 한다. 현금 자체로만 보면 여러분의 수중에서 밖으로 유출되는 것이기 때문이다. 현금흐름표에서는 수입 총계가 더 많은 것이 이상적이다. 월별 현금흐름표 중 총소득에서 총지출을 빼고 남는 금액이 있다면 이것은 여러분의 추가 재테크 가용금액이 될 것이다.

유출(지출)		유입(수입)	
항목	금액	항목	금액
저축과 투자 정기적금/근로자우대 개인 연금저축/보험 변액연금 유니버셜 보험 석립식펀느		근로소득 본인 　　　　　　배우자 이자/배당소득 사업소득 임대소득 기타소득	
고정지출 임차료 대출/모기지 원리금 소득세, 각종 세금 주택 관리비 보험료 공교육비			
변동지출 피복비/건강관리비 식비/접대비/외식비 휴가비 병원 치료비 기타 잡비			
유출 총계 **추가 재테크 가용 금액** (수입-지출)		유입 총계	

재무설계 목표는 아주 구체적일 것

이런 점검이 끝났으면 이제 계획을 세우고 분석해야 한다. 이때 계획은 아파트 평수를 넓힌다든지, 대출금 상환 계획이라든지, 3년 넘게 진행될 자녀 유학비 마련 등이 될 수 있다. 40대라면 아마도 본격적인 은퇴자금 마련 계획에 힘을 쏟을 것이다.

계획수립에 있어 중요한 것은 구체성이다. '5년 내에 결혼할 것이다' 라는 것보다 '2012년 12월에 결혼할 것' 이라고 해야 한다. 물론 그때 결혼을 안 할 수도 있지만 이렇게 해야 재무설계라는 것이 명확해진다. 20대 여러분도 마찬가지다. '5년 안에 5000만 원 모을 것'이라는 건 계획이 아니다. 이건 그냥 포부 같은 것이다.

"행복해지기 위해선 5억 원은 있어야겠어요"라고 말하는 친구가 있다. 얼핏 멋있게 보이긴 하지만 이래 갖고선 500만 원 모으기도 힘들다. '행복해지기 위해서' '인간답게 살려고' '효도하려고' 등은 삶의 목적에 해당되는 것들이지 목표나 계획이 될 수 없다.

현재 금융자산이 3000만 원 있는데 3년 후 2억 원이 필요한 계획을 세우는 것도 안 된다. 일반적인 기대수익률은 연 10%이고 공격적인 고위험 투자를 가정해도 연 50%대 기대수익률을 갖고 계획을 세우는 건 무리다.

반면 3000만 원으로 3년 후 6000만 원을 모으는 과정에서 이직을 통한 연봉 상승을 계획에 넣을 수는 있다. 현금흐름 개선으로 인해 기대수익률에 여유가 생기기 때문이다. 다만 이때는 구체적인 이직 계획이 필요할 것이다.

재테크의 꽃, 실행

실행 단계에 돌입하게 되면 좀 더 많은 노력이 필요해진다. 체크할 사안도 많다. 대출을 어느 정도 비중으로 유지할지, 연 12% 올린 주식형펀드를 환매해야 할지, 친구가 소개해준 BBB- 등급 회사채에 투자해야 할지 등을 선택하면서 한 걸음씩 나가는 과정이다. 앞서 소개한 '포뮬러 플랜'을 활용할 수 있다. 금리가 바닥을 찍고 서서히 인상되는 시기라면 총자산 중 주식 비중을 높일 수 있다. 반면 극심한 인플레이션이 우려되고 금리도 엄청 인상돼 있다면 이 시기엔 채권 비중을 높이는 것도 한 방편이다. 2009년 초반처럼 세계경제가 어디로 갈지 모르는 상황이라면 자신의 포트폴리오 중에서 유동성 비중을 40%대로 올리는 위기상황 대처법을 구사할 수도 있을 것이다.

이 실행의 과정에서 여러분은 그간 배우고 익혔던 재테크의 기본 원칙과 투자 테크닉을 샅고 벗지게 대응해나가면 된다. 탐욕과 공포를 극복하면서, 금리를 살펴 재테크 사이클에 올라타면서, 부동산 온라인 경매사이트의 인터넷강의를 들으면서, 주말마다 여기저기 좋은 상가를 보러 다니면서, 환율 추이를 체크하면서, 차익거래를 하면서, 조직의 치열한 경쟁에서 버티면서, 선배들의 유치한 정치적 태클을 극복하면서, 창업을 하면서, 그렇게 현금흐름을 공급해나가면서 계속해서 앞으로 달려가는 것이다.

이미 여러분은 똑똑한 이코노미스트이고 어디 내놓아도 손색없는 재무설계사다. 그 어떤 돈을 지불하고도 구입할 수 없는 엄청난 시간의 무기를 보유한 화력 좋은 '재테커'다. 스스로를 점검하고, 자신에게 맞는, 자신에게 진정 필요한 목표를 세우자. 이제 미치기만 하면 된다. 그리고 실행하면 된다.

제대로 미쳐본 사람만이 성공을 말할 수 있다

코스피가 1500을 돌파할 것이란 분석이 여기저기서 나오고 있는데 갑자기 지수가 4%가량 급락한다. 그러고는 미국이 어쨌느니, 무슨 지표가 기대에 못 미쳤다느니 등과 같은 설명이 나온다. 주가 반등에 잠시 들떴던 마음은 한순간 충격에 휩싸여 버린다. 바로 이때 "1100선도 깨질 수 있으니 그냥 쉬는 게 최선의 투자"라는 이야기가 포털 사이트 증권 부문 메인 글로 올라온다. 이제는 1500은 온데간데없고 '조정이 2년간 지속될 것'이란 내용의 분석들이 일주일 넘게 쏟아진다. 깊은 한숨만 나올 뿐이다.

더 이상 서울 강남의 아파트를 평당 2000만 원에 살 수 없을 것이란 분석이 정설로 받아들여질 때가 있었다. 실제로 평당 가격이 3500만 원 위로 훌쩍 뛰어오르기도 했다. 사람들은 부러워하고, 허탈해하고, 분노했다. 하지만 이게 웬걸, 강남 알짜배기 지역의 40평형대 아파트 값이 9억 원대로 떨어졌는데 거들떠보지도 않는 상황이 찾아온다.

배럴당 150달러에 달하던 국제유가가 50달러선으로 떨어졌다. 원자재펀드나 원유 선물상품에 투자했던 사람들은 눈물을 머금었다. 그런데 이때 프라이빗뱅커들은 그 어느 때보다 자신감 넘치는 목소리로 원유 관련 상품을 추천한다. 미국의 저명한 경제예측 학자는 아예 "2011년 이전에 배럴당 180달러까지 폭등하는 상황이 연출될 것"이란 전망을 공중파 TV 방송에서 역설한다.

두렵다. 공포스럽다. 잘 모르겠다. 허탈하다. 어렵고 헷갈리기만 한다. 그래서 재테크고 뭐고 다 때려치우고 싶다. 어차피 주식이란 건 돈 있는 기관이나 외국인이 승리한다는데, 인구 감소와 노령화로 부동산도 곧 반 토막이 날 테고, 달러도 환율도 다 무의미해진다는데, 이런 상황에서 뭔가 실행한다는 자체가 난센스인 것도 같다. 그러나 두려워할 필요는 절대로 없다. 모든 걸 다 때려치워 버릴 필요도 없다. 헷갈려 할 필요는 더더욱 없다. 대응해나가면 된다. 오르고 또 내리는 것에 정면으로 맞서면 된다. 호황기엔 호황기대로, 대폭락기엔 그 시기에 맞는 재테크를 펼치면 된다.

'검은 백조'는 없다

베어마켓 랠리(약세장 속 반등)라는 게 있다. 고점 대비 −50% 이상 빠지는 폭락장이 오고 나면 3년 정도는 회복이 불가능하지만 그 사이엔 20%씩 오르는 반등기는 필연적으로 몇 번씩 존재한다. 실제로 2009년 3월 초 1000선이 재차 붕괴됐지만 한 달 후엔 30%(인덱스 기준)가 넘게 올랐다.

누군가 "향후 5년 내에 죽어도 코스피 2000선은 재탈환하지 못한다"고 예측할 수 있다. 하지만 그 5년 동안 주가가 무조건 내린다는 뜻은 아니다. 그 5년 안에는 20% 정도 반등하는 랠리가 5번 이상은 나타날 수 있다. 그렇다면 본인이 직접 박스권 매매를 하거나 박스권 내에서 힘을 발하는 시스템 펀드나 ELS 등에 가입하면 된다. 대응할 방법은 분명 있다.

여러분의 부모님 시대엔 "집을 사기만 하면 올랐다"고들 한다. 은행에서 대출만 받을 수 있는 괜찮은 직업만 갖고 있었다면 벼락부자가 됐다. 1975년부터 1979년까지 매년 땅값은 30.6%, 도시 집값은 33.4% 올랐다. 1988년 서울올림픽 때부터 1990년까지는 아파트 가격이 매년 16% 올랐다. 2001년부터 2006년까지는 서울 집값이 연평균 22.8% 올랐다. 놀라운 상승이다. 아무리 절약하고 열심히 일해도 따라잡을 수 없는 차이가 만들어졌다. 하지만 여러분은 이런 과거의 수치 앞에서 '우리 부모님은 뭐 했나' 하는 한탄만 늘어놓아선 안 된다. 이젠 부동산 대폭락만 남았다며 기다리고 있어서도 안 된다. 적절한 시기에 여러분의 부동산을 가질 생각을 해야 한다.

집을 샀는데 30% 가까이 떨어질 수 있다. 이때는 모든 걸 포기할 게 아니라 더 정신 차려야 할 때다. 부동산 가격이 30%가 급락했다는 건 이미 경제 전반에 문제가 발생했다는 의미이기 때문이다. 내 집뿐 아니라 대부분의 자산가치가 떨어진 시점이다. 역설적으로 수많은 기회가 곧 열릴지 모른다. 일본은 15년을 넘는 불황이다. 하지만 5년 넘게 도쿄 집값은 올랐고 누군가는 또 돈을 벌었다. 2005년 국내 주식형펀드의 연 50% 수익률은 우스웠지만 상대적으로 2005년에서 2006년 중국펀드 가입자는 저조한 수익률에 2년 동안 애를 태웠다. 그러나 2007년 중국펀드는 연 100% 수익률을 올렸다.

그러나 사람들은 미쳐보지 않고서 두려워만 한다. 분명 대응할 수 있는데도 하지 않는다.

급락이라는 것, 폭락이라는 단어, 불황이라는 현상은 절대 그 자체로만 존재하지 않는다. 급등, 폭등, 호황이라는 전제에 따른 결과일 뿐이고 반대로 향후 나타날 급등, 폭등, 호황에 대한 전제가 된다. '블랙스완'이란 건 재테크에 결코 존재하지 않는다. 이래도 망하고,

저래도 당할 수밖에 없다는 주장은 틀린 것이다. 멀쩡하게 잘 살고 있는데 증시가, 집값이 폭락하지는 않는다. 그 앞엔 분명히 신용불량자까지도 집을 살 수 있는, 사게 만드는 인간들의 탐욕이 있었다고 봐야 한다. 그런 탐욕을 알았다면, 느낄 수 있었다면 준비를 할 수가 있다. 그걸 느끼는 것을 연습하는 게, 그리고 느끼는 게 바로 재테크다. 물론 실패할 수도 있다. 대응이 잘못될 수도, 틀릴 수도 있다. 하지만 원칙적인 투자였다면, 제대로 미친 재테크였다면 갑자기 등장한 '검은 백조' 앞에서 좀 더 당당한 자세를 취할 수 있다. 어쩌면 야속하게 들리겠지만 재테크 마라톤을 하는 데 한 번도 힘들지 않으려는 자체가 잘못된 것이다.

2008년 2월에 월 15만 원씩 적립식펀드를 가입한 22살의 여대생이 있다. 이 친구는 약 1년 만에 '깔끔하게' 포기했다. −40%의 수익률에 정말 밤새도록 울었다고 했다. 월 15만 원이라는 돈, 이 여대생에겐 시골에서 농사일 하시는 어머님의 피와 땀과도 같은 것이었다. 그런 큰돈이었다. 이제 그녀는 주식, 펀드, 재테크란 말만 들어도 가슴이 답답하고 속이 탄다. 차라리 펀드를 몰랐으면 은행적금을 들었을 텐데, 그랬으면 어머님께 스웨터 한 벌이라도 사드렸을 텐데….

그러나 이런 식으로 포기해버리면 더 많은 것을 잃어버리게 된다. 수익률에 관한 것이 아니다. 그것보다 더 중요한 '경험'이라는 것에 대해 말하려는 것이다. 세월이 흘러 이 여대생이 한 28~29살이 되던 해 증시 활황이 찾아왔다고 해보자. 아마도 이 여대생은 '그래, 맞다. 내가 그때 펀드 하다 망한 건 장기투자를 안 했기 때문이야'라고 생각할지 모른다. 그러고는 펀드를 가입하지만 어쩌면 1년 만에 또 −40% 수익률이 발생할 수 있다. 그렇게 되면 분명 또 포기하게 될 것이다.

쫄 필요도, 겁낼 이유도 없다

어떤 전문가가 "장기투자를 안 하면 펀드투자는 실패한다"고 한다면 이건 틀린 말이다. "장기투자 계획에 따른 펀드 장기투자를 하면 성공확률이 높다"라고 해야 한다. 하지만 이걸 알려면, 이 차이를 느끼려면 본인이 직접 해봐야 한다. 3~5년간 펼쳐지는 증시 변화의 그 한복판에 서 있어야 한다. 그렇게 증시를 보고, 부동산 움직임을 보고, GDP 성장률을 보고, 환율을 보고, 뉴스를 보고, 그리고 금리 변화를 따라가면서 직접 체감해야 한다. 주식도, 금도, 달러도, 풋옵션도, ELS도, 상가도, 경매도 도전해봐야 한다. 그래야 앞으로 찾아올 수없이 반복되는 재테크 사이클에서 자신만의 스타일을 만들어낼 수 있다. 그렇게 20대에 5년을 경험해본다면, 그 물결 속에 뛰어들어 봤다면, 미쳐봤다면 30대, 40대, 50대에 찾아올 그 어떤 경제의 파고도 두렵지 않게 될 것이다. 그렇게 한 번쯤은 제대로 미쳐봐야 힘겨운 재테크 마라톤을 달릴 수 있다.

이것은 마치 사랑과도 같다. 감히 '사랑'에 패턴이 있다고 말하는 게 어색하지만 한 번 경험해본 사람은 본능적으로 안다. 설레는 맘, 쉴 새 없이 터져 나오는 한숨과 알 수 없는 미소, 서로의 맘을 확인하고 마치 천국의 정원을 거니는 것 같은 행복한 시간, 그리고 언젠가부터 찾아오는 의심과 불신, 미움 아니면 무관심, 그리고 이별, 괴로움…. 사랑을 해본 사람은 사랑을 두려워하지 않는다. 그리고 슬픈 말이지만 사랑에 실패해본 사람만이 다시 새로운 사랑을 할 수 있다.

많은 목사님들이 설교시간에 이런 말을 한다. "기도할 수 있는데 왜 걱정하나?" 난 여러분에게 이런 말을 하고 싶다. "미칠 수 있는데 뭘 두려워하냐?"고. 쫄 필요 없다. 겁낼 필요도 없다. 꼭 재테크만도 아니다. 인생도, 사랑도, 꿈도, 직장생활도 마찬가지다. 우리가 두려워하는 바로 그 순간 공포는 우리를 짓누르고 위축시킨다. 30대, 40대라면 이런 말을 할 수 없겠지만, 20대 여러분에겐 정말 자신 있게 말하고 싶다. 걱정하지 말라고. 미칠 수 있는 시간이 아직 정말 많이 남아 있다고. 자신 있게 맞서면 된다고.

어느 늦가을 붉은 노을이 내려앉은 저녁, 제법 차가워진 바람을 얼굴에 맞으며 시내 한복판을 힘차게 걸어가면서 '아하, 미친다는 게 이런 거구나'라면서 활짝 웃고 있는 여러분을 보고 싶다. 그리고 더 많은 여러분의 성공 이야기가 몹시도 기다려진다.

1,013통의 편지

그리고 너에게
들려주고 싶은 이야기

1판 1쇄 인쇄 | 2009년 6월 10일
1판 1쇄 발행 | 2009년 6월 15일

지은이 정철진
펴낸이 김기옥
펴낸곳 한스미디어(한즈미디어(주))

주소 121-839 서울시 마포구 서교동 392-34 강원빌딩 5층
전화 02-7070-337 | **팩스** 02-7070-198 | **홈페이지** www.hansmedia.com
출판신고번호 제313-2003-227호 | **신고일자** 2003년 6월 25일

ISBN 978-89-5975-195-2 13320